JN092593

# MOS

## Microsoft Office Specialist

# 攻略問題集

# Excel 365 エキスパート

## 2023年リリース版

日経BP

# 目次

## 第 1 章　ブックのオプションと設定の管理 ————————————— 1

## 第 2 章　データの管理、書式設定 —————————————————— 53

## 第 3 章　高度な機能を使用した数式およびマクロの作成 ────── 107

## 第4章　高度な機能を使用したグラフやテーブルの管理 ———————— 243

# はじめに

本書は、Microsoft Office Specialist（MOS）に必要なアプリケーションの機能と操作方法を、練習問題で実習しながら学習する試験対策問題集です。試験の出題範囲をすべて学習することができます。

本書は「本誌解説」「模擬練習問題」「模擬テストプログラム」の3種類の教材で学習を行います。

## ■ 本誌解説

個々の機能について、練習問題＋機能の説明＋操作手順という3ステップで学習します。学習のために利用する実習用データは本書のウェブサイトからダウンロードしてインストールしてください。インストール方法は（7）ページを参照してください。

## ■ 模擬練習問題

より多くの問題を練習したい、という方のための模擬問題です。模擬テストプログラムではプログラムの都合上判定ができないような問題も収録しています。問題は 306 ページに掲載しています。解答に使用するファイルは実習用データと一緒にインストールされます。解答が終了したらプロジェクト単位でファイルを保存し、解答（PDF ファイル）および完成例ファイルと比較し、答え合わせを行ってください。

## ■ 模擬テストプログラム

実際の MOS 試験に似た画面で解答操作を行います。採点は自動で行われ、実力を確認できます。模擬テストは本書のウェブサイトからダウンロードしてインストールしてください。インストール方法は（7）ページ、詳しい使い方は 308 ページを参照してください。

模擬テストには2種類のモードがあります。
- 練習モード： 一つのタスクごとに採点します。
- 本番モード： 実際の試験と同じように、50 分の制限時間の中で解答します。終了すると合否判定が表示され、タスクごとの採点結果を確認できます。作成したファイルはあとで内容を確認することもできます。

## ■ 学習に必要なコンピューター環境（実習用データ、模擬テストプログラム）

| | |
|---|---|
| OS | Windows 10 および 11（日本語版、32 ビットおよび 64 ビット。ただし S モードを除く）。本書発行後に発売された Windows のバージョンへの対応については、本書のウェブページ（https://nkbp.jp/050628）を参照してください。 |
| アプリケーションソフト | Microsoft Office 2021 または Microsoft 365（日本語版、32 ビットおよび 64 ビット）をインストールし、ライセンス認証を完了させた状態。<br>なお、お使いの Office がストアアプリ版の場合、模擬テストプログラムが動作しないことがあります。くわしくは、本書のウェブページ（https://nkbp.jp/050628）の「お知らせ」を参照してください。 |
| インターネット | 実習用データおよび模擬テストのダウンロードに必要です。本誌解説の中には、インターネットに接続されていないと実習できない機能が一部含まれています。模擬テストプログラムの実行にインターネット接続は不要ですが、模擬テストプログラムの更新プログラムの適用にはインターネット接続が必要です。 |
| ハードディスク | 300MB 以上の空き容量。 |
| 画面解像度 | 本誌解説は画面解像度が 1366 × 768 ピクセルの環境での画面ショットを掲載しています。環境によりリボンやボタンの表示が誌面とは異なる場合があります。模擬テストプログラムの実行には、横 1920 ピクセル以上を推奨します。 |

※模擬テストプログラムは、Office 2021 もしくは Microsoft 365 以外のバージョンや Microsoft 以外の互換 Office では動作しません。ウェブブラウザー上で動作する Excel には対応していません。また、複数の Office が混在した環境では、本プログラムの動作を保証しておりません。

※ Office のインストールは、模擬テストプログラムより先に行ってください。模擬テストプログラムのインストール後に Office のインストールや再インストールを行う場合は、いったん模擬テストプログラムをアンインストールしてください。

## ■ ダウンロードおよびインストール

本書を購入したユーザーは次のファイルもしくはデータをインストールできます。

・模擬テストプログラム

・実習用データと模擬練習問題

これらは別々にインストールできます。

### ●必要なファイルのダウンロード

本書の模擬テストおよび実習用データは、Web サイトに用意しています。本書のウェブページ（https://nkbp.jp/050628）の「お知らせ」欄にある「模擬テストのダウンロード」のリンクを開いてセットアップファイルをダウンロードします。

※ファイルのダウンロードには日経 ID および日経 BOOK プラスへの登録が必要になります（いずれも登録は無料）。

ファイルのダウンロードおよびインストールの詳細は、開いたページの説明をご覧ください。

### ●インストール方法

ダウンロードしたファイルから取り出した MosExcel2021Expert_Setup.exe をダブルクリックすると、インストールが始まります（誤ったファイルを実行しないようご注意ください）。

インストールウィザードで右の画面が表示されたら、インストールするモジュールの左にあるアイコンをクリックします。インストールする場合は［この機能をローカルのハードディスクドライブにインストールします。］（既定値）、インストールしない場合は［この機能を使用できないようにします。］を選んでください。その他の項目を選択すると正常にインストールされないのでご注意ください。

あとから追加でインストールする場合は、［コントロールパネル］の［プログラムと機能］で表示される一覧から［MOS 模擬テスト Excel365 エキスパート（2023 年版）］を選び、［変更］をクリックします。右の画面で［変更］を選んで［次へ］をクリックすると、右上と同じ画面が表示されます。

※「インストールしています」の画面が表示されてからインストールが開始されるまで、かなり長い時間がかかる場合があります。インストールの進行を示すバーが変化しなくても、そのまましばらくお待ちください。

●インストール場所

模擬テストプログラム： インストールプログラムが提示します。この場所はインストール
時に変更できます。

実習用データ： [ドキュメント]-[Excel365 エキスパート_2023 年版（実習用）]
フォルダー。この場所は変更できませんが、インストール後に移
動させることはできます。

●アンインストール方法

① Windows に管理者（Administrator）でサインイン / ログオンします。

② 設定の［アプリ］から［アプリと機能］を開き、［MOS 模擬テスト Excel365 エキス
パート（2023 年版）］を選んで［アンインストール］をクリックします。

※アンインストールを行うと、動画解答、実習用データ（インストール後に作成したもの
を除く）も削除されます。

---

**おことわり**

　本書の内容および模擬テストプログラムは、2024年6月現在の
Microsoft 365で検証しています。

　Officeの更新状況や機能・サービスの変更により、模擬テストプログラ
ムの正解手順に応じた操作ができなかったり、正しい手順で操作したにも
かかわらず正解とは判定されなかったりすることがあります。その場合は、
適宜別の方法で操作したり、手順を確認のうえ、ご自分で正解と判断した
りして学習を進めてください。

# 本書の使い方

ここで学習する
機能です。

練習問題
問題文を読んで操作
してください。

ポイント
機能に関する専門用語や操作
するうえで重要な手順などに
ついて解説しています。

練習問題ファイル
練習問題で使用
するファイルと、
そのファイルを
収めたフォルダ
ーの名称です。

解答例ファイル
練習問題を解い
た解答例のファ
イルと、そのフ
ァイルを収めた
フォルダーの名
称です。

重要用語
覚えておくべき単
語を列挙してい
ます。

機能の説明
試験範囲の機能を理解し、練
習問題を解くうえで最も重要
な点について説明しています。
手順だけでなく背景となる知
識も身に付けてください。

ヒント
機能の説明を補足
する追加情報で
す。

その他の操作方法
ショートカットキーやショー
トカットメニューなど、同じ
機能を他の操作手順で行う方
法を掲載しています。

操作手順
練習問題の解答例
として、最も望ま
しい操作手順を掲
載しています。

---

**注意** 練習問題によっては、問題用の Excel のファイルがない場合もあります。
また、問題を解くときに問題用の Excel のファイルに加えて他のファイル
も使用する場合があります。

**注意** 練習問題によっては、解答ファイルを収録せず誌面に画面を掲載している場
合もあります。また、解答ファイルのファイル名は通常「解答 1-1-1」の
ように付けていますが、「売上一覧（マクロ含む）（解答 1-1-2）」のように、
問題で指示されたファイル名を付けたり、別のファイル形式で保存している
場合があります。

**注意** 同じ結果を得るために複数の操作手順がある場合は、そのうちの一つを記
載しています。

## ■ Excel 365 の画面

### クイックアクセスツールバー

[上書き保存] [元に戻す] など、作業内容にかかわらず頻繁に利用する
ボタンが集められたバー。ボタンをカスタマイズすることもできる。

### [ファイル] タブ

クリックすると、[新規] [開く] [名前を付けて保存] [印刷] などのファ
イルに関する操作を選択して、その設定画面を表示できる。

### タブ

ウィンドウ上の [ホーム] [挿入] …と表示された部分。クリックすると、
その下のボタンの内容が選択したタブに応じて変化する。ワークシート上の
グラフやテーブルなどを選択すると、それに関するタブが新たに表示される。

### リボン

ウィンドウ上の [ホーム] [挿入] …と表示された部分（タブ）に応じたコ
マンドボタンが並んでいるエリア。

### 詳細なダイアログボックスの表示

クリックすると、より詳細な設定ができるダイアログボックスや作業ウィ
ンドウが表示される。

### 表示選択ショートカット

[標準] [ページレイアウト] [改ページプレビュー] の各表示画面に切り
替えるボタンが配置されている。

**コマンドボタン**

各グループを構成する個々のボタン。コマンドボタンにマウスポインターを合わせて少し待つと、そのコマンドボタンの名前や機能がポップヒントで表示される。

**検索ボックス**

語句を入力すると、関連する操作のコマンドが検索され、クリックすると実行できる。ワークシート内の文字列を検索することもできる。

**名前ボックス**

アクティブセルの位置を示す。セルやセル範囲に名前を付けると、その名前が表示される。

**グループ**

ボタンが［フォント］や［数値］などのグループに分類されている。グループには、似た機能を持つボタン（コマンドボタン）が集められている。

**数式バー** アクティブセルに入力されているデータや数式を表示する。

**関数の挿入ボタン**

［関数の挿入］ダイアログボックスを表示する。

**列番号**

ワークシートの各列の番号。A ～ XFD 列の16,384 列が、アルファベットで表示される。

**行番号**

ワークシートの各行の番号。1 ～ 1048576 の数字で表示される。

**アクティブセル**

選択されているセル。アクティブセルは太枠で囲まれる。

**セル** ワークシートの基本単位。

**シート見出し**

ワークシート名が表示される。クリックしてワークシートを切り替えることができる。

**ズームスライダー**

ウィンドウの右下にあり、表示倍率を変更する。スライダーをドラッグすると表示倍率を変更できる。また、［拡大］、［縮小］をクリックすると 10%ずつ拡大、縮小できる。

## ■ 本書の表記

本書では、Windows 11 上で Excel を操作した場合の画面表示、名称を基本に解説し、次のように表記しています。

### ●画面に表示される文字

メニュー、コマンド、ボタン、ダイアログボックスなどの名称で画面に表示される文字は、角かっこ（[ ]）で囲んで表記しています。アクセスキー、コロン（:）、省略記号（...）、チェックマークなどの記号は表記していません。

### ●ボタン名の表記

ボタンに表記されている名前を、原則的に使用しています。なお、ボタン名の表記がないボタンは、マウスでポイントすると表示されるポップヒントに従って表記しています。また、右端や下に▼が付いているボタンでは、「[○○] ボタンをクリックする」とある場合はボタンの左側や上部をクリックし、「[○○] ボタンの▼をクリックする」とある場合は、ボタンの右端や下部の▼部分をクリックすることを表します。

## ■ 実習用データの利用方法

インストール方法は、（7）ページを参照してください。[Excel365 エキスパート_2023年版(実習用)] フォルダーは [ドキュメント] の中にあり、以下のフォルダーとファイルが収録されています。

| フォルダー名 | 内容 |
| --- | --- |
| [問題] フォルダー | 練習問題用のファイル |
| [解答] フォルダー | 練習問題の解答例ファイル |
| [模擬練習問題] フォルダー | 模擬練習問題に関する、解答に必要なファイル、完成例ファイル、問題と解答例 |

---

### おことわり

Officeのバージョンやエディション、更新状況に伴う機能・サービスの変更により、誌面の通りに表示されなかったり操作できなかったりすることがあります。その場合は適宜別の方法で操作してください。

## ■ 学習の進め方

本誌解説は、公開されている MOS 365 エキスパートの「出題範囲」に基づいて章立てを構成しています。このため、Excel の機能を学習していく順序としては必ずしも適切ではありません。Excel の基本から応用へと段階的に学習する場合のカリキュラム案を以下に示しますが、もちろんこの通りでなくてもかまいません。

本書は練習問題（1-1-1 のような項目ごとに一つの練習問題があります）ごとに実習用の問題ファイルが用意されているので、順序を入れ替えても問題なく練習できるようになっています。

### 1. 効率的なデータ入力

| | |
|---|---|
| 2-1 | 既存のデータを使用してセルに入力する（2-1-4 を除く） |
| 2-2-2 | データの入力規則を設定する |
| 2-2-5 | 重複レコードを削除する |

### 2. ユーザー設定の書式の適用

| | |
|---|---|
| 2-2-1 | ユーザー定義の表示形式を作成する |
| 2-3 | 詳細な条件付き書式を適用する |

### 3. 数式と関数

| | |
|---|---|
| 3-1 | 関数で論理演算を行う |
| 3-2 | 関数を使用してデータを検索する |
| 3-3 | 高度な日付と時刻の関数を使用する |
| 3-4-4 | PMT 関数、PV 関数、NPER 関数を使って、財務データを計算する |
| 2-1-4 | RANDARRAY 関数を使って数値データを生成する |
| 3-5 | 数式のトラブルシューティングを行う |
| 1-2-5 | 数式の計算方法を設定する |

## 4. データの分析

| | |
|---|---|
| 3-4 | データ分析を行う（3-4-4 を除く） |

## 5. 高度なグラフの作成

| | |
|---|---|
| 4-1 | 高度な機能を使用したグラフを作成する、変更する |

## 6. データーベース機能

| | |
|---|---|
| 2-2-3 | データをグループ化する、グループを解除する |
| 2-2-4 | 小計や合計を挿入してデータを計算する |
| 4-2 | ピボットテーブルを作成する、変更する |
| 4-3 | ピボットグラフを作成する、変更する |

## 7. ブックの管理と保護

| | |
|---|---|
| 1-1-3 | 別のブックのデータを参照する |
| 1-1-4 | ブックのバージョンを管理する |
| 1-2 | 共同作業のためにブックを準備する（1-2-5 を除く） |

## 8. マクロの作成

| | |
|---|---|
| 3-6 | 簡単なマクロを作成する、変更する |
| 1-1-1 | ブック内のマクロを有効にする |
| 1-1-2 | ブック間でマクロをコピーする |

# MOS 試験について

●試験の内容と受験方法

MOS（マイクロソフトオフィススペシャリスト）試験については、試験を実施しているオデッセイコミュニケーションズの MOS 公式サイトを参照してください。

https://mos.odyssey-com.co.jp/

● Excel 365 エキスパート（上級）の出題範囲

より詳しい出題範囲（PDF ファイル）は MOS 公式サイトからダウンロードできます。その PDF ファイルにも書かれていますが、出題範囲に含まれない操作や機能も出題される可能性があります。

### ブックのオプションと設定の管理

- ・ブックを管理する
- ・共同作業のためにブックを準備する

### データの管理、書式設定

- ・既存のデータを使用してセルに入力する
- ・データに表示形式や入力規則を適用する
- ・詳細な条件付き書式やフィルターを適用する

### 高度な機能を使用した数式およびマクロの作成

- ・関数で論理演算を行う
- ・関数を使用してデータを検索する
- ・高度な日付と時刻の関数を使用する
- ・データ分析を行う
- ・数式のトラブルシューティングを行う
- ・簡単なマクロを作成する、変更する

### 高度な機能を使用したグラフやテーブルの管理

- ・高度な機能を使用したグラフを作成する、変更する
- ・ピボットテーブルを作成する、変更する
- ・ピボットグラフを作成する、変更する

# 試験の操作方法

試験問題の構成や操作方法などは試験開始前に説明画面が表示されますが、なるべく事前に頭に入れておき、問題の解答操作以外のところで時間を取られないよう注意しましょう。

## ●試験問題の構成

試験は「マルチプロジェクト」と呼ぶ形式で、5 ～ 8 個のプロジェクトで構成されています。プロジェクトごとに 1 つの文書（ファイル）が開き、そのファイルに対して解答操作を行います。タスク（問題）はプロジェクトごとに 1 ～ 7 個、試験全体で 25 ～ 35 個あります。

## ●プロジェクトの操作

※実際の試験では画面のデザインやマークなどが異なります。

試験が始まると上記のような画面が表示されます。上半分がプロジェクトファイルを開いた Excel のウィンドウです。下半分が試験の操作ウィンドウ（プロジェクト操作画面）で、問題文の表示、タスク（問題）の切り替え、次のプロジェクトへの移動、［解答済みにする］と［あとで見直す］のマーク付けなどを行います。［プロジェクトの背景］［タスク 1］［タスク 2］…という部分はタブになっていて、選択されているタスクの問題文やプロジェクトの簡単な説明がその下に表示されます。

一つのタスクについて、解答操作を行ったら［解答済みにする］をクリック、解答操作に自信がない（あとで見直したい）場合や解答をいったんスキップする場合は［あとで見直す］をクリックします。なお、［解答済みにする］マークや［あとで見直す］マークは確認のためのものであり、試験の採点には影響しません。その後、ほかのタスクに切り替えます。タスクは番号にかかわらずどの順序でも解答することができます。解答操作をキャンセルしてファイルを初期状態に戻したいときは［リセット］をクリックします。この場合、そのプロジェクトのすべてのタスクに関する解答操作が失われます。

全部のタスクを解答またはスキップしたら［次のプロジェクト］をクリックします。すると、確認メッセージとともにそのプロジェクトが保存され、次のプロジェクトが開きます。試験の操作ウィンドウの上部のバーには試験に含まれるプロジェクト数と現在が何番目のプロジェクトかが「1/7」という形式で表示されており、その横に残り時間が表示されています。最後のプロジェクトで［次のプロジェクト］をクリックすると、確認メッセージに続いてレビューページが表示されます。

●レビューページ

レビューページには、解答操作の際に付けた［解答済みにする］と［あとで見直す］のマークがそれぞれのタスクに表示されます。タスク番号をクリックすると試験の操作画面に戻り、該当するプロジェクトのファイルが開きます。プロジェクトファイルは保存したときの状態で、クリックしたタスクが選択されています。解答の操作、修正、確認などを行ったら［解答済みにする］や［あとで見直す］のマークの状態を更新します。

レビューページは随時表示できます。前のプロジェクトに戻るときや、テストを終了して採点するときなどに使います。

すべての操作や確認が完了したら［テスト終了］ボタンをクリックして試験を終了します。［テスト終了］ボタンをクリックしなくても、試験時間の50分が経過したら自動的に終了します。

# 受験時のアドバイス

### ▶▶▶ タスクの解答順にはこだわらない・・・・・・・・・・・・・・・・・・・・・・・・・

一つのプロジェクト内では同じファイルに対して操作を行いますが、タスクは基本的に相互
の関連がないので、前のタスクを解答しないと次のタスクが解答できない、ということはあ
りません。左の「タスク 1」から順に解答する必要はありません。

### ▶▶▶ 一つのタスクに固執しない・・・・・・・・・・・・・・・・・・・・・・・・・・・・

できるだけ高い得点をとるためには、やさしい問題を多く解答して正解数を増やすようにし
ます。とくに試験の前半で難しい問題に時間をかけてしまうと、時間が足りなくなる可能性
があります。タスクの問題文を読んで、すぐに解答できる問題はその場で解答し、すぐに解
答できそうにないと感じたら、早めにスキップして別のタスクに進みます。全部のタスクを
開いたら、スキップしたタスクがあっても次のプロジェクトに進みます。

### ▶▶▶ ［解答済みにする］か［あとで見直す］のチェックは必ず付ける・・・・・・・

一つのタスクについて、解答したときは［解答済みにする］、解答に自信がないかすぐに解
答できないときは［あとで見直す］のチェックを必ず付けてから、次のタスクを選択するよ
うにします。これらのチェックは採点結果には影響しませんが、あとでレビューページを表
示したときに重要な情報になるので、付け忘れないようにします。

### ▶▶▶ レビューページで未了タスクを確認・・・・・・・・・・・・・・・・・・・・・・

どのタスクの解答を解答済みにしたかは、レビューページで確認します。レビューページで
［解答済みにする］マークも［あとで見直す］マークも付いていないタスクは、解答し忘れ
ている可能性があるので、そのようなタスクがあればまず確認し解答します。
次に、［あとで見直す］マークが付いているタスクに取りかかります。解答できたら［あと
で見直す］マークのチェックを外し［解答済みにする］マークをチェックし直してから、レ
ビューページに戻ります。

### ▶▶▶ 残り時間を意識し、早めにレビューページを表示する・・・・・・・・・・・・・

プロジェクト操作画面とレビューページには、試験の残り時間が表示されています。試験終
了間際にならないうちに、すべてのプロジェクトをいったん保存するように心がけます。

### ▶▶▶ ［リセット］ボタンは慎重に・・・・・・・・・・・・・・・・・・・・・・・・・・・・・・・・・・

［リセット］ボタンをクリックすると、現在問題文が表示されているタスクだけではなく、そのプロジェクトにあるタスクの操作がすべて失われるので注意が必要です。途中で操作の間違いに気づいた場合、なるべく［リセット］ボタンを使わず、［元に戻す］ボタン（または Ctrl+Z キー）で操作を順に戻すようにしましょう。

### ▶▶▶ 指示外の設定は変更しない・・・・・・・・・・・・・・・・・・・・・・・・・・・・・・・・

操作項目に書かれていない設定項目は初期状態のままにしておきます。これを変更すると採点結果に悪影響を与える可能性があります。

### ▶▶▶ コピー可能な文字は直接入力せずコピーして貼り付ける・・・・・・・・・・・・

問題文で下線が引かれた文字列をクリックするとその文字がクリップボードにコピーされ、Excel 上で Ctrl+V キーなどの操作により貼り付けられます。セルやグラフなどへの入力のほか、文字列の置換やプロパティの設定などあらゆる文字入力の操作で利用できます。一部の操作（マクロなど）を除き、入力ミスを防ぎ操作時間を短縮するためにコピー機能を利用しましょう。

### ▶▶▶ 英数字や記号は基本的に半角文字・・・・・・・・・・・・・・・・・・・・・・・・・・・・・

英数字や記号など、半角文字と全角文字の両方がある文字については、具体的な指示がない限り半角文字を入力します。

### ▶▶▶ ファイルの保存は適度に・・・・・・・・・・・・・・・・・・・・・・・・・・・・・・・・・・・・

ファイルをこまめに保存するよう案内画面には書かれていますが、それほど神経質になる必要はありません。ファイルの保存操作をするかどうかは採点結果には影響しません。何らかの原因で試験システムが停止してしまった場合に、操作を途中から開始できるようにするためのものです。ただし、このようなシステム障害の場合にどういう措置がとられるかは状況次第ですので、会場の試験官の指示に従ってください。

# 1

# ブックのオプションと設定の管理

## 本章で学習する項目

- ☐ ブックを管理する
- ☐ 共同作業のためにブックを準備する

# 1-1 ブックを管理する

別のブックのマクロをコピーして流用すると、マクロを新規で作成するよりも手間が省けます。また、別のブックや同じブック内のデータを参照することにより、元データが書き換わったときに自動的に参照先のデータも変更されるのでデータを一元管理できます。

## 1-1-1 ブック内のマクロを有効にする

### 練習問題

問題フォルダー
└注文一覧
　（問題 1-1-1.xlsm）

解答フォルダー
└解答ファイルなし
　※ P7 の上図で確認
　　してください

【操作 1】 Excel マクロ有効ブック「**注文一覧（問題 1-1-1）**」をマクロを有効にして開きます。

【操作 2】 Microsoft Excel トラストセンターで、**マクロの設定**を確認します。

### 機能の解説

□ マクロ
□ マクロを有効にする
□ [セキュリティの警告]
　メッセージバー
□ [コンテンツの有効化]
□ [情報] 画面
□ [コンテンツの有効化]
　ボタン
□ Microsoft Excel
　トラストセンター
□ [オプション]

マクロとは、アプリケーションにおける操作を登録し、必要なときに自動的に実行できる機能です。マクロを使用すれば、手作業で面倒な処理や時間がかかる処理を自動化して、作業時間を短縮し、繰り返し実行することができます（詳しくは「3.6　簡単なマクロを作成する、変更する」参照）。

ただし、マクロは、ファイルの削除、データの盗難、マルウェアのインストールなど、悪質な目的で使用されることもあります。そのため、マクロを含むブックを開いても、既定ではマクロが無効になっています。ブックを自分が作成していたり、信頼できる作成者から入手していたりして、ブックに含まれるマクロが安全なものだと判断した場合は、以下の方法でマクロを有効にします。

□ ［Excel のオプション］
ダイアログボックスの
［トラストセンター］

□ ［トラストセンターの
設定］

□ ［トラストセンター］
ダイアログボックスの
［マクロの設定］

**☆ヒント**

**マクロを含むブックの形式**
マクロを含むブックは、Excel マクロ有効ブック (*.xlsm) 形式または Excel マクロ有効テンプレート (*.xltm) 形式です。

## ●マクロを有効にする

マクロが無効になっている場合、マクロを含むブックを開くと、［セキュリティの警告］メッセージバーが表示されます。マクロを有効にする場合は［コンテンツの有効化］をクリックします。一度マクロを有効にすると、次回以降同じブックを開くときには警告は表示されずにマクロが有効になります。別のブックでマクロを有効にするには、その都度同じ操作をする必要があります。

マクロを含むブックを開いた状態

［セキュリティの警告］メッセージバーを閉じた後にブック内のマクロを有効にするには、［ファイル］タブをクリックし、［情報］をクリックして［情報］画面を表示します。マクロを無効にしてマクロを含むブックを開いた場合は、🔲［コンテンツの有効化］ボタンが表示されるので、これをクリックし、［コンテンツの有効化］をクリックします。

マクロを無効にしてマクロを含むブックを開いた場合の［情報］画面

## ●マクロの設定

マクロを含むブックを開くときに、マクロを有効にするかどうかは、Microsoft Excel トラストセンターで設定できます。それには、[ファイル]タブをクリックし、[その他]をクリックして、[オプション]をクリックします。[Excel のオプション]ダイアログボックスが表示されるので、左側の一覧から[トラストセンター]をクリックし、[トラストセンターの設定]をクリックします。[トラストセンター]ダイアログボックスが表示されるので、左側の一覧から[マクロの設定]をクリックすると、マクロの設定を確認、変更できます。設定としては[警告せずに VBA マクロを無効にする][警告して、VBA マクロを無効にする][電子署名されたマクロを除き、VBA マクロを無効にする][VBA マクロを有効にする]の 4 つが選べます。なお、既定値では[警告して、VBA マクロを無効にする]が設定されています。

[Excel のオプション]ダイアログボックスの[トラストセンター]

[トラストセンター]ダイアログボックスの[マクロの設定]

マクロの設定を変更すると、Excel のすべてのブックに適用されます。Word や PowerPoint など、他の Microsoft Office アプリケーションには影響しません。

**【操作 1】**

❶ ［問題］フォルダーの Excel マクロ有効ブック［注文一覧（問題 1-1-1）］を開きます。

❷ ［セキュリティの警告］メッセージバーの［コンテンツの有効化］をクリックします。

★ヒント

**マクロの設定**

Excel の既定値ではマクロは［警告して、VBA マクロを無効にする］設定になっています（前ページ「●マクロの設定」参照）。そのためマクロを含むブックを開くと［メッセージの警告］メッセージバーが表示されます。本書では既定値の設定を前提に解説しています。

❸ ［セキュリティの警告］メッセージバーがなくなり、ブックのマクロが有効になります。

**【操作 2】**

❹ ［ファイル］タブをクリックします。

その他の操作方法

**ショートカットキー**

**Alt**、**T**、**O** キーを順に押す
（［Excel のオプション］ダイアログボックスの表示）

❺ ［ホーム］画面が表示されるので、左側の一覧から［その他］をクリックします。

❻ ［オプション］をクリックします。

❼ ［Excel のオプション］ダイアログボックスが表示されるので、左側の一覧から［ト
ラストセンター］をクリックします。

❽ ［トラストセンターの設定］をクリックします。

**≪その他の操作方法≫**

[トラストセンター] ダイア
ログボックスの
[マクロの設定] の表示

[開発] タブが表示されている場
合は、⚠ マクロのセキュリティ [マクロの
セキュリティ] ボタンをクリック
します。[トラストセンター] ダイ
アログボックスの [マクロの設定]
が表示されます。[開発] タブを
表示するには、リボン上で右クリ
ックし、ショートカットメニュー
の [リボンのユーザー設定] をク
リックします。[Excel のオプショ
ン] ダイアログボックスが表示
されるので、[リボンのユーザー
設定] の下側のボックスの一覧
の [開発] チェックボックスをオ
ンにし、[OK] をクリックします。

❾ [トラストセンター] ダイアログボックスが表示されるので、左側の一覧から [マ
クロの設定] をクリックします。

❿ [マクロの設定] の [警告して、VBA マクロを無効にする] が設定されていること
を確認します。

⓫ [OK] をクリックします。

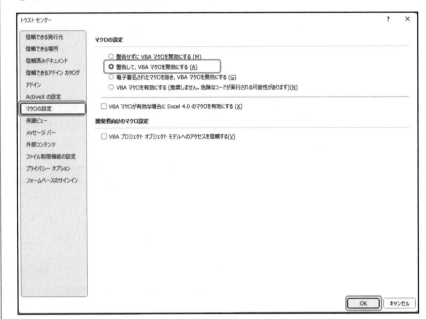

⓬ [Excel のオプション] ダイアログボックスの [OK] をクリックします。

## 1-1-2 ブック間でマクロをコピーする

問題フォルダー
└注文一覧
　（問題 1-1-2）.xlsm
└売上一覧
　（問題 1-1-2）.xlsx

解答フォルダー
└売上一覧（マクロ含む）
　（解答 1-1-2）.xlsm

【操作 1】Excel マクロ有効ブック「注文一覧（問題 1-1-2）」をマクロを有効にして開き、登録されているマクロ「曜日付き日付」を、ブック「売上一覧（問題 1-1-2）」にコピーし、Excel マクロ有効ブック「注文一覧（問題 1-1-2）」を閉じます。

【操作 2】ブック「売上一覧（問題 1-1-2）」の「注文日」の日付に対してマクロ「曜日付き日付」を実行します。

【操作 3】ブック「売上一覧（問題 1-1-2）」を ［Excel365エキスパート_2023年版（実習用）］ フォルダーに Excel マクロ有効ブックとして「売上一覧（マクロ含む）」というファイル名で保存します。

このブックのマクロを別のブックにコピーする

コピーしたマクロを実行する

マクロをコピーしたブックをマクロ有効ブックとして保存する

### 機能の解説

□ VBA
□ VBE
□ ［マクロ］ ボタン
□ ［マクロ］ ダイアログボックスの ［編集］
□ マクロのコピー
□ ［エクスポート］
□ ［エクスポート］ 画面
□ ［ファイルの種類の変更］
□ ［Excel マクロ有効ブック］
□ ［名前を付けて保存］

マクロに登録した操作は VBA（Visual Basic for Applications）というプログラミング言語で記述され、VBE（Visual Basic Editor）を使用してプログラムコードの表示や編集ができます。VBE を起動するには、［表示］ タブの [マクロ] ボタンをクリックし、表示される ［マクロ］ ダイアログボックスの ［編集］ をクリックします。

● **VBE の構成**

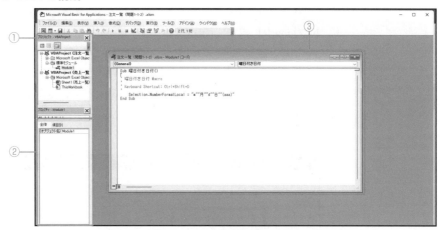

① [プロジェクト] ウィンドウ：ブックの構成要素が階層構造で表示されます。作成され
　　　　　　　　　　　　　　　たマクロは [標準モジュール] の [Module] に保存さ
　　　　　　　　　　　　　　　れています。

② [プロパティ] ウィンドウ　：[プロジェクト] ウィンドウで選択している項目の属性や
　　　　　　　　　　　　　　　情報が表示されます。

③ コードウィンドウ　　　　　：マクロのプログラムコードを表示、編集します。

★ ヒント
マクロの作成
「3-6-1」参照

● **マクロのコピー**

ブックに登録されているマクロは別のブックにコピーして使うことができます。コピーす
るマクロを含むブックとコピー先のブックの両方を開き、VBE を起動します。[プロジェ
クト] ウィンドウに、開いているブックが一覧表示されるので、コピーする Module を
コピー先のブックにドラッグします。

VBE でマクロを別のブックにコピーしている状態

●マクロ有効ブックとして保存

マクロを含むブックを保存する場合は、［ファイル］タブをクリックし、［エクスポート］をクリックします。［エクスポート］画面の［ファイルの種類の変更］をクリックし、［ファイルの種類の変更]の［マクロ有効ブック］をクリックし、［名前を付けて保存］をクリックします。［名前を付けて保存］ダイアログボックスが表示されるので、保存先とファイル名を指定し、［ファイルの種類］ボックスに［Excel マクロ有効ブック］と表示されていることを確認して保存します。

［エクスポート画面］

［名前を付けて保存］ダイアログボックス

## 操作手順

【操作 1】

❶ ［問題］フォルダーの Excel マクロ有効ブック「注文一覧（問題 1-1-2）」を開きます。

❷ ［セキュリティの警告］メッセージバーの［コンテンツの有効化］をクリックします。

❸ ［セキュリティの警告]メッセージバーがなくなり、このブックのマクロが有効になります。

④ [問題] フォルダーのブック「売上一覧（問題 1-1-2）」を開きます。

⑤ [表示] タブの  [マクロ] ボタンをクリックします。

⑥ [マクロ] ダイアログボックスが表示されるので、[マクロ名] の一覧に ['注文一覧（問題 1-1-2).xlsm'! 曜日付き日付] が表示されていることを確認し、[編集] をクリックします。

⑦ VBE（Visual Basic Editor）が起動します。

⑧ [プロジェクト] ウィンドウの [VBAProject（注文一覧（問題 1-1-2).xlsm)] の [標準モジュール] の [Module1] を [VBAProject（売上一覧（問題 1-1-2).xlsx)] にドラッグします。

※ドラッグしている間はマウスポインターの形が  になり、マクロのコピーであることがわかります。

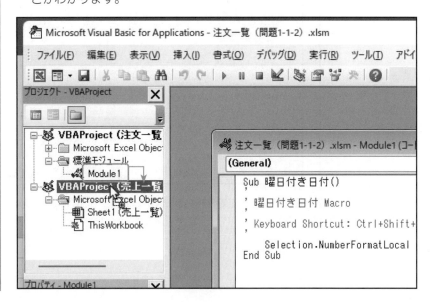

❾ マウスボタンから指を離すと、[VBAProject（売上一覧（問題 1-1-2）.xlsx）] の下に [標準モジュール] がコピーされます。

❿ ☒ [閉じる] ボタンをクリックして、VBE を閉じます。

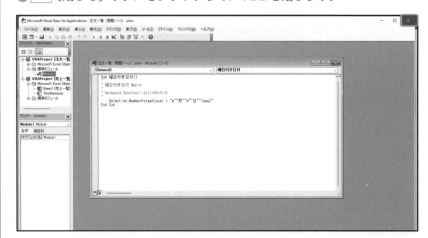

⓫ タスクバーの ☒ Excel のアイコンをポイントし、[注文一覧（問題 1-1-2）] の縮小表示の ☒ 閉じるボタンをクリックします。

⓬ ブック「注文一覧（問題 1-1-2）」が閉じられます。

**【操作 2】**

⓭ ブック「売上一覧（問題 1-1-2）」のセル B2 ～ B87 を範囲選択します。

⓮ ［表示］タブの ［マクロ］ボタンをクリックします。

⓯ ［マクロ］ダイアログボックスが表示されるので、［マクロ名］ボックスの［曜日付
き日付］が選択されていることを確認し、［実行］をクリックします。

⓰ セル B2 ～ B87 の日付が「○月○日（曜日）」の形式で表示されます。

## 【操作 3】

⑰ ［ファイル］タブをクリックします。

⑱ ［ホーム］画面が表示されるので、左側の一覧から［エクスポート］をクリックします。

⑲ ［エクスポート］画面が表示されるので、［ファイルの種類の変更］をクリックします。

⑳ ［ファイルの種類の変更］の［マクロ有効ブック］をクリックします。

㉑ ［名前を付けて保存］をクリックします。

㉒ ［名前を付けて保存］ダイアログボックスが表示されるので、［保存先］ボックスの［Excel365エキスパート_2023年版（実習用）］をクリックします。

㉓［保存先］ボックスが「Excel365エキスパート_2023年版（実習用）」になります。

㉔［ファイル名］ボックスに「売上一覧（マクロ含む）」と入力します。

㉕［ファイルの種類］ボックスに「Excel マクロ有効ブック」と表示されていることを
確認します。

㉖［保存］をクリックします。

※ 操作終了後、［Excel365エキスパート_2023年版（実習用）］フォルダーに保存し
たブック「売上一覧（マクロ含む）」は削除しておきます。

# 1-1-3 別のブックのデータを参照する

## 練習問題

問題フォルダー
└ 売上集計
　（問題 1-1-3）.xlsx
　商品一覧
　（問題 1-1-3）.xlsx

解答フォルダー
└ 売上集計
　（解答 1-1-3）.xlsx
　商品一覧
　（解答 1-1-3）.xlsx

【操作 1】ブック「売上集計（問題 1-1-3）」のワークシート「7 月売上」のセル B9 を基点とする位置に、ブック「商品一覧（問題 1-1-3）」のワークシート「商品一覧」のセル範囲 C9:D29 を、リンク貼り付けします。

【操作 2】ブック「売上集計（問題 1-1-3）」のワークシート「7 月売上」のセル A6 を基点とする位置に、ブック「商品一覧（問題 1-1-3）」のワークシート「商品区分」のセル範囲 A2:H2 を、図としてリンク貼り付けします。

【操作 3】ブック「商品一覧（問題 1-1-3）」のワークシート「商品区分」のセル F2 の値を「ワイン」、ワークシート「商品一覧」のセル D9 の値を「2800」に変更し、ブック「売上集計（問題 1-1-3）」の、それらのデータを参照しているセルの値が変更されたことを確認します。

### ★ヒント

**解答例ファイルのリンク**
リンク先のファイルの場所が変わると、リンクが正しく機能しないため、売上集計（解答 1-1-3）のリンク先は、同じ「解答」フォルダーにある商品一覧（解答 1-1-3）にしています。

他のブックのデータを図としてリンク貼り付けする

他のブックのデータをリンク貼り付けする

リンク元のデータを変更し、リンク先のデータが変更されたことを確認する

## 機能の解説

### 重要用語

- □ リンク貼り付け
- □ [コピー] ボタン
- □ [貼り付け] ボタン
- □ [リンク貼り付け]
- □ 参照式
- □ 図としてリンク貼り付け
- □ [リンクされた図]
- □ [セキュリティの警告]
  メッセージバー
- □ [コンテンツの有効化]

セルのデータを、別のブックで参照するには、リンク貼り付けの機能を使用します。リンク貼り付けすると、リンク元のセルの値を変更したときに、リンク先のセルの値も変更されます。リンク貼り付けをするには、リンク元のセルを選択し、[ホーム] タブの [コピー] ボタンをクリックします。続いて、リンク先のセルを選択し、[ホーム]タブの [貼り付け] ボタンの▼をクリックし、[その他の貼り付けオプション] の一覧から [リンク貼り付け] をクリックします。

### ●参照式

リンク貼り付けをすると、リンク先のセルには、リンク元のセルを参照する参照式が入力されます。参照式は次のような形式で入力されます。

| 同じワークシートのセルの場合 | ＝セル番地 |
|---|---|
| 異なるワークシートのセルの場合 | ＝ワークシート名！セル番地 |
| 異なるブックのセルの場合 | ＝'［ブック名 .xlsx］ワークシート名'！セル番地 |

参照式は直接入力したり、編集してリンク元のブックやセルの指定を変更したりすることができます。

### ●図としてリンク貼り付け

セル範囲をコピーして、別の場所に図としてリンク貼り付けすることができます。図の形式になるため、自由に配置したり、サイズを変更したりできるようになり、列幅の異なる表を配置したいときなどに便利です。リンク元のセルの値や書式を変更すると、貼り付けられた図の中の参照しているセルの値や書式も変更されます。

図としてリンク貼り付けするには、リンク元のセルを選択し、［ホーム］タブの ［コピー］ボタンをクリックします。続いて、貼り付け先のセルを選択し、［ホーム］タブの ［貼り付け］ボタンの▼をクリックし、［貼り付けのオプション］の一覧から ［リンクされた図］をクリックします。リンクされた図には、リンク元のセル範囲を参照する参照式が設定されます。

### ●リンクを含むブックを開く

リンクを含むブックを開くと、［セキュリティの警告］メッセージバーが表示されます。リンクを有効にするには［コンテンツの有効化］をクリックします。一度リンクを有効にすると、次回以降同じブックを開くときには警告は表示されずにリンクが有効になります。

リンクを含むブックを開いた状態

リンクを有効にしてブックを開くと、リンク元のブックが開いている場合には、**リンクが自動更新**されます。リンク元のブックが開いていない場合は、既定の設定では、リンクを更新するかどうかを確認するメッセージが表示されます。

リンクを含むブックを開いたときに表示されるリンクの更新の確認メッセージ

●リンクの編集

リンクを有効にしないでブックを開き、後から有効にする場合や、リンクを解除する場合は、[データ]タブの ![ブックのリンク] [ブックのリンク]ボタンをクリックします。[ブックのリンク]作業ウィンドウが表示され、リンク元のファイル名が一覧表示されます。[すべて更新]をクリックするとすべてのリンク元のファイルの変更が反映されます。[すべて中断]をクリックするとすべてのリンクが解除されます。

[ブックのリンク]ボタンをクリックして[ブックのリンク]作業ウィンドウが開いた状態

![設定] をクリックすると、[更新を依頼する]、[常に更新する]、[更新しない]を選択することができます。初期値では[更新を依頼する]が選択されていて、リンクを更新する前に確認メッセージが表示されます。[常に更新する]を選択すると、ファイルを開くときに自動的に更新されます。[更新しない]を選択すると、更新されません。

![設定] をクリックしてメニューが表示された状態

**★ヒント**

**特定のファイルのリンクを更新／解除**

特定のファイルのリンクを更新するには、[ブックのリンク]作業ウィンドウの目的のファイル名をクリックし、表示される[更新]をクリックします。特定のファイルのリンクを解除するにはファイル名の右側にある ⋯ ボタンをクリックし、一覧から[リンクの中断]をクリックします。

**★ヒント**

**リンクの編集**

環境によっては[データ]タブの[ブックのリンク]ボタンがなく、![リンクの編集] [リンクの編集]ボタンになっている場合があります。[リンクの編集]ボタンをクリックすると[リンクの編集]ダイアログボックスが表示され、リンク元のファイルや更新の設定の確認や変更、[値の更新]や[リンクの解除]などができます。

**【操作 1】**

❶ ブック「売上集計（問題 1-1-3）」を開きます。

❷ ブック「商品一覧（問題 1-1-3）」を開きます。

❸ ブック「商品一覧（問題 1-1-3）」のワークシート「商品一覧」のセル C9 ～ D29 を範囲選択します。

❹ ［ホーム］タブの ［コピー］ボタンをクリックします。

**その他の操作方法**

コピー

選択範囲内で右クリックし、ショートカットメニューの［コピー］をクリックします。

**その他の操作方法**

ショートカットキー

**Ctrl** ＋ **C** キー（コピー）

**その他の操作方法**

ウィンドウの切り替え

[表示] タブの [ウィンドウの切り替え] ボタンをクリックすると、現在開いているウィンドウの一覧が表示され、クリックして、表示を切り替えることができます。

[ウィンドウの切り替え] ボタン

**ポイント**

貼り付け先のセルの指定

貼り付け先のセルとして、左上端のセルだけをクリックして指定すると、コピー元と同じ行数×列数の範囲に貼り付けられます。

**その他の操作方法**

リンク貼り付け

[貼り付け] ボタンをクリックするか、**Ctrl + V** キーを押すと、コピー元のデータと書式がすべて貼り付けられます。貼り付けた後に表示される [貼り付けのオプション] ボタンをクリックして、[その他の貼り付けオプション] の一覧から [リンク貼り付け] をクリックしてもリンク貼り付けできます。

[貼り付け] ボタン

**ヒント**

金額の計算

セル E9 ～ E29 にはあらかじめ価格と数量をもとに金額を求める数式が入力されているため、リンク貼り付けに応じた計算結果が表示されます。

❺ **Ctrl + Tab** キーを押します。

❻ ブック「売上集計（問題 1-1-3）」のワークシート「7 月売上」が表示されるので、セル B9 をクリックします。

❼ [ホーム] タブの [貼り付け] ボタンの▼をクリックします。

❽ [その他の貼り付けオプション]の一覧から [リンク貼り付け]をクリックします。

❾ セル B9 ～ C29 に、それぞれコピー元の対応するセルを参照する数式が入力されます。

【操作 2】

⑩ **Ctrl** + **Tab** キーを押します。

⑪ ブック［商品一覧（問題 1-1-3）］が表示されるので、ワークシート「商品区分」の
シート見出しをクリックします。

⑫ セル A2 ～ H2 を範囲選択します。

⑬ ［ホーム］タブの［コピー］ボタンをクリックします。

⑭ **Ctrl** + **Tab** キーを押します。

⑮ ブック［売上集計（問題 1-1-3）］のワークシート「7 月売上」が表示されるので、
セル A6 をクリックします。

⑯ ［ホーム］タブの［貼り付け］ボタンの▼をクリックします。

⑰ ［その他の貼り付けオプション］の一覧から［リンクされた図］をクリックします。

その他の操作方法

**図としてリンク貼り付け**

［貼り付け］ボタンをクリックする
か、**Ctrl** + **V** キーを押して貼り付
けた後に表示される ［(Ctrl)▼］［貼
り付けのオプション］ボタンをクリ
ックして、［その他の貼り付けオプ
ション］の一覧から ［リンクさ
れた図］をクリックしても、図とし
てリンク貼り付けされます。

［貼り付け］ボタン

⑱ セル A6 を基点とする位置に、ブック「商品一覧（問題 1-1-3）」のワークシート「商品区分」のセル A2 〜 H2 が図として貼り付けられます。

⑲ 数式バーにコピー元のセル範囲を参照する数式が表示されます。

【操作 3】

⑳ **Ctrl** + **Tab** キーを押します。

㉑ ブック「商品一覧（問題 1-1-3）」のワークシート「商品区分」が表示されるので、セル F2 に「ワイン」と入力します。

㉒ ワークシート「商品一覧」のシート見出しをクリックします。

㉓ セル D9 に「2800」と入力します。

㉔ **Ctrl** + **Tab** キーを押します。

㉕ ブック［売上集計（問題 1-1-3）］のワークシート「7月売上」が表示されるので、6 行目の 3 番目の項目値が「ワイン」、セル C9 の値が「2,800」に変わったことを確認します。

## 練習問題

問題フォルダー
└問題 1-1-4.xlsx

解答フォルダー
└解答 1-1-4.xlsx

【操作 1】1 分ごとに自動回復用データが保存されるように設定を変更します。また、保存しないで終了した場合に最後に自動保存されたデータを残す設定になっていることを確認します。

【操作 2】ハイビスカスの売上を、4 月「377」、5 月「365」、6 月「407」と入力します。入力後 3 分経過したら、自動保存のバージョンが作成されたことを確認し、保存しないでブックを閉じます。

【操作 3】再びブックを開き、自動保存されたデータからブックを回復します。

## 機能の解説

重要用語

□ 自動回復用データを
　保存する
□ バージョン
□ ブックを回復
□ [オプション]
□ [Excel のオプション]
　ダイアログボックス
　の [保存]
□ [情報] 画面
□ [ブックの管理]
□ [ブックの管理] ボタン
□ [保存されていない
　ブックの回復]

Excel には、一定の間隔で自動回復用データを保存する機能があり、ブックは既定値で 10 分間隔で保存されます。この自動保存されたデータをバージョンといいます。ブックの編集中に、自動保存のバージョンから選択することにより、自動保存された時点のブックに戻すことができます。標準では、最後に自動保存されたデータ（最終のバージョン）を残す設定になっているので、ブックを保存せずに閉じてしまった場合でも、自動回復用のバージョンからブックを回復させることができます。これらの設定を確認、変更するには、[ファイル] タブをクリックし、[その他] をクリックして、[オプション] をクリックします。[Excel のオプション] ダイアログボックスが表示されるので、左側の一覧から [保存] をクリックします。

[Excel のオプション] ダイアログボックスの [保存]

> 既定値では 10 分ごとに自動回復用データが保存される設定になっている

> 保存しないで終了した場合は、最後に自動回復されたデータを残す設定になっている

自動保存されたデータからブックを回復するには、[ファイル] タブをクリックし、[情報] をクリックして表示される [情報] 画面の [ブックの管理] の一覧から選択します。また、新規作成したブックを保存しないで閉じた場合は、[ブックの管理] ボタンをクリックし、[保存されていないブックの回復] をクリックすると、[ファイルを開く] ダイアログボックスが表示されるので、自動回復用データを指定します。

> ### その他の操作方法
> **新規作成して保存しないで閉じたブックの回復**
> [ファイル] タブをクリックし、[開く] をクリックして表示される [開く] 画面の [最近使ったアイテム] の一覧の下の [保存されていないブックの回復] をクリックしても、[ファイルを開く] ダイアログボックスが表示され、自動回復用データを指定して、新規作成して保存しないで閉じたブックを復元することができます。

[情報] 画面

> 自動保存されたバージョンを選択して回復できる

> 新規作成したブックを保存しないで閉じた場合は、[ブックの管理] ボタンをクリックして回復できる

## 操作手順

> ### その他の操作方法
> **ショートカットキー**
> **Alt**、**T**、**O** キーを順に押す
> ([Excel のオプション] ダイアログボックスの表示)

**【操作 1】**
❶ [ファイル] タブをクリックします。

❷ ［ホーム］画面が表示されるので、左側の一覧から［その他］をクリックします。

❸ ［オプション］をクリックします。

❹ ［Excel のオプション］ダイアログボックスが表示されるので、左側の一覧から［保存］をクリックします。

❺ ［ブックの保存］の［次の間隔で自動回復用データを保存する］チェックボックスがオンになっていることを確認し、「1」分ごとに変更します。

❻ ［保存しないで終了する場合、最後に自動回復されたバージョンを残す］チェックボックスがオンになっていることを確認します。

❼ ［OK］をクリックします。

## 【操作 2】

❼ セル B12 に「377」、セル C12 に「365」、セル D12 に「407」と入力します。

❽ 入力後 1 分経過したら、[ファイル] タブをクリックします。

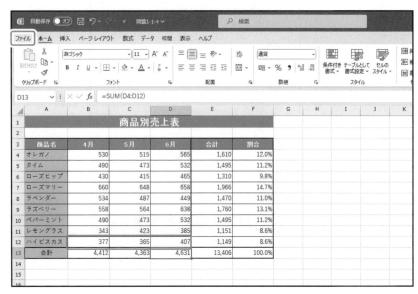

❾ [ホーム] 画面が表示されるので、左側の一覧から [情報] をクリックします。

❿ [情報] 画面が表示されるので、[ブックの管理] に [今日○○：○○（時刻）（自動回復）] と表示されており、セル B12 ～ D12 にデータを入力した時刻よりも後であることを確認します。

⓫ 左側の一覧から [閉じる] をクリックします。

⑫「'問題 1-1-4.xlsx' への変更を保存しますか？」というメッセージが表示されたら、[保存しない] をクリックします。

【操作 3】

⑬ [ファイル] タブをクリックします。

⑭ [ホーム] 画面が表示されるので、[最近使ったアイテム] の [今日] の一覧から [問題 1-1-4] をクリックします。

⑮ ハイビスカスの売上データが入力されていない状態のブックが開きます。

⑯ [ファイル] タブをクリックします。

⑰ [ホーム] 画面が表示されるので、左側の一覧から [情報] をクリックします。

⑱ [情報] 画面が表示されるので、[ブックの管理] の [今日○○：○○（保存しないで終了）] をクリックします（○○：○○は時刻を表しています）。

⑲ ハイビスカスの売上データが入力された状態のブックが開きます。

⑳ メッセージバーに「復元された未保存のファイル」、タイトルバーに「未保存のファイル」と表示されていることを確認します。

※解答操作が終了したら、❶ 〜 ❻ の手順で自動保存の間隔を 10 分に戻しておきます。

!▶ポイント

**自動保存されたバージョンで上書きする**

メッセージバーの [名前を付けて保存] をクリックすると、[名前を付けて保存] が表示され、[ファイル名] ボックスに現在のファイル名が表示されています。この状態で [保存] をクリックすると、自動保存されたバージョンで上書きされます。

# 1-2 共同作業のために ブックを準備する

編集操作を制限するときは、シートの保護やブックの保護を設定します。また、ブックを他の人に渡すときは、パスワードを設定してセキュリティに注意します。

## 1-2-1 編集を制限する

### 練習問題

問題フォルダー
└問題 1-2-1.xlsx

解答フォルダー
└解答 1-2-1.xlsx

【操作 1】ワークシート「来客数集計」のセル範囲 A4:G7 と A9:G11 のロックを解除します。

【操作 2】ワークシート「来客数集計」の数式が入力されているすべてのセルに、数式の非表示を設定します。

【操作 3】ワークシート「来客数集計」をパスワードを設定せずに保護します。ただし、すべてのセルの選択と行の挿入は許可する設定にします。

セルのロックを解除する

数式が入力されているセル範囲の数式の非表示を設定する

行の挿入は許可してワークシートを保護する

### 機能の解説

#### 重要用語

- □ シートの保護
- □ セルのロックを解除
- □ [書式] ボタン
- □ [セルのロック] をオフ
- □ 数式の非表示
- □ [セルの書式設定]
- □ [セルの書式設定] ダイアログボックスの [保護] タブ

セルのデータの書き換えや書式設定などの編集操作を制限するシートの保護機能を使用します。全面的にシートを保護することもできますが、通常はデータの書き換えを許可するセルを除いてシートの保護を設定します。書き換えを許可するセル範囲は、セルのロックを解除することで指定できます。Excel の初期設定では、すべてのセルがロックされています。標準ではセルの編集に制限はありませんが、シートを保護することにより、すべてのセルがロックされます。したがって、シートを保護する際にはその前に書き換えを許可するセルのロックを解除する必要があります。

□ [表示しない]
　　チェックボックス

□ [シートの保護]

□ [シートの保護]
　　ダイアログボックス

□ [情報] 画面の
　　[ブックの保護] ボタン

□ [保護解除]

### ●セルのロックを解除する

セルのロックを解除するには、目的のセル範囲を選択し、[ホーム] タブの [書式˅] [書式]
ボタンをクリックし、[保護] の [セルのロック] をクリックしてオフにします。

[ホーム] タブの [書式] ボタンをクリックした状態

セルのロックを解除する
場合はここをオフにする

ここをクリックすると、[セルの
書式設定] ダイアログボックスが
表示され、詳細な設定ができる

### ●数式を非表示にする

セルを選択したときに、そのセルの数式を数式バーに表示しない設定にすることもできま
す。目的のセル範囲を選択し [ホーム] タブの [書式˅] [書式] ボタンをクリックし、[保
護] の一覧から [セルの書式設定] をクリックします。[セルの書式設定] ダイアログボ
ックスが表示されるので、[保護] タブの [表示しない] チェックボックスをオンにします。
セルのロックと同様に、この機能もシートを保護したときに有効になります。

### ◇その他の操作方法

**セルのロックの解除**
右図の [セルの書式設定] ダイ
アログボックスの [保護] タブの
[ロック] チェックボックスをオフ
にしても、セルのロックを解除で
きます。

[セルの書式設定] ダイアログボックスの [保護] タブ

ここをオンにするとシートを保護
したときに、数式バーにそのセル
の数式が表示されなくなる

●**シートを保護する**

シートを保護するには、［ホーム］タブの ［書式］ボタンをクリックし、［保護］
の一覧から［シートの保護］をクリックします。［シートの保護］ダイアログボックスが
表示されるので、［このシートのすべてのユーザーに許可する操作］ボックスから、許可
する項目を選択します。

［シートの保護］ダイアログボックス

保護を設定した後に、ロックされたセルのデータを書き換えようとすると、保護されてい
ることを警告するメッセージが表示されます。メッセージを確認して［OK］をクリック
します。

シートが保護されていることを知らせる警告メッセージ

●**シートの保護を解除する**

シートを保護すると、許可されていない機能のリボンのボタン等が淡色表示になり使用で
きなくなります。また、［ファイル］タブをクリックし、［情報］をクリックして表示され
る［情報］画面の［ブックの保護］ボタンの背景の色が変わり、このブックに保護されて
いるシートがあることと、そのシート名が表示されます。保護を解除するには、右側にあ
る［保護解除］をクリックします。

シートを保護した場合の［情報］画面

## 操作手順

【操作 1】

❶ ワークシート「来客者集計」のセル範囲 A4 ～ G7 を範囲選択します。

❷ **Ctrl** キーを押しながら、A9 ～ G11 を範囲選択します。

❸ ［ホーム］タブの ⊞書式˅ ［書式］ボタンをクリックします。

❹ ［保護］の［セルのロック］をクリックしてオフにします。

【操作 2】

❺ 任意のセルをクリックして、セルの範囲選択を解除します。

❻ ［ホーム］タブの ［検索と選択］ボタンをクリックします。

❼ ［数式］をクリックします。

❽ 数式が入力されているセル（セル C8 ～ G8、セル C12 ～ G13、セル H4 ～ H13）が選択されます。

❾ ［ホーム］タブの ⊞書式˅ ［書式］ボタンをクリックします。

❿ ［保護］の一覧から［セルの書式設定］をクリックします。

**★ ヒント**

**数式の入力されている
セルの選択**

数式の入力されているセルをそれぞれ選択してもかまいませんが、［検索と選択］ボタンをクリックし、［数式］をクリックすると、数式の入力されているセルが一括で選択されるので便利です。事前に複数セルが範囲選択されているとその範囲内のセルだけが検索されるので、ワークシート内のすべての数式の入力されているセルを選択する場合は、あらかじめ目的のワークシートの1つのセルだけを選択しておきます。これは、どのセルでもかまいません。

**◈ その他の操作方法**

**ショートカットキー**

**Ctrl ＋ 1**

（［セルの書式設定］ダイアログボックスの表示）

⓫ ［セル書式設定］ダイアログボックスが表示されるので、［保護］タブの［表示しない］
チェックボックスをオンにします。

⓬ ［OK］をクリックします。

【操作 3】

⓭ ［ホーム］タブの ［書式］ボタンをクリックします。

⓮ ［保護］の一覧から［シートの保護］をクリックします。

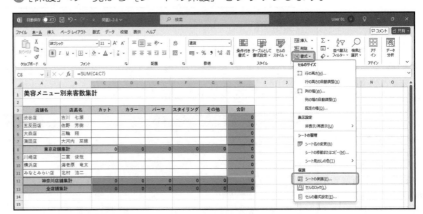

⓯ ［シートの保護］ダイアログボックスが表示されるので、［シートとロックされたセ
ルの内容を保護する］チェックボックスがオンになっていることを確認します。

⓰ ［このシートのすべてのユーザーに許可する操作］ボックスの［ロックされたセル範
囲の選択］と［ロックされていないセル範囲の選択］チェックボックスがオンになっ
ていることを確認します。

⓱ ［行の挿入］チェックボックスをオンにします。

⓲ ［OK］をクリックします。

## 練習問題

問題フォルダー
└ 問題 1-2-2.xlsx

解答フォルダー
└ 解答 1-2-2.xlsx

【操作 1】ワークシート「来客数集計」のセル範囲 C4:G7 と C9:G11 に範囲の編集を許可します。その際、範囲のタイトルを「来客数入力」、範囲パスワードを「ninzu」にします。

【操作 2】ワークシート「来客数集計」をパスワードを設定せずに保護します。

【操作 3】パスワード「ninzu」を入力して範囲のロックを解除し、セル C4 に「278」と入力します。

## 機能の解説

□ 範囲の編集の許可
□ [範囲の編集を許可する] ボタン
□ [範囲の編集の許可] ダイアログボックス
□ [新規]
□ [新しい範囲] ダイアログボックス
□ [シートの保護]
□ [シートの保護] ダイアログボックス
□ [範囲のロック解除] ダイアログボックス

パスワードを知っているユーザーのみが特定の範囲を編集できるように設定して、ワークシートを保護することができます。範囲の編集の許可機能を使用します。

パスワードを知っているユーザーのみが編集できるようにしたいセル範囲を選択し、[校閲] タブの ▦ [範囲の編集を許可する] ボタンをクリックします。[範囲の編集の許可] ダイアログボックスが表示されるので、[新規] をクリックします。[新しい範囲] ダイアログボックスが表示されるので、[タイトル] ボックスに範囲名を入力し、[セルの参照] ボックスで範囲を確認し、必要に応じて変更します(セル範囲を選択した状態でこのダイアログボックスを表示した場合は選択したセル範囲が設定されています)。[範囲パスワード] ボックスにパスワードを設定し、[OK] をクリックすると、[パスワードの確認] ダイアログボックスが表示されるので、再びパスワードを入力し、[OK] をクリックします。

[範囲の編集の許可] ダイアログボックスに戻り、[シートの保護] をクリックすると、[シートの保護] ダイアログボックスが表示されるので、シートの保護を設定します(「1-2-1」参照)。

[範囲の編集の許可] ダイアログボックス　　　　　　[新しい範囲] ダイアログボックス

ここをクリックすると、[新しい範囲] ダイアログボックスが表示される

作成した範囲が表示される

ここをクリックすると、[シートの保護] ダイアログボックスが表示される

[シートの保護] ダイアログボックス

保護を設定した後に、編集を許可する範囲として設定された範囲内のデータを書き換えようとすると、[範囲のロック解除] ダイアログボックスが表示されるので、[このセルを編集するためのパスワードを入力してください] ボックスにパスワードを入力します。[OK] をクリックすると、その範囲内に入力できるようになります。

編集を許可する範囲で表示される [範囲のロック解除] ダイアログボックス

編集を許可する範囲として設定された範囲内のデータを書き換えようとするとこのダイアログボックスが表示される

パスワードを入力すると、その範囲内のデータの書き換えが可能になる

なお、編集を許可されていない範囲のセルのデータを書き換えようとすると、保護されていることを警告するメッセージが表示されます。

シートが保護されていることを知らせる警告メッセージ

**【操作 1】**

❶ ワークシート「来客者集計」のセル範囲 C4 〜 G7 を範囲選択します。

❷ **Ctrl** キーを押しながら、C9 〜 G11 を範囲選択します。

❸ [校閲] タブの  [範囲の編集を許可する] ボタンをクリックします。

❹ [範囲の編集の許可] ダイアログボックスが表示されるので、[新規] ボタンをクリックします。

❺ [新しい範囲] ダイアログボックスが表示されるので、[タイトル] ボックスに「来客数入力」と入力します。

❻ [セル参照] ボックスに「＝$C$4:$G$7,$C$9:$G$11」と表示されていることを確認します。

❼ [範囲パスワード] ボックスに「ninzu」と入力します。※画面上には「*****」と表示されます。

❽ [OK] をクリックします。

❾ [パスワードの確認] ダイアログボックスが表示されるので、[パスワードをもう一度入力してください。] ボックスに再度「ninzu」と入力します。

❿ [OK] をクリックします。

⓫ [範囲の編集の許可] ダイアログボックスの [シートが保護されているときにパスワードでロックを解除する範囲] ボックスに、タイトル「来客数入力」、セルの参照に「$C$4:$G$7,$C$...」と表示されていることを確認します。

【操作 2】

⓬ [シートの保護] をクリックします。

⓭ [シートの保護] ダイアログボックスが表示されるので、[シートとロックされたセルの内容を保護する] チェックボックスがオンになっていることを確認します。

⓮ [このシートのすべてのユーザーに許可する操作] ボックスの [ロックされたセル範囲の選択] と [ロックされていないセル範囲の選択] チェックボックスがオンになっていることを確認します。

⓯ [シートの保護を解除するためのパスワード] ボックスには何も入力せずに [OK] をクリックします。

★ ヒント

**範囲の編集の許可の解除**

シートの保護を解除すると（「1-2-1」参照）、範囲の編集の許可は無効になり、パスワードを入力しなくても書き換えができるようになります。許可の設定範囲を削除する場合は、[範囲の編集の許可] ダイアログボックスの [シートが保護されているときにパスワードでロックを解除する範囲] ボックスの一覧から削除する範囲を選択し、[削除] をクリックします。

## 【操作3】

⑯ セル C4 をクリックします。

⑰ 数字または文字のキーを押します。

⑱ [範囲のロック解除] ダイアログボックスが表示されるので、[このセルを編集するためのパスワードを入力してください] ボックスに「ninzu」と入力します。

⑲ [OK] をクリックします。

⑳ セル C4 に「278」と入力します。

| | A | B | C | D | E | F | G | H | I |
|---|---|---|---|---|---|---|---|---|---|
| 1 | 美容メニュー別来客数集計 | | | | | | | | |
| 2 | | | | | | | | | |
| 3 | 店舗名 | 店長名 | カット | カラー | パーマ | スタイリング | その他 | 合計 | |
| 4 | 渋谷店 | 吉川　七瀬 | 278 | | | | | 278 | |
| 5 | 五反田店 | 佐野　芳樹 | | | | | | 0 | |
| 6 | 大森店 | 三輪　翔 | | | | | | 0 | |
| 7 | 蒲田店 | 大河内　菜穂 | | | | | | 0 | |
| 8 | 東京店舗集計 | | 278 | 0 | 0 | 0 | 0 | 278 | |
| 9 | 川崎店 | 二宮　俊哉 | | | | | | 0 | |
| 10 | 横浜店 | 海老原　竜太 | | | | | | 0 | |
| 11 | みなとみらい店 | 北村　浩二 | | | | | | 0 | |
| 12 | 神奈川店舗集計 | | 0 | 0 | 0 | 0 | 0 | 0 | |
| 13 | 全店舗集計 | | 278 | 0 | 0 | 0 | 0 | 278 | |
| 14 | | | | | | | | | |
| 15 | | | | | | | | | |
| 16 | | | | | | | | | |
| 17 | | | | | | | | | |

**ブックの構成を保護する**

## 練習問題

問題フォルダー
└問題 1-2-3.xlsx

**解答フォルダー**
└解答 1-2-3.xlsx

ブックの保護を実行して、シート構成を保護します。その際、パスワード「R06」を設定します。

パスワードを設定して、シート構成を保護する

## 機能の解説

🏷 **重要用語**

☐ ブックの保護

☐ シート構成の保護

☐ [ブックの保護] ボタン

☐ [シート構成とウィンドウの保護]
ダイアログボックス

☐ [シート構成]
チェックボックス

☐ [情報] 画面の [ブックの保護] ボタン

ブックの保護は、ワークシートの挿入や削除、名前の変更、移動やコピー、表示 / 非表示などを制限するための機能です。ブックを保護するには、[校閲] タブの 🔲 [ブックの保護] ボタンをクリックします。[シート構成とウィンドウの保護] ダイアログボックスが表示されるので [パスワード（省略可）] ボックスにパスワードを入力すると、ブック構成の保護を解除する際にパスワードの入力を求めるようにできます。[保護対象] の [シート構成] チェックボックスがオンになっていることを確認し、[OK] をクリックします。
[パスワード（省略可）] ボックスにパスワードを入力した場合は、続いて [パスワードの確認] ダイアログボックスが表示されるので、同じパスワードを再び入力し、[OK] をクリックします。

**★ヒント**
**パスワードの設定**
パスワードは半角の255文字以内で、文字や数字、スペース、記号が使用でき、大文字と小文字も区別されます。なお、パスワードを忘れると解除ができなくなるので管理には注意してください。

**★ヒント**
**ブックの保護の解除**
[情報] 画面の [ブックの保護] ボタンをクリックして一覧から [ブック構成の保護] をクリックしてオフにします。または、[校閲] タブの [ブックの保護] ボタンをクリックしてオフにします。パスワードが設定されている場合は [ブック保護の解除] ダイアログボックスが表示されるのでパスワードを入力します。

[情報] 画面の
[ブックの保護] ボタン

[校閲] タブの
[ブックの保護] ボタン

[シート構成とウィンドウの保護]
ダイアログボックス　　　　　　　[パスワードの確認] ダイアログボックス

シート構成を保護した後、シート見出しをドラッグしようとすると 🚫 が表示されて、移動やコピーができません。また、シート見出しを右クリックすると、ショートカットメニューのうち使用できないコマンドが淡色表示になっています。

シート見出しをドラッグしようとした状態　　　シート見出しを右クリックした状態

使用できないコマンド
が淡色表示になる

ブックを保護すると、[ファイル] タブをクリックし、[情報] をクリックして表示される [情報] 画面の [ブックの保護] ボタンの背景の色が変わり、このブックの構成がロックされているとの記載があります。

[情報] 画面の [ブックの保護] ボタン

**その他の操作方法**

**ブックの保護**

［ファイル］タブをクリックし、［情報］をクリックして［情報］画面を表示します。［ブックの保護］ボタンをクリックして、［ブック構成の保護］をクリックしても、［シート構成とウィンドウの保護］ダイアログボックスが表示され、シート構成を保護できます。

［情報］画面の
［ブックの保護］ボタン

❶ ［校閲］タブの ［ブックの保護］ボタンをクリックします。

❷ ［シート構成とウィンドウの保護］ダイアログボックスが表示されるので、［保護対象］の［シート構成］チェックボックスがオンになっていることを確認します。

❸ ［パスワード（省略可）］ボックスに「R06」と入力します。※画面上には「\*\*\*」と表示されます。

❹ ［OK］をクリックします。

❺ ［パスワードの確認］ダイアログボックスが表示されるので、［パスワードをもう一度入力してください。］ボックスに再び「R06」と入力します。

❻ ［OK］をクリックします。

# 1-2-4 パスワードでブックを暗号化する

## 練習問題

問題フォルダー
└ 問題 1-2-4.xlsx

解答フォルダー
└ 上半期支店別売上
 （解答 1-2-4）.xlsx

【操作 1】ブックにパスワード「kamihan」を設定して暗号化し、「上半期支店別売上」という名前を付けて［Excel365エキスパート_2023年版（実習用）］フォルダーに保存して閉じます。

【操作 2】保存したブック「上半期支店別売上」を、パスワード「kamihan」を入力して開きます。

## 機能の解説

重要用語

□ 暗号化

□ パスワードの入力

□ ［情報］画面の
 ［ブックの保護］ボタン

□ ［パスワードを使用して
 暗号化］

□ ［ドキュメントの暗号化］
 ダイアログボックス

□ ［パスワード］ダイアロ
 グボックス

Excel にはシートやブックの要素を保護するなどの多様なセキュリティ機能がありますが、最も確実な方法はブックそのものを暗号化して、開くときにパスワードの入力を求めるようにすることです。

ブックを暗号化するには、ブックを開いた状態で［ファイル］タブをクリックし、［情報］をクリックして［情報］画面を表示します。［ブックの保護］ボタンをクリックし、［パスワードを使用して暗号化］をクリックします。［ドキュメントの暗号化］ダイアログボックスが表示されるので、パスワードを入力します。続いて表示される［パスワードの確認］ダイアログボックスでも同じパスワードを入力します。

［ドキュメントの暗号化］ダイアログボックス

ブックを暗号化すると、[ファイル]をクリックし、[情報]をクリックして表示される[情報]画面の[ブックの保護]ボタンの背景の色が変わり、このブックを開くにはパスワードが必要との記載があります。

暗号化したブックは、開くときに[パスワード]ダイアログボックスが表示され、正しいパスワードを入力しないと開くことができません。

暗号化したブックを開くときに表示される[パスワード]ダイアログボックス

## 操作手順

**【操作 1】**

❶ [ファイル]タブをクリックします。

❷ [ホーム]画面が表示されるので、左側の一覧から[情報]をクリックします。

❸ [情報]画面が表示されるので、[ブックの保護]ボタンをクリックします。

❹ 一覧から[パスワードを使用して暗号化]をクリックします。

⑤［ドキュメントの暗号化］ダイアログボックスが表示されるので、［パスワード］ボックスに「kamihan」と入力します。※画面上には「●●●●●●●」と表示されます。

⑥［OK］をクリックします。

⑦［パスワードの確認］ダイアログボックスが表示されるので、［パスワードの再入力］ボックスに再び「kamihan」と入力します。

⑧［OK］をクリックします。

⑨［ブックの保護］ボタンの背景の色が変わり、「このブックを開くにはパスワードが必要です。」と表示されます。

⑩ 左側の一覧から［名前を付けて保存］をクリックします。

⑪［名前を付けて保存］画面が表示されるので、［参照］をクリックします。

★ヒント

**パスワードの解除**

設定したパスワードを解除するには、パスワードを入力してブックを開いたあとに、手順❶〜❺を行い、表示される［ドキュメントの暗号化］ダイアログボックスの［パスワード］ボックスの「●」をすべて削除し、［OK］をクリックします。

⓬ ［名前を付けて保存］ダイアログボックスが表示されるので、［ファイルの場所］ボックスで［Excel365エキスパート_2023年版（実習用）］をクリックします。

⓭ ［ファイル名］ボックスに「上半期支店別売上」と入力します。

⓮ ［保存］をクリックします。

★ヒント

**書き込みパスワードの設定**
［名前を付けて保存］ダイアログボックスの［ツール］をクリックし、［全般オプション］をクリックすると、［全般オプション］ダイアログボックスが表示され、［読み取りパスワード］と［書き込みパスワード］を設定できます。読み取りパスワードは［パスワードを使用して暗号化］と同じ機能で、設定するとブックを開くときにパスワードの入力が求められます。書き込みパスワードを設定すると、パスワードを入力しなくてもブックを読み取り専用で開くことはできますが、パスワードを入力して開かないと上書き保存ができなくなります。

⓯ ［ファイル］タブをクリックします。

⓰ ［ホーム］画面が表示されるので、左側の一覧から［閉じる］をクリックします。

⓱ ブック「上半期支店別売上」が閉じます。

**【操作2】**

⑱ ［ファイル］タブをクリックします。

⑲ ［ホーム］画面が表示されるので、［最近使ったアイテム］の一覧から［上半期支店別売上］をクリックします。

⑳ ［パスワード］ダイアログボックスが表示されるので、［パスワード］ボックスに、パスワード「kamihan」を入力します。

㉑ ［OK］をクリックします。

㉒ブック「上半期支店別売上」が開きます。

※操作終了後、［Excel365エキスパート_2023年版（実習用）］フォルダーに保存した
　ブック「上半期支店別売上」は削除しておきます。

# 1-2-5　数式の計算方法を設定する

## 練習問題

問題フォルダー
└問題 1-2-5.xlsx

解答フォルダー
└解答 1-2-5.xlsx

【操作 1】ブックの計算方法を手動にし、ブックの保存前に再計算されない設定にします。
【操作 2】セル A16 に「12:20」、セル B16 に「2」、セル E16 に「2」と入力して計算が自動的に行われないことを確認し、続けて再計算を実行します。

## 機能の解説

### 重要用語

□ 再計算
□ [計算方法の設定]
　ボタン
□ [自動]
□ [手動]
□ [再計算実行] ボタン
□ [Excel のオプション]
　ダイアログボックスの
　[数式]
□ [計算方法の設定]
□ [ブックの計算]
□ [ブックの保存前に再
　計算を行う] チェック
　ボックス

セルに値を入力すると、そのセルを参照している数式が自動的に再計算され、計算結果の表示が更新されます。しかし、ワークシートで扱っているデータ量が多く、複雑な数式が大量に設定されている場合、コンピューターの能力によっては、1 回の再計算に非常に時間がかかってしまうことがあります。このようなブックでは、自動再計算を停止し、作業の区切りごとにまとめて再計算を実行することで、作業時間を短縮できます。

計算の設定を変更するには、[数式] タブの  [計算方法の設定] ボタンをクリックします。既定値では [自動] になっているので [手動] に変更します。この状態では、セルの値を変更しても再計算は行われず、[数式] タブの 再計算実行 [再計算実行] ボタンをクリックすることで、自分の好きなタイミングで再計算を実行できます。なお、計算方法の設定は、ブック単位で保存されます。

[数式] タブの [計算方法の設定] ボタンをクリックした状態

［計算方法の設定］ボタンで［手動］にした場合、［再計算実行］ボタンをクリックしなくても、ブックを保存するときに自動で再計算されます。ブックの保存時にも再計算されないようにするには、［Excel のオプション］ダイアログボックスで設定します。それには、［ファイル］タブをクリックし、［その他］をクリックして、［オプション］をクリックします。［Excel のオプション］ダイアログボックスが表示されるので、左側の一覧から［数式］をクリックし、［計算方法の設定］の［ブックの計算］の［手動］をクリックします。淡色表示だった［ブックの保存前に再計算を行う］チェックボックスが表示されるので、オフにします。

**★ヒント**

**［データテーブル以外自動］**
［計算方法の設定］の［ブックの計算］の［データテーブル以外自動］を選択すると、データテーブル（1 つの数式に対し、複数のデータを使用したシミュレーションが行える機能）の処理の結果として表示されている値以外の数式が、自動的に再計算されます。

［Excel のオプション］の［数式］

---

**操作手順**

**その他の操作方法**

ショートカットキー
**Alt**、**T**、**O** キーを順に押す
（［Excel のオプション］ダイアログボックスの表示）

**【操作 1】**

❶［ファイル］タブをクリックします。

❷ ［ホーム］画面が表示されるので、左側の一覧から［その他］をクリックします。

❸ ［オプション］をクリックします。

❹ ［Excel のオプション］ダイアログボックスが表示されるので、左側の一覧から［数
式］をクリックします。

❺ ［計算方法の設定］の［ブックの計算］の［手動］をクリックします。

❻ ［ブックの保存前に再計算を行う］チェックボックスが変更可能になるので、これを
オフにします。

❼ ［OK］をクリックします。

第1章　ブックのオプションと設定の管理

【操作 2】

❽ セル A16 に「12:20」、セル B16 に「2」、セル E16 に「2」と入力します。

❾ 計算が自動的に行われないことを確認します。

| | A | B | C | D | E | F | G | H | I | J | K | L | M | N |
|---|---|---|---|---|---|---|---|---|---|---|---|---|---|---|
| 1 | 販売記録 | | | | | | | 商品一覧 | | | | | | |
| 2 | | | | | | | | | | | | | | |
| 3 | | | | 消費税率 | 数量計 | 金額計 | | ID | 商品名 | 価格 | | | | |
| 4 | | | | 10% | 16 | 6,765 | | 1 | のり弁当 | 300 | | | | |
| 5 | | | | | | | | 2 | しゃけ弁当 | 350 | | | | |
| 6 | 時刻 | ID | 商品名 | 単価 | 数量 | 税込金額 | | 3 | ハンバーグ弁当 | 420 | | | | |
| 7 | 11:27 | 3 | ハンバーグ弁当 | 420 | 1 | 462 | | 4 | コロッケ弁当 | 380 | | | | |
| 8 | 11:45 | 4 | コロッケ弁当 | 380 | 1 | 418 | | 5 | とんかつ弁当 | 500 | | | | |
| 9 | 12:01 | 1 | のり弁当 | 300 | 4 | 1,320 | | 6 | 唐揚げ弁当 | 400 | | | | |
| 10 | 12:05 | 5 | とんかつ弁当 | 500 | 2 | 1,100 | | 7 | メンチカツ弁当 | 450 | | | | |
| 11 | 12:08 | 3 | ハンバーグ弁当 | 420 | 1 | 462 | | | | | | | | |
| 12 | 12:10 | 6 | 唐揚げ弁当 | 400 | 3 | 1,320 | | | | | | | | |
| 13 | 12:14 | 7 | メンチカツ弁当 | 450 | 1 | 495 | | | | | | | | |
| 14 | 12:15 | 2 | しゃけ弁当 | 350 | 2 | 770 | | | | | | | | |
| 15 | 12:18 | 4 | コロッケ弁当 | 380 | 1 | 418 | | | | | | | | |
| 16 | 12:20 | 2 | | | 2 | | | | | | | | | |
| 17 | | | | | | | | | | | | | | |

**その他の操作方法**

**再計算の実行**

F9 キーを押しても再計算を実行できます。

**★ ヒント**

**シート再計算**

[数式] タブの [シート再計算] [シート再計算] ボタンをクリックすると、ブック全体ではなく現在のシートのみ再計算が実行されます。

❿ [数式] タブの [再計算実行] [再計算実行] ボタンをクリックします。

⓫ 再計算が行われ、セル C16 に「しゃけ弁当」、セル D16 に「350」、セル F16 に「770」と計算結果が表示されます。セル E4 が「18」、セル F4 が「7,535」に変更されます。

※ 解答操作が終了したら、❶ ～ ❼ の手順で、[計算方法の設定] の [ブックの計算] を [自動] に戻しておきます。

# データの管理、書式設定

## 本章で学習する項目

- [ ] 既存のデータを使用してセルに
入力する
- [ ] データに表示形式や入力規則を
適用する
- [ ] 詳細な条件付き書式やフィルターを
適用する

# 2-1 既存のデータを使用してセルに入力する

フラッシュフィルや連続データの作成機能を使うと、既存のデータを利用した規則性のあるデータの入力を簡単に行うことができます。よく使うデータはユーザー設定リストに登録することによって、オートフィルを使って連続入力することが可能になります。また、ランダムな数値データを生成する場合は関数を使うと効率的です。

## 2-1-1 フラッシュフィルを使ってセルにデータを入力する

### 練習問題

問題フォルダー
└ 問題 2-1-1.xlsx

解答フォルダー
└ 解答 2-1-1.xlsx

【操作 1】フラッシュフィルを使用して、「班」の列にすべて「第 1 班」と入力します。ただし、セルの書式は変更しません。

【操作 2】フラッシュフィルを使用して、「氏名」の列に「姓」と「名」の間に全角スペースをはさんでつなげた氏名を入力します。ただし、セルの書式は変更しません。

フラッシュフィルを使用して、「第 1 班」と入力する

フラッシュフィルを使用して、「姓」と「名」の間に空白スペースをはさんでつなげた氏名を入力する

### 機能の解説

重要用語

□ フラッシュフィル

□ 入力したデータと
　同じ規則の文字列を
　自動的に入力する

□ [フィル] ボタン

□ [フラッシュフィル]

□ [オートフィルオプション]
　ボタン

□ オートコンプリート機能

フラッシュフィルは、入力したデータから Excel が規則性を認識し、連続した同じ列のセルに入力したデータと同じ規則の文字列を自動的に入力する機能です。データを入力後に [ホーム] タブの [フィル] ボタンをクリックして [フラッシュフィル] をクリックする方法、オートフィル機能を使用してデータを入力後に [オートフィルオプション] ボタンの一覧から選択する方法があります。また、オートコンプリート機能によって表示される候補を確定して、フラッシュフィルを実行できる場合もあります。

フラッシュフィルではセルの書式はコピーされないため、元の書式が保持されます。

## ● ［フィル］ボタンを使用したフラッシュフィルの実行

サンプルとなるデータを入力後に、同じ規則で入力したいセルをアクティブにし、［ホーム］タブの ⬇・［フィル］ボタンをクリックし、一覧から［フラッシュフィル］をクリックします。

各行の「姓」と「名」の間に空白スペースをはさんでつなげる、という規則だと Excel が判断し、その規則を次の行以降にも適用する

## ● ［オートフィルオプション］ボタンを使用したフラッシュフィルの実行

オートフィル機能を使用してデータを入力後に表示される 🖳 ［オートフィルオプション］ボタンの一覧にある ［フラッシュフィル］をクリックしても、フラッシュフィルを実行することができます。

オートフィルで入力

フラッシュフィルを実行

## ●オートコンプリート機能を使用したフラッシュフィルの実行

サンプルとなるデータを入力し、次のセルにデータの途中までを入力すると、オートコンプリート機能により同じ規則のデータが入力候補として表示されます。**Enter** キーを押すと、入力候補が確定し、同じデータ範囲に一括入力されます。

入力候補が表示されるので、**Enter** キーを押す

郵便番号の３桁目と４桁目の間に「-」（ハイフン）を入力するという規則だと Excel が判断し、その規則を次の行以降にも適用する

> **その他の操作方法**
>
> ［フラッシュフィル］ボタン
> ［データ］タブの［フラッシュフィル］ボタンをクリックしても、同様にフラッシュフィルが実行されます。
>
>  ［フラッシュフィル］ボタン
>
> **★ヒント**
>
> ［フィル］ボタンの一覧
> ［ホーム］タブの［フィル］ボタンをクリックした一覧には、［下方向へコピー］［右方向にコピー］［上方向へコピー］［左方向へコピー］など方向を指定してコピーするコマンドがあります。これらは、コピー先のセルを選択した状態で、コピー元のセルをどの方向にコピーするのかを指定します。
>
> ⬇・ ［フィル］ボタン
>
> **★ヒント**
>
> オートコンプリート機能
> 日本語入力モードがオンの場合、オートコンプリート機能が正常に働かない場合があります。その場合は、［ホーム］タブの［フィル］ボタンまたはオートフィル機能を使用してデータを入力後に表示される［オートフィルオプション］ボタンを使用してフラッシュフィルを実行しましょう。
>
> ⬇・ ［フィル］ボタン
>
> 🖳 ［オートフィルオプション］ボタン

**その他の操作方法**
ショートカットキー
**Ctrl + E**
（フラッシュフィル）

**その他の操作方法**
［オートフィルオプション］
ボタンからフラッシュフィル
を実行
セル A2 をクリックし、右下のフィルハンドルをポイントし、マウスポインターの形が ✚ に変わったらダブルクリックします。セル A3 ～ A13 に「第 2 班」～「第 12 班」と入力され、セル A2 と同じ塗りつぶしの色が設定されるので、セル A13 の右下に表示される［オートフィルオプション］ボタンをクリックし、一覧から［フラッシュフィル］をクリックします。セル A3 ～ A13 に「第 1 班」と入力され、塗りつぶしの色が元に戻ります。

［オートフィルオプション］
ボタン

**ヒント**
フラッシュフィルで変更されたセルの数
フラッシュフィルを実行すると、この場合はステータスバーに「フラッシュフィルの変更されたセル：11」と、変更されたセルの数が表示されます。

**【操作 1】**

❶ セル A3 をクリックします。

❷ ［ホーム］タブの [↓▾] ［フィル］ボタンをクリックします。

❸ 一覧から［フラッシュフィル］をクリックします。

❹ セル A3 ～ A13 に「第 1 班」と入力されます。書式は変更されません。

**【操作2】**

⑤ セル F2 をクリックします。

⑥「石島　陽太」（姓と名の間は全角スペース）と入力します。

⑦ セル F2 をクリックして、セルの右下のフィルハンドルをポイントします

⑧ マウスポインターの形が **+** に変わったら、ダブルクリックします。

⑨ セル F3 〜 F13 に「石島　陽太」と入力されます。

⑩ [▦] ［オートフィルオプション］ボタンをクリックし、一覧から［フラッシュフィル］をクリックします。

⓫ セル F3 ～ F13 に各行の D 列の姓と F 列の名を空白スペースをはさんでつなげた氏名が入力されます。書式は変更されません。

---

## 2-1-2 連続データの詳細オプションを使ってセルにデータを入力する

### 練習問題

問題フォルダー
└問題 2-1-2.xlsx

解答フォルダー
└解答 2-1-2.xlsx

【操作 1】A 列に連続データを作成して、2024 年 6 月の土日を除く日付（週日）を入力します。

【操作 2】C 列に連続データを作成して、500 ～ 3000 までの 500 ずつ増える数値を入力します。

□ 連続データを自動的
　に入力する
□ [フィル] ボタン
□ [連続データの作成]
□ [連続データ]
　ダイアログボックス

数値の種類や増分値を指定して、連続データを自動的に入力することができます。連続デー
タの元になる値のセルをクリックし、[ホーム] タブの ⬇️▾ [フィル] ボタンの▼を
クリックして、[連続データの作成] をクリックします。[連続データ] ダイアログボック
スが表示されるので、データを入力する範囲を行か列かで指定し、データの種類、増分値、
停止値などを指定します。なお、作成した連続データには元になった値のセルと同じ書式
が設定されます。

50 までの間で、1 から 5 ずつ増える値を入力するように、[連続データ] ダイアログボックスで設定

操作手順

**日付の形式**
セル A4 の日付は、ユーザー定義
の表示形式（「2-2-1」参照）で、
曜日まで表示される設定になって
います。連続データを作成すると
同じ表示形式が設定されます。

**【操作 1】**

❶ セル A4 をクリックします。

❷ [ホーム] タブの ⬇️▾ [フィル] ボタンをクリックします。

❸ [連続データの作成] をクリックします。

④ [連続データ] ダイアログボックスが表示されるので、[範囲] の [列] をクリックします。

⑤ [種類] の [日付] が選択されていることを確認します。

⑥ [増加単位] の [週日] をクリックします。

⑦ [増分値] ボックスに「1」と入力されていることを確認します。

⑧ [停止値] ボックスに「2024/6/30」と入力します。

⑨ [OK] をクリックします。

⑩ セル A5 ～ A25 に 6 月の土日を除いた日付が表示され、セル A4 と同じ書式が設定されます。

**★☆平日ポイントキャンペーン☆★**

| ●ポイントデー | ポイント数 | 景品 |
| --- | --- | --- |
| 6月3日(月) | 500 | マスク |
| 6月4日(火) | | 除菌シート |
| 6月5日(水) | | 除菌スプレー |
| 6月6日(木) | | スマホグローブ |
| 6月7日(金) | | エコバッグ |
| 6月10日(月) | | 抗菌タオル |
| 6月11日(火) | | |
| 6月12日(水) | | |
| 6月13日(木) | | |
| 6月14日(金) | | |
| 6月17日(月) | | |
| 6月18日(火) | | |
| 6月19日(水) | | |
| 6月20日(木) | | |
| 6月21日(金) | | |

キャンペーン_6月

---

**★ヒント**

週日

[増加単位] を [週日] にすると、土日を除いた日付が入力されます。

**★ヒント**

日付の停止値

日付の連続データを作成する場合、[停止値] ボックスにはデータの最終範囲を「年 / 月 / 日」の形式（今年の場合は年を省略可）で入力します。

**★ヒント**

[オートフィルオプション] ボタンから [フラッシュフィル] を実行

セル A4 の日付をオートフィルでコピーして表示される [オートフィルオプション] ボタンをクリックしても、一覧から [連続データ（週日単位）] を選択することができます。ただし、この方法では 6 月の最終日を指定することができないため、何行目までドラッグすればよいかがわからず、この例には不向きです。

[オートフィルオプション] ボタン

**【操作 2】**

⑪ セル C4 をクリックします。

⑫ ［ホーム］タブの ⊞▾ ［フィル］ボタンをクリックします。

⑬ ［連続データの作成］をクリックします。

⑭ ［連続データ］ダイアログボックスが表示されるので、［範囲］の［列］をクリック
します。

⑮ ［種類］の［加算］が選択されていることを確認します。

⑯ ［増分値］ボックスに「500」と入力します。

⑰ ［停止値］ボックスに「3000」と入力します。

⑱ ［OK］をクリックします。

⑲ セル C5 〜 C9 に 1000 〜 3000 までの 500 ずつ増える数値が表示され、セル C4
と同じ書式が設定されます。

# ユーザー設定リストを使って
# セルにデータを連続入力する

## 練習問題

【操作 1】ワークシート「営業所別売上」のセル A4 〜 A14 に入力されているデータをユーザー設定リストに登録します。

【操作 2】ワークシート「最優秀者」のセル B5 〜 B11、セル G5 〜 G8 に、範囲の先頭セルに入力されている営業所名をもとにオートフィルを使用して連続入力します。

営業所名をユーザー設定リストに登録する

オートフィルを使用して営業所名を入力する

## 機能の解説

重要用語

☐ オートフィル

☐ ユーザー設定リスト

☐ 連続入力

☐ [Excel のオプション]
　ダイアログボックス
　の [詳細設定]

☐ [ユーザー設定リスト
　の編集]

☐ [ユーザー設定リスト]
　ダイアログボックス

オートフィルは、隣接するセルに日付や時刻などの規則性のある連続データを作成する機能で、連続性のないデータの場合は同じ値がコピーされます。ただし、あらかじめユーザー設定リストに登録しておくと、オートフィルを使用して不規則なデータを連続入力することができるようになります。ユーザー設定リストに登録するには、[ファイル] タブをクリックし、[その他] をクリックして、[オプション]をクリックします。[Excel のオプション] ダイアログボックスが表示されるので、左側の一覧から [詳細設定] をクリックし、[全般]の [ユーザー設定リストの編集] をクリックします。

[Excel のオプション] ダイアログボックス

ここをクリックすると、リストを登録するダイアログボックスが表示される

［ユーザー設定リスト］ダイアログボックスが表示されるので、リストを登録します。
リストの登録には、次の2つの方法があります。

【方法1】［リストの取り込み元範囲］ボックスにリストとして登録する項目が入力されて
いるセル範囲を指定し、［インポート］をクリックします。

★ヒント

**登録したリストの削除**

登録したリストを削除するには、
［ユーザー設定リスト］ボックス
の一覧から削除したいリストをク
リックし、［削除］をクリックしま
す。

［ユーザー設定リスト］ダイアログボックスにセル範囲のデータをインポートする

【方法2】［リストの項目］ボックスにリストの項目を並び順に従って **Enter** キーで区切っ
て入力し、［追加］をクリックします。

［ユーザー設定リスト］ダイアログボックスに項目を直接入力する

**【操作1】**

❶ ワークシート「営業所別売上」のセル A4 ～ A14 を範囲選択します。

❷ ［ファイル］タブをクリックします。

**◇その他の操作方法〉**

ショートカットキー

**Alt**、**T**、**O** キーを順に押す
（［Excel のオプション］ダイアロ
グボックスの表示）

❸ ［ホーム］画面が表示されるので、左側の一覧から［その他］をクリックします。

❹ ［オプション］をクリックします。

❺［Excel のオプション］ダイアログボックスが表示されるので、左側の一覧から［詳細設定］をクリックします。

❻［全般］の［ユーザー設定リストの編集］をクリックします。

**ヒント**

**データのインポート**

セル範囲を選択せずに［Excel のオプション］ダイアログボックスを開き、［リストの取り込み元範囲］ボックスをクリックしてから、セル範囲を選択することもできます。

❼［ユーザー設定リスト］ダイアログボックスが表示されるので、［リストの取り込み元範囲］ボックスに「$A$4:$A$14」と表示されていることを確認し、［インポート］をクリックします。

❽［リストの項目］ボックスと［ユーザー設定リスト］ボックスに、営業所名がセル
　範囲に入力されている順序で表示されます。

❾［OK］をクリックします。

❿［Excel のオプション］ダイアログボックスの［OK］をクリックします。

**【操作2】**

⓫ ワークシート「最優秀者」のシート見出しをクリックします。

⓬ セル B5 をクリックし、右下のフィルハンドルをポイントして、マウスポインター
　の形が ✚ に変わったら、ダブルクリックします。

⓭ セル B6 〜 B11 に営業所名が入力されます。

⓮ 同様にセル G5 のフィルハンドルをダブルクリックします。

⓯ セル G6 〜 G8 に営業所名が入力されます。

※操作終了後、ユーザー設定リストに登録した営業所名のリストは削除しておきます。

# RANDARRAY 関数を使って 数値データを生成する

## 練習問題

問題フォルダー
└ 問題 2-1-4.xlsx

解答フォルダー
└ 解答 2-1-4.xlsx

会員に夏と冬の年 2 回 500 円～ 3000 円（500 円単位）の割引券をランダムに配布します。

**【操作 1】** RANDARRAY 関数を使用して、セル D4 を先頭とする 12 行 2 列に、1 ～ 6 の整数を乱数（ランダムな値）で生成します。

**【操作 2】** セル D4 の関数式に四則演算を組み合わせて、500 ～ 3000 の 500 単位の乱数にします。

この 12 行 2 列に、1 ～ 6 の整数を乱数で生成する

関数式に四則演算を組み合わせて 500 単位の乱数にする

## 機能の解説

**重要用語**

☐ RANDARRAY 関数

☐ 配列内に指定された範囲内 の乱数を生成

**★ ヒント**

**RAND 関数、 RANDBETWEEN 関数と、 RANDARRAY 関数の違い**

RAND 関数は 0 以上で 1 より小さい乱数を生成します。書式は「RAND ()」で、引数はありません。 RANDBETWEEN 関数は指定された範囲内で整数の乱数を生成します。書式は「RANDBETWEEN（最小値 , 最大値）」です。RAND 関数、RANDBETWEEN 関数は RANDARRAY 関数と違って配列を指定できないため、複数のセル範囲に設定する場合は数式をコピーする必要があります。

RANDARRAY（ランドアレイ）関数を使うと、配列内に指定された範囲内の乱数を生成できます。「乱数」とは規則性のないランダムな値です。データや数式を入力するなどしてワークシートが自動的に再計算されるたびに、新しい値がランダムに生成されます。ワークシートを手動で再計算するときは、**F9** キーを押すか、[数式] タブの 🟦 **再計算実行** [再計算実行] ボタンをクリックします。

### ● RANDARRAY 関数

| 書　式 | RANDARRAY([ 行 ],[ 列 ],[ 最小 ],[ 最大 ],[ 整数 ]) |
|---|---|
| 引　数 | **行**：返される行数を指定する。省略時は「1」とみなされる<br>**列**：返される列数を指定する。省略時は「1」とみなされる<br>**最小**：返される最小値を指定する。省略時は「0」とみなされる<br>**最大**：返される最大値を指定する。省略時は「1」とみなされる<br>**整数**：整数または小数の値のどちらを返すのかを指定する。整数の場合は「TRUE」、小数の場合は「FALSE」を指定する。省略時は「FALSE」とみなされる |
| 戻り値 | **行**、**列**で指定した配列内に**最小**から**最大**の範囲内で乱数を生成する |

引数「最小」は引数「最大」より小さくする必要があります。引数「最小」が引数「最大」より大きい場合はエラー値「#VALUE!」が返されます。

例）5行4列に1から10の範囲内で整数の乱数を生成する

**=RANDBETWEEN(5,4,1,10,TRUE)**

例）5行4列に1から10の範囲内で小数の乱数を生成する

**=RANDBETWEEN(5,4,1,10,FALSE)**

---

## 操作手順

**【操作 1】**

❶ 乱数を生成する範囲の先頭のセル D4 をクリックします。

❷［数式］タブの 📊［数学 / 三角］ボタンをクリックします。

❸ 一覧から［RANDARRAY］をクリックします。

❹ RANDARRAY関数の[関数の引数]ダイアログボックスが表示されるので、[行]ボックスにカーソルが表示されていることを確認し、「12」と入力します。

❺ [列] ボックスをクリックし、「2」と入力します。

❻ [最小] ボックスをクリックし、「1」と入力します。

❼ [最大] ボックスをクリックし、「6」と入力します。

❽ [整数] ボックスをクリックし、「TRUE」と入力します。

❾ [数式の結果 =] に「可変」が表示されていることを確認します。

❿ [OK] をクリックします。

**★ヒント**

**RANDARRAY 関数の**
**数式の結果**

RANDBETWEEN関数で生成された乱数はワークシートの再計算により変更されます。そのため、[数式の結果 =] には変わりうることを示す「可変」が表示されます。シート上に表示される結果もいつも同じとは限りません。

⓫ 数式バーに「=RANDARRAY(12,2,1,6,TRUE)」と表示されたことを確認します。

※ [関数の引数] ダイアログボックスを使わずに、この数式を直接セルに入力してもかまいません。

⓬ セルD4 ～ E15の12行2列の範囲に1～6の整数が乱数で生成されます。

## 【操作 2】

⓭ セル D4 がアクティブな状態のまま、数式バーの「=RANDARRAY(30,2,1,6,TRUE)」の後ろをクリックし、「*500」と入力します。

⓮ **Enter** キーを押します。

⓯ セル D4 〜 E15 に 500 〜 3000 の 500 単位の乱数が表示されます。

**★ヒント**

RANDARRAY 関数はスピル機能（「3-2-1」参照）に対応しています。セル D4 の数式を変更すると、スピルによって自動的に結果が表示されているセル D5 〜 E15 にも変更が反映されます。

**★ヒント**

**数値データを確定して使用するには**

RANDARRAY 関数で生成された数値はワークシートが再計算されるたびに変更されます。確定したデータとして使用するには、ブックの計算方法を「手動」（「1-2-5」参照）にしてからデータ範囲をコピーして値として貼り付けて、その後計算方法を「自動」に戻す、または印刷して使用する、PDFファイルにするなどの方法があります。

# 2-2 データに表示形式や入力規則を適用する

データに表示形式や入力規則を適用すると、独自の形式でデータを表示したり、無効なデータの入力を防いだりして、表作成を効率よく進めることができます。また、小計機能を使用すると、集計行が自動で追加され、詳細行を非表示にして集計行だけを表示することが可能になります。

## 2-2-1 ユーザー定義の表示形式を作成する

### 練習問題

問題フォルダー
└問題 2-2-1.xlsx

解答フォルダー
└解答 2-2-1.xlsx

【操作 1】セル B3 ～ G3 に「2018 年度」「2017 年度」…「2023 年度」と表示されるようにユーザー定義の表示形式を設定します。

【操作 2】セル B4 ～ G14 のユーザー定義の表示形式を編集し、数値の下 3 桁を非表示にして千円単位で表示します。

### 機能の解説

□ 書式記号
□ ユーザー定義の表示形式
□ [セルの書式設定]
　ダイアログボックスの
　[表示形式] タブ
□ [ユーザー定義]

Excel には数値、通貨、会計、日付、時刻、文字列などさまざまな表示形式があらかじめ用意されていますが、表示形式用の書式記号を組み合わせることによって、ユーザー独自の表示形式を設定することができます。これをユーザー定義の表示形式といいます。ユーザー定義の表示形式を設定するには、[ホーム] タブの [数値] グループ右下の 🔽 [表示形式] ボタンをクリックし、[セルの書式設定] ダイアログボックスの [表示形式] タブを表示します。[分類] ボックスの [ユーザー定義] を選択し、[種類] ボックスに書式記号を組み合わせたユーザー定義の表示形式を設定します。

書式記号を使ってユーザー定義の表示形式を設定する

**●数値の書式記号**

| 書式記号 | 説　明 |
|---|---|
| # | 数値の桁を示す。指定した桁数より少ない場合は有効桁数のみを表示する |
| 0 | 数値の桁を示す。指定した桁数より少ない場合は空いた桁に「0」を表示する |
| ? | 数値の桁を示す。指定した桁数より少ない場合は空いた桁に空白を表示する |
| , | 桁区切り記号のカンマ「,」を表示する。桁を示す # や 0 の書式記号の後に指定されている場合は 1,000 単位の位で数値が表示される |
| ¥ | 通貨記号「¥」を表示する |
| % | パーセント「%」を表示する |

**●日付の書式記号**

| 書式記号 | 説　明 |
|---|---|
| yy | 西暦の年の下 2 桁を表示する |
| yyyy | 西暦の年を 4 桁で表示する |
| e | 和暦の年を表示する |
| ee | 1 桁の和暦の年に 0 を付けて 2 桁で表示する |
| g | 元号を英字 1 文字で表示する （M、T、S、H） |
| gg | 元号を漢字 1 文字で表示する （明、大、昭、平、令） |
| ggg | 元号を漢字で表示する （明治、大正、昭和、平成、令和） |
| m | 月を表示する （1 ～ 12） |
| mm | 1 桁の月に 0 を付けて 2 桁で表示する （01 ～ 12） |
| mmm | 月を英語 3 文字で表示する （Jan ～ Dec） |
| mmmm | 月を英語で表示する （January ～ December） |
| d | 日にちを表示する （1 ～ 31） |
| dd | 1 桁の日にちに 0 を付けて 2 桁で表示する （01 ～ 31） |
| ddd | 曜日を英語 3 文字で表示する （Sun ～ Sat） |
| dddd | 曜日を英語で表示する （Sunday ～ Saturday） |
| aaa | 曜日を漢字 1 文字で表示する （日～土） |
| aaaa | 曜日を漢字で表示する （日曜日～土曜日） |

★ヒント

書式記号「m」

書式記号「m」と「mm」は、年
や日と一緒に使用すると「月」、
時や秒と一緒に使用すると「分」
として扱われます。単独で使用す
る場合は「月」として扱われます。

●時刻の書式記号

| 書式記号 | 説　明 |
|---|---|
| h | 時を表示する（0〜23） |
| hh | 1桁の時に0を付けて2桁で表示する（00〜23） |
| m | 分を表示する（0〜59） |
| mm | 1桁の分に0を付けて2桁で表示する（00〜59） |
| s | 秒を表示する（0〜59） |
| ss | 1桁の秒に0を付けて2桁で表示する（00〜59） |

★ヒント

単位の表示

数値に単位などの文字列を付け
て表示する場合は、文字列を「"」
（ダブルクォーテーション）で囲
み、数値を表示する書式記号と
組み合わせて入力します。たとえ
ば、「1000」と入力して、「1,000
個」と表示する場合は、表示形
式に「#,##0" 個 "」と設定します。
「1,000 個」とセルに直接入力す
ると文字列になり計算ができなく
なるのに対し、表示形式で設定
した場合は数値なので計算する
ことができます。

●文字の書式記号

| 書式記号 | 説　明 |
|---|---|
| @ | セル内の文字列を表示する |
| スペース | スペースを表示する |
| " " | " " で囲まれた文字列をそのまま表示する |
| _ | その次の文字幅分スペースを表示する |
| * | その次の文字を列幅全体にわたって繰り返し表示する |

## 操作手順

その他の操作方法

ショートカットキー

Ctrl + 1

（[セルの書式設定] ダイアログ
ボックスの [表示形式] タブの
表示）

【操作 1】

❶ セル B3 〜 G3 を範囲選択します。

❷ [ホーム] タブの [数値] グループ右下の ⤵ [表示形式] ボタンをクリックします。

その他の操作方法

[セルの書式設定] ダイアロ
グボックスの [表示形式] タ
ブの表示

[ホーム] タブの [数値の書式]
ボックスの▼をクリックし、一覧
から [その他の表示形式] をクリ
ックしても、[セルの書式設定]
ダイアログボックスの [表示形式]
タブを表示することができます。

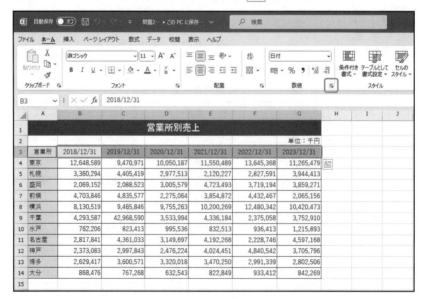

❸ [セルの書式設定] ダイアログボックスの [表示形式] タブが表示されるので、[分類]
ボックスの [ユーザー定義] をクリックします。

❹ [種類] ボックスに「yyyy 年度」と入力します。

❺ [サンプル] に「2018 年度」と表示されたことを確認します。

★ヒント

**「"」の入力を省略**

［セルの書式設定］ダイアログボックスの［表示形式］タブの［種類］ボックスに、「"」（ダブルクォーテーション）を省略して文字列を入力しても、自動的に「"」が補われます。この例の場合は、「yyyy" 年 "" 度 "」と設定されます。「yyyy" 年度 "」と入力しても同様に表示されます。

★ヒント

**ユーザー独自の表示形式の保存**

ユーザー独自の表示形式はブックに保存されるので、他のブックでは使用できません。

❻ ［OK］をクリックします。

❼ セル B3 ～ G3 の年に「年度」が付いて表示されます。

【操作 2】

❽ セル B4 ～ G14 を範囲選択します。

❾ ［ホーム］タブの［数値］グループ右下の ⤵ ［表示形式］ボタンをクリックします。

⑩ ［セルの書式設定］ダイアログボックスの［表示形式］タブが表示されるので、［分類］
　ボックスの［ユーザー定義］をクリックします。

⑪ ［種類］ボックスに「#,##0」と表示されるので、「0」の後ろに「．」（カンマ）
　を入力し、「#,##0,」とします。

⑫ ［サンプル］に「12,649」と表示され、数値の下3桁が非表示になったことを確認
　します。

⑬ ［OK］をクリックします。

⑭ セルB4～G14の数値の下3桁が非表示になります。

★ヒント

**表示形式を標準に戻す**

セルを選択し、［ホーム］タブの
の［数値の書式］ボックスの▼
をクリックして、一覧から［標準］
をクリックすると、設定した表示
形式が解除されます。［セルの書
式設定］ダイアログボックスの［表
示形式］タブで設定する場合は、
［分類］ボックスの［標準］をク
リックします。標準の書式記号は
「G/標準」です。

# 2-2-2 データの入力規則を設定する

## 練習問題

問題フォルダー
└ 問題 2-2-2.xlsx

解答フォルダー
└ 解答 2-2-2.xlsx

【操作 1】セル D9（結合セル）にデータの入力規則を設定して、セル範囲 I4:I9 のデータのリストから選択して入力するようにし、それ以外のデータを入力した場合は、次のようなエラーメッセージが表示されるようにします。
- スタイル：停止
- タイトル：入力エラー
- エラーメッセージ：リストから選択してください。

【操作 2】セル D9 に設定されたリストを使用して、「鎌田 舞」の氏名とメールアドレスを入力します。

## 機能の解説

重要用語

- □ データの入力規則
- □ ［データの入力規則］ ボタン
- □ ［データの入力規則］ ダイアログボックス
- □ ［設定］タブの［入力値の種類］ボックス
- □ ［入力時メッセージ］ タブ
- □ ［エラーメッセージ］ タブ
- □ ［日本語入力］ タブ

セルに入力できるデータの種類や文字数などを制限する場合は、データの入力規則を設定します。データの入力規則は無効なデータが入力されないように制限する機能です。入力制限以外にも、エラーメッセージを表示したり、日本語入力システムのオン / オフを自動的に切り替える機能があります。

データの入力規則を設定するには、目的のセルを選択し、[データ]タブの ［データの入力規則］ ボタンをクリックします。［データの入力規則］ ダイアログボックスが表示されるので各タブで詳細を設定します。

### ●[設定] タブ

[入力値の種類] ボックスで、入力する値の種類を選択できます。選択した種類によって、その下に表示されるボックスの内容が異なります。

[設定] タブの [入力値の種類] ボックスで [リスト] を選択し、
リスト元のセル範囲を指定した状態

設定したドロップダウンリストが
表示された状態

設定した内容が、ドロップダウン
リストで表示される

[入力値の種類] ボックスで選択した種類に応じて、入力制限の内容は次のように異なります。

| 入力値の種類 | 制限内容 |
| --- | --- |
| すべての値 | 既定の設定。入力値が制限されないため、すべての値を入力できる |
| 整数、小数点数 | 指定した範囲外の数値（整数、小数点）の入力を制限する |
| リスト | 指定したリストの範囲以外の値の入力を制限する。入力時に指定したリストがドロップダウンで表示され、その中から選択できる |
| 日付、時刻 | 「2024/3/1 から 2024/3/31」のように、指定した期間の日付、時刻に入力を制限する |
| 文字列（長さ指定） | 入力する文字数を制限する。全角、半角は問わない |
| ユーザー設定 | 別のセルの計算結果を参照して、入力を制限する条件を指定する |

### ●[入力時メッセージ] タブ

入力規則が設定されたセルに入力するときに表示されるメッセージを設定できます。

[入力時メッセージ] タブでメッセージを入力

設定したセルをアクティブにした状態

入力時に、設定したメッセージが
表示される

## ●［エラーメッセージ］タブ

入力規則で許されていないデータ（無効なデータ）を入力すると、指定した警告が表示されるように設定できます。

［エラーメッセージ］タブでメッセージを入力

スタイルが［停止］の場合に表示される
エラーメッセージ

無効なデータを入力した時に、エラーメッセージとして表示される

## ●［日本語入力］タブ

データ入力時に、日本語入力システムのオン／オフが自動的に切り替わるよう設定できます。

［日本語入力］タブで入力モードの一覧を表示した状態

▼をクリックして、日本語入力オン、オフ、無効、ひらがな、全角カタカナなどから選択する

**【操作1】**

❶ セル D9（結合セル）をクリックします。

❷ ［データ］タブの  ［データの入力規則］ボタンをクリックします。

❸ ［データの入力規則］ダイアログボックスが表示されるので［設定］タブの［条件の
設定］の［入力値の種類］ボックスの▼をクリックします。

❹ 一覧から［リスト］をクリックします。

❺ ［ドロップダウンリストから選択する］チェックボックスがオンになっていることを
確認します。

❻ ［元の値］ボックスをクリックし、セル I4 〜 I9 を範囲選択します。

❼ ［元の値］ボックスに「=$I$4: $I$9」と表示されたことを確認します。

❽ ［エラーメッセージ］タブの［無効なデータが入力されたらエラーメッセージを表示する］チェックボックスがオンになっていることを確認します。

❾ ［無効なデータが入力されたときに表示するエラーメッセージ］の［スタイル］ボックスに［停止］と表示されていることを確認します。

❿ ［タイトル］ボックスに「入力エラー」と入力します。

⓫ ［エラーメッセージ］ボックスに「リストから選択してください。」と入力します。

⓬ ［OK］をクリックします。

⓭ セル D9 にデータの入力規則が設定され、セルの右側にリストを表示するための▼が表示されます。

**【操作 2】**

⓮ セル D9 の右側の▼をクリックします。

⓯ 一覧から［鎌田 舞 kamata@rion.example.co.jp］をクリックします。

⓰ セル D9 に「鎌田 舞 kamata@rion.example.co.jp」が入力されます。

問題フォルダー
└問題 2-2-3.xlsx

解答フォルダー
└解答 2-2-3.xlsx

【操作 1】セル範囲 A3:K14 の表をグループ化してアウトラインを自動作成します。
【操作 2】アウトラインのレベル 2 までの行のデータを表示します。
【操作 3】池袋店の詳細データを表示します。
【操作 4】C ～ K 列のレベル 1 のグループ化を解除します。

グループ化してアウトラインを自動
作成し、指定したレベルで表示する

## 機能の解説

🏷 重要用語

□ グループ化
□ アウトライン
□ [アウトライン] ボタン
□ [グループ化] ボタン
□ [アウトラインの自動作成]
□ アウトライン記号
□ レベル
□ 詳細データ
□ グループの解除
□ [グループ解除] ボタン
□ [アウトラインのクリア]

列や行は必要に応じてグループ化することができます。グループ化するとアウトラインが作成され、レベルごとに表示したり、非表示にしたりすることができます。大きな表の集計行や特定の項目の詳細行だけを表示したいときに便利です。
グループ化は、行や列を選択して手動で行う方法と、表内の見出しや数式に基づいて自動で行う方法があります。

●データのグループ化
手動でグループ化する場合は、行または列を選択し、[データ] タブの 🔲 [アウトライン] ボタンをクリックし、🔲 [グループ化] ボタンをクリックします。
自動でグループ化する場合は、表内の任意のセルをクリックしてから、[データ] タブの 🔲 [アウトライン] ボタンをクリックし、🔲 [グループ化] ボタンの▼をクリックして、[アウトラインの自動作成] をクリックします。アウトラインを自動作成するには、各列の最初の行に列の見出しがあること、表内に小計や合計などの数式が入力されていることが前提になります。

［データ］タブの［アウトライン］ボタンをクリックし、［グループ化］ボタンの▼をクリックした状態

グループ化してアウトライン
を自動作成するときは、これ
をクリックする

### ●アウトライン

グループ化してアウトラインを作成すると、列番号の上と行番号の左に**アウトライン記号**が
表示されます。

アウトラインは8段階の**レベル**まで設定することができます。アウトライン記号 1 や 2
をクリックすると、そのレベルごとに表示を切り替えることができ、クリックしたレベル
よりも下位レベルの**詳細データ**が非表示になります。

アウトラインで行のレベル2まで表示する

行のアウトライン記号の 2 をクリックすると、
レベル3（店舗名）の詳細データが非表示になる

アウトライン記号 ＋ と － はグループの詳細データの表示と非表示を切り替えるときに
使用します。 ＋ をクリックすると詳細データが表示され、 － をクリックすると詳細デー
タが非表示になります。

●グループの解除

グループを解除するには、解除する行または列を選択し、[データ] タブの [アウトライン] ボタンをクリックし、 [グループ解除] ボタンをクリックします。表のすべての
グループを解除する場合は、表内の任意のセルをクリックし、[データ] タブの [アウ
トライン] ボタンをクリックし、 [グループ解除] ボタンの▼をクリックして、[アウ
トラインのクリア] をクリックします。

[データ] タブの [アウトライン] ボタンをクリックし、[グループ解除] ボタンの▼をクリックした状態

---

## 操作手順

**【操作1】**

① セル A3 ～ K14 の範囲内の任意のセルをクリックします。

② [データ] タブの [アウトライン] ボタンをクリックします。

③ [グループ化] ボタンの▼をクリックします。

④ [アウトラインの自動作成] をクリックします。

★ヒント

[アウトライン] ボタン
環境によっては、[アウトライン]
ボタンがなく、[アウトライン]
グループとして表示されている場
合があります。

⑤ アウトラインが自動作成され、アウトライン記号が表示されます。

## 【操作 2】

❻ 行番号の左のアウトライン記号 2 をクリックします。

❼ 行がアウトラインのレベル 2 まで表示され、店舗ごとの詳細データの行が非表示になります。

## 【操作 3】

❽ 「池袋店合計」の左側にあるアウトライン記号 + をクリックします。

❾ 池袋店の詳細データの行が表示されます。

**◆◇その他の操作方法◇**

詳細データの表示 / 非表示

［データ］タブの［アウトライン］ボタンをクリックし、［詳細データの表示］ボタンをクリックすると詳細データが表示され、［詳細を表示しない］［詳細を表示しない］ボタンをクリックすると詳細データが非表示になります。

第 **2** 章

データの管理、書式設定

【操作 4】

⑩ 列番号 C 〜 K をドラッグして、C 〜 K 列を選択します。

⑪ ［データ］タブの  ［アウトライン］ボタンをクリックします。

⑫  ［グループ解除］ボタンをクリックします。

⑬ C 〜 K 列に表示されていたアウトライン記号 ⊟ がなくなります。

# 小計や合計を挿入してデータを計算する

## 練習問題

問題フォルダー
└ 問題 2-2-4.xlsx

解答フォルダー
└ 解答 2-2-4.xlsx

【操作 1】セル範囲 A3:E19 の表を商品種別の昇順に並べ替えます。

【操作 2】小計機能を使用して商品種別ごとに集計行を追加し、「金額」の列に商品種別ごとの小計と総計を表示します。

## 機能の解説

□ 小計機能
□ 集計行
□ 並べ替え
□ [アウトライン] ボタン
□ [小計] ボタン
□ [集計の設定]
　 ダイアログボックス

小計機能を使用すると集計行が追加され、指定した列（フィールド）ごとの合計や平均などを自動的に計算することができます。小計を行う前には、集計の基準となる列で並べ替え、集計するグループごとに行をまとめておく必要があります。

集計行を追加するには、表内の任意のセルをクリックし、[データ] タブの 🔲 [アウトライン] ボタンをクリックし、🔲 [小計] ボタンをクリックして、表示される [集計の設定] ダイアログボックスで集計方法などを設定します。

[集計の設定] ダイアログボックス

## 操作手順

**【操作 1】**

❶ セル B3 〜 B19（「商品種別」の列）の範囲内の任意のセルをクリックします。

❷ ［データ］タブの ［昇順］ボタンをクリックします。

❸ 表が商品種別の昇順に並べ替えられます。

**【操作 2】**

❹ ［データ］タブの ［アウトライン］ボタンをクリックします。

❺ ［小計］ボタンをクリックします。

❻ [集計の設定] ダイアログボックスが表示されるので、[グループの基準] ボックスの▼をクリックし、一覧から [商品種別] をクリックします。

❼ [集計の方法] ボックスの▼をクリックし、一覧から [合計] をクリックします。

❽ [集計するフィールド] ボックスで [金額] チェックボックスをオンにし、それ以外のチェックボックスをオフにします。

❾ [OK] をクリックします。

### ポイント
**アウトラインの作成**
小計機能を使用して集計行を追加すると、自動的にアウトラインが作成されます。

### ヒント
**小計の解除**
小計が設定されている表内の任意のセルをクリックし、[データ] タブの [アウトライン] ボタンをクリックし [小計] ボタンをクリックします。[集計の設定] ダイアログボックスが表示されるので、[すべて削除] をクリックします。なお、集計の基準となる列で行った並べ替えについては元に戻りません。

❿ 集計行が追加され、商品種別ごとの小計と総計が表示されます。

# 重複レコードを削除する

## 練習問題

**テーブル内の「会員番号」以外がすべて重複している行を削除します。**

## 機能の解説

□ 重複行の削除

□ [重複の削除] ボタン

□ [重複の削除] ダイアログ
　　ボックス

表内から重複するデータを削除するには、表内の任意のセルをクリックし、[データ] タ
ブの [重複の削除] ボタンをクリックします。[重複の削除] ダイアログボックスが表
示されるので、重複を確認する列の見出しのチェックボックスをオンにすると、それらの
列のデータがすべて同じ行が一つ（一番上の行）を除いて削除されます。

[重複の削除] ダイアログボックス

### ★ヒント

**データのバックアップ**
重複の削除を実行後に、ブック
を上書き保存して閉じてしまう
と、重複する行が完全に削除さ
れ元に戻すことができません。大
事なデータを紛失しないように、
重複の削除を実行する前に、ブ
ックを別の名前で保存するなどし
て、バックアップを取っておきま
しょう。

**❶** テーブル内の任意のセルをクリックします。

**❷** ［データ］タブの ![重複の削除アイコン] ［重複の削除］ボタンをクリックします。

### その他の操作方法

**重複の削除**

表がテーブルに変換されている場合は、［テーブルデザイン］タブの ![重複の削除アイコン] ［重複の削除］ボタンをクリックしても、重複行の削除を行うことができます。

**❸** ［重複の削除］ダイアログボックスが表示されるので、［列］の［会員番号］チェックボックスをオフにします。

**❹** ［OK］をクリックします。

### ポイント

**重複の確認から除外する列**

ここでは、一人の会員が異なる会員番号で複数登録されている場合に、一つの会員番号だけにするという処理を想定しています。会員番号が異なっていても、氏名、住所、電話番号がすべて同じである行を削除するので、［会員番号］は確認する対象となる列から外します。

**❺** 「重複する2個の値が見つかり、削除されました。15個の一意の値が残ります。…」というメッセージが表示されたら、［OK］をクリックします。

### ヒント

**先頭行の扱い**

表の先頭行に列の見出しが入っている場合は、［先頭行をデータの見出しとして使用する］チェックボックスが自動的にオンになっています。

**❻** 重複していた行（11行目と19行目）が削除され、会員番号 A0009 と A0017 のデータがなくなります。

### ヒント

**テーブルの縞模様**

表がテーブルに変換されていると、テーブルスタイルが適用されているので、重複行の削除後も行方向の縞模様は自動的に調整されます。

# 詳細な条件付き書式やフィルターを適用する

条件付き書式では、複数の条件を設定したり、条件に数式を使用するなど、さまざまな指定をすることができます。また、条件は後から変更したり、削除したりすることも可能です。

## 2-3-1 ユーザー設定の条件付き書式ルールを作成する

### 練習問題

問題フォルダー
└問題 2-3-1.xlsx

解答フォルダー
└解答 2-3-1.xlsx

条件付き書式で新しいルールを作成して、降水量が 300 以上のセルにフォントの色「標準の色」の「青」、太字、50 以下のセルにフォントの色「標準の色」の「赤」を設定します。

値が 300 以上のセルと 50 以下のセルに条件付き書式を設定する

### 機能の解説

□ 条件付き書式

□ [条件付き書式] ボタン

□ [新しいルール]

□ [新しい書式ルール] ダイアログボックス

条件付き書式を使用すると、設定した条件を満たすセルに特定の書式を適用することができます。よく使われる「指定の値より大きい」「指定の値より小さい」「指定の範囲内」「指定の値に等しい」「文字列」などの条件は [ホーム] タブの [条件付き書式] ボタンをクリックし、[セルの強調表示ルール] をポイントして表示される一覧から選択することができます。ただし、「指定の値以上」「指定の値以下」などの条件や、その他の詳細な書式は設定することができません。ユーザー独自の条件や書式の設定は、[ホーム] タブの [条件付き書式] ボタンをクリックし、[新しいルール] をクリックして表示される [新しい書式ルール] ダイアログボックスで行います。

［新しい書式ルール］ダイアログボックス

ルールの種類を選択する

具体的なルールと書式を作成する

**操作手順**

❶ セル B4 ～ M9 を範囲選択します。

❷ ［ホーム］タブの 🔲 ［条件付き書式］ボタンをクリックします。

❸ ［新しいルール］をクリックします

❹ ［新しい書式ルール］ダイアログボックスが表示されるので、［ルールの種類を選択してください］ボックスの一覧から［指定の値を含むセルだけを書式設定］をクリックします。

❺ ［ルールの内容を編集してください］の［次のセルのみを書式設定］の左端のボックスが［セルの値］になっていることを確認します。

❻ 2番目の「次の値の間」と表示されているボックスの▼をクリックして、一覧から［次の値以上］をクリックします。

❼ 右端のボックスに「300」と入力します。

❽ ［書式］をクリックします。

❾ ［セルの書式設定］ダイアログボックスが表示されるので、［フォント］タブの［スタイル］ボックスの［太字］をクリックします。

❿ ［色］ボックスの▼をクリックし、［標準の色］の一覧から［青］（右から3番目）をクリックします。

⓫ ［プレビュー］でフォントの色が青、太字になったことを確認し、［OK］をクリックします。

⓬ ［新しい書式ルール］ダイアログボックスの［プレビュー］でフォントの色が青、太字になっていることを確認し、［OK］をクリックします。

⓭ 値が 300 以上のセルのフォントの色が青、太字になります。

⓮ セル B4 ～ M9 を範囲選択したまま、［ホーム］タブの  ［条件付き書式］ボタンをクリックします。

⓯ ［新しいルール］をクリックします。

⑯ ［新しい書式ルール］ダイアログボックスが表示されるので、［ルールの種類を選択してください］ボックスの一覧から［指定の値を含むセルだけを書式設定］をクリックします。

⑰ ［ルールの内容を編集してください］の［次のセルのみを書式設定］の左端のボックスが［セルの値］になっていることを確認します。

⑱ 2番目の「次の値の間」と表示されているボックスの▼をクリックして、一覧から［次の値以下］をクリックします。

⑲ 右端のボックスに「50」と入力します。

⑳ ［書式］をクリックします。

㉑ ［セルの書式設定］ダイアログボックスが表示されるので、［フォント］タブの［色］ボックスの▼をクリックし、［標準の色］の一覧から［赤］（左から2番目）をクリックします。

㉒ [プレビュー] でフォントの色が赤になったことを確認し、[OK] をクリックします。

㉓ [新しい書式ルール] ダイアログボックスの [プレビュー] でフォントの色が赤になっ
ていることを確認し、[OK] をクリックします。

㉔ 任意のセルをクリックして、範囲選択を解除します。

㉕ 値が 300 以上のセルのフォントの色が青、太字、50 以下のセルのフォントの色が
赤になったことを確認します。

**★ヒント**

**ルールの確認**
設定したルールを確認、編集す
るには、[ホーム] タブの [条件
付き書式] ボタンをクリックし、
[ルールの管理] をクリックして
表示される [ルールの管理] ダ
イアログボックスを使用します
(「2-3-3」参照)。

[条件付き書式] ボタン

| | A | B | C | D | E | F | G | H | I | J | K | L | M | N |
|---|---|---|---|---|---|---|---|---|---|---|---|---|---|---|
| 1 | アジアの各都市の降水量 | | | | | | | | | | | | | |
| 2 | | | | | | | | | | | | | (mm) | |
| 3 | 都市 | 1月 | 2月 | 3月 | 4月 | 5月 | 6月 | 7月 | 8月 | 9月 | 10月 | 11月 | 12月 | グラフ |
| 4 | 東京 | 15.5 | 40.5 | 145.0 | 90.0 | 159.0 | 347.0 | 30.0 | 132.5 | 229.0 | 147.0 | 41.5 | 19.5 | |
| 5 | 北京 | 2.1 | 5.6 | 8.5 | 21.9 | 36.5 | 72.7 | 170.6 | 114.1 | 53.3 | 29.3 | 13.7 | 2.5 | |
| 6 | ソウル | 16.4 | 28.1 | 36.9 | 71.7 | 103.7 | 129.6 | 414.5 | 348.3 | 141.6 | 52.1 | 51.2 | 23.7 | |
| 7 | 台北 | 103.5 | 180.0 | 189.5 | 198.3 | 233.9 | 322.6 | 251.1 | 349.1 | 372.4 | 163.6 | 98.0 | 72.0 | |
| 8 | バンコク | 24.2 | 19.4 | 53.6 | 92.7 | 215.4 | 209.9 | 182.9 | 212.0 | 343.6 | 304.0 | 46.5 | 13.5 | |
| 9 | シンガポール | 221.0 | 104.9 | 151.1 | 164.0 | 164.3 | 136.5 | 144.9 | 148.8 | 133.4 | 166.5 | 254.2 | 333.1 | |
| 10 | | | | | | | | | | | | | | |
| 11 | | | | | | | | | | | | | | |
| 12 | | | | | | | | | | | | | | |
| 13 | | | | | | | | | | | | | | |
| 14 | | | | | | | | | | | | | | |
| 15 | | | | | | | | | | | | | | |
| 16 | | | | | | | | | | | | | | |

**数式を使った条件付き書式ルールを作成する**

問題フォルダー
└問題 2-3-2.xlsx

解答フォルダー
└解答 2-3-2.xlsx

WEEKDAY 関数を使って曜日が土日の行に塗りつぶしの色を設定します。WEEKDAY 関数は月曜日の戻り値が「0」になる種類を使用し、塗りつぶしの色は RGB 値の赤「209」、緑「244」、青「152」を設定します。

## 機能の解説

【重要用語】

☐ WEEKDAY 関数

☐ 条件に数式を設定

☐ [新しい書式ルール]
  ダイアログボックス

☐ [数式を使用して、書式設
  定するセルを決定]

☐ [次の数式を満たす場合に
  値を書式設定] ボックス

☐ 行全体に条件付き書式を
  設定

☐ 複合参照

条件付き書式の条件に数式を設定すると、その計算結果によって、セルの書式を変化させることができます。[新しい書式ルール] ダイアログボックスの [ルールの種類を選択してください] の一覧から [数式を使用して、書式設定するセルを決定] をクリックし、[次の数式を満たす場合に値を書式設定] ボックスに数式を入力します。

**●行全体に条件付き書式を設定する**

条件付き書式で設定した条件を満たしたセルを含む行全体に書式を設定することもできます。条件付き書式を設定する際に表全体を範囲指定し、数式のセル参照は、常に条件の対象となるセルの列が参照されるように、「=WEEKDAY（$A4,3）」のように列を固定する複合参照で指定します。

［新しい書式ルール］ダイアログボックスで行全体に条件付き書式を設定

参照する列を固定する

## 操作手順

❶ セル A4 ～ C33 を範囲選択します。

❷ ［ホーム］タブの ［条件付き書式］ボタンをクリックします。

❸ ［新しいルール］をクリックします。

❹ ［新しい書式ルール］ダイアログボックスが表示されるので、［ルールの種類を選択してください］ボックスの一覧から［数式を使用して、書式設定するセルを決定］をクリックします。

❺ ［ルールの内容を編集してください］の［次の数式を満たす場合に値を書式設定］ボックスに「=WEEKDAY($A4,3)>=5」と入力します。

❻ ［書式］をクリックします。

### ★ヒント
**WEEKDAY 関数**

WEEKDAY 関数の月曜日の戻り値が「0」になる「種類」（第2引数）は「3」です。月曜日の「0」から数えると土曜日が「5」、日曜日が「6」になるため、計算結果が5以上であれば、土日であると判断できます。WEEKDAY 関数については、「3-3-2」を参照してください。

新しい書式ルール

ルールの種類を選択してください(S):
- ► セルの値に基づいてすべてのセルを書式設定
- ► 指定の値を含むセルだけを書式設定
- ► 上位または下位に入る値だけを書式設定
- ► 平均より上または下の値だけを書式設定
- ► 一意の値または重複する値だけを書式設定
- ► 数式を使用して、書式設定するセルを決定

ルールの内容を編集してください(E):

次の数式を満たす場合に値を書式設定(O):

=WEEKDAY($A4,3)>=5

プレビュー:　　書式が設定されていません　　　書式(F)...

OK　　キャンセル

❼ [セルの書式設定] ダイアログボックスが表示されるので、[塗りつぶし] タブの [その他の色] をクリックします。

❽ [色の設定] ダイアログボックスが表示されるので、[ユーザー設定] タブの [カラーモデル] ボックスに「RGB」と表示されていることを確認し、[赤] ボックスを「209」、[緑] ボックスを「244」、[青] ボックスを「152」にします。

❾ [新規] に薄い緑色が表示されていることを確認し、[OK] をクリックします。

❿ [セルの書式設定] ダイアログボックスの [サンプル] に薄い緑色の塗りつぶしが表示されていることを確認し、[OK] をクリックします。

⓫ ［新しい書式ルール］ダイアログボックスの［プレビュー］で薄い緑色の塗りつぶしが表示されていることを確認し、［OK］をクリックします。

⓬ 任意のセルをクリックして、選択範囲を解除します。

⓭ セルA4〜C33の土日の行に薄い緑色の塗りつぶしが設定されたことを確認します。

# 条件付き書式ルールを管理する

問題フォルダー
└問題 2-3-3.xlsx

解答フォルダー
└解答 2-3-3.xlsx

【操作 1】条件付き書式の 3 番目のルールを編集して、件数が 100 件以上の行に適用されるように変更します。

【操作 2】条件付き書式の適用順を変更します。

1 番目　オレンジ色の塗りつぶし（件数が 100 件以上）
2 番目　青色のフォント（未解決が 20 件以上）
3 番目　赤色のフォント（解決率が 80％以下）

条件付き書式のルールを
編集し、適用順を変更する

◆◆ 重要用語

□ ［条件付き書式］ボタン

□ ［ルールの管理］

□ ［条件付き書式ルールの
管理]ダイアログボックス

□ ［ルールの編集］

□ ［書式ルールの編集］
ダイアログボックス

□ ［書式ルールの表示］
ボックス

□ ルールの適用順を変更

□ ［上へ移動］ボタン

□ ［下へ移動］ボタン

セルに設定した条件付き書式のルールは、［ホーム］タブの ![条件付き書式] ［条件付き書式］ボタンをクリックし、［ルールの管理］をクリックして表示される ［条件付き書式ルールの管理］ダイアログボックスに表示されます。

●ルールの編集

［条件付き書式ルールの管理］ダイアログボックスで、編集するルールを選択し、［ルールの編集］をクリックすると、［書式ルールの編集］ダイアログボックスが表示され、条件や書式を変更することができます。

ワークシート内に設定されているすべてのルールを表示するには、［書式ルールの表示］ボックスの▼をクリックし、一覧から［このワークシート］を選択します。

●ルールの適用順の変更

複数のルールが設定されている場合は、［条件付き書式ルールの管理］ダイアログボックスに表示されている順に適用されます。ルールの適用順を変更する場合は、［条件付き書式ルールの管理］ダイアログボックスでルールを選択し、![上へ] ［上へ移動］ボタン、![下へ] ［下へ移動］ボタンをクリックして、順序を入れ替えます。

[条件付き書式ルールの管理] ダイアログボックス

[このワークシート] を選択するとワークシートに設定されているすべてのルールが表示される

### ★ヒント

**ルールの削除**

ルールを削除するには、[条件付き書式ルールの管理] ダイアログボックスでルールを選択し、[ルールの削除] をクリックします。

### !ポイント

**ルールの適用順**

標準では、後から作成したルールが適用順の上位になります。

ここをクリックすると [書式ルールの編集] ダイアログボックスが表示される

ルールの適用順を変更する

### ★ヒント

**[条件を満たす場合は停止] チェックボックス**

複数の書式ルールを設定したときに、このチェックボックスをオンにすると、そのルールが条件を満たして適用された場合にそれより後のルールは適用されなくなります。既定ではオフになっていて、ルールはすべて適用されます。

[書式ルールの編集] ダイアログボックス

---

## 操作手順

### 【操作 1】

❶ [ホーム] タブの [条件付き書式] ボタンをクリックします。

❷ [ルールの管理] をクリックします。

❸ [条件付き書式ルールの管理] ダイアログボックスが表示されるので、[書式ルールの表示] ボックスの▼をクリックし、一覧から [このワークシート] をクリックします。

❹ ワークシートに設定されているすべてのルールが表示されるので、[ルール（表示順で適用）] の一覧の 3 番目にある [数式 :=$C4>…]（ピンク色の塗りつぶしが設定されているルール）をクリックします。

❺ [ルールの編集] をクリックします。

**ルールの確認**
列幅が足りなくてルールがすべて表示されていない場合は、ルールをポイントするとポップアップが表示され、設定されている条件を確認することができます。

**適用先の変更**
[条件付き書式ルールの管理] ダイアログボックスのルールの [適用先] ボックスには、各ルールが設定されているセル範囲が表示されています。この部分を編集することにより、条件付き書式の適用先を変更できます。

❻ [書式ルールの編集] ダイアログボックスが表示されるので、[ルールの内容を編集してください] の [次の数式を満たす場合に書式設定] ボックスの「=$C4>=90」を「=$C4>=100」に変更します。

❼ [OK] をクリックします。

【操作 2】

❽ ［ルール（表示順で適用）］の一覧の 3 番目の ［数式 : =$C4>...］（ピンク色の塗り
　つぶしが設定されているルール）が選択されていることを確認します。

❾ ∧ ［上へ移動］ボタンを 2 回クリックします。

❿ ［数式 : =$C4>...］（ピンク色の塗りつぶしが設定されているルール）が一番上に移
　動します。

⓫ ［OK］をクリックします。

⓬ 条件付き書式ルールの適用順が変更され、未解決が 20 件以上、または解決率が
　80% 以下であっても、件数が 100 件以上の行は塗りつぶしの色がオレンジになり
　ます。

| | A | B | C | D | E | F | G | H | I |
|---|---|---|---|---|---|---|---|---|---|
| 1 | スマートフォン使用方法問い合わせ件数集計 | | | | | | | | |
| 2 | | | | | | | | | |
| 3 | 日付 | 担当者 | 件数 | 解決 | 未解決 | 解決率 | | | |
| 4 | 4月1日 | 高坂美穂 | 76 | 73 | 3 | 96% | | | |
| 5 | | 上西早苗 | 92 | 87 | 5 | 95% | | | |
| 6 | | 山下理奈 | 72 | 59 | 13 | 82% | | | |
| 7 | | 新谷千佳子 | 72 | 61 | 11 | 85% | | | |
| 8 | | 大原和香 | 69 | 65 | 4 | 94% | | | |
| 9 | 4月2日 | 高坂美穂 | 92 | 83 | 9 | 90% | | | |
| 10 | | 上西早苗 | 74 | 61 | 13 | 82% | | | |
| 11 | | 山下理奈 | 69 | 51 | 18 | 74% | | | |
| 12 | | 新谷千佳子 | 71 | 60 | 11 | 85% | | | |
| 13 | | 大原和香 | 95 | 70 | 25 | 74% | | | |
| 14 | 4月3日 | 高坂美穂 | 66 | 55 | 11 | 83% | | | |
| 15 | | 上西早苗 | 100 | 75 | 25 | 75% | | | |
| 16 | | 山下理奈 | 84 | 80 | 4 | 95% | | | |
| 17 | | 新谷千佳子 | 85 | 64 | 21 | 75% | | | |
| 18 | | 大原和香 | 107 | 92 | 15 | 86% | | | |

★ ヒント

**条件付き書式の解除**

特定のセル範囲に設定されてい
る条件付き書式を解除する場合
は、解除したいセル範囲を選択し、
［ホーム］タブの ［条件付き書式］
ボタンをクリックし、［ルールの
クリア］の ［選択したセルからル
ールをクリア］をクリックします。
ワークシートに設定されているす
べての条件付き書式を解除する
場合は、［ルールのクリア］の ［シ
ート全体からルールをクリア］を
クリックします。

［条件付き書式］ボタン

# 高度な機能を使用した数式
# およびマクロの作成

## 本章で学習する項目

- □ 関数で論理演算を行う
- □ 関数を使用してデータを検索する
- □ 高度な日付と時刻の関数を使用する
- □ データ分析を行う
- □ 数式のトラブルシューティングを行う
- □ 簡単なマクロを作成する、変更する

## 3-1 関数で論理演算を行う

Excel には多数の関数が登録されていて、難しい計算を効率よく行ったり、複雑な処理が簡単にできたりします。関数を組み合わせることによって、さらに複雑な処理やエラー回避などができるようになります。

### 3-1-1 関数をネストして論理演算を行う

#### 練習問題

問題フォルダー
└問題 3-1-1.xlsx

解答フォルダー
└解答 3-1-1.xlsx

ROUNDDOWN 関数と AVERAGE 関数を使用して、セル E3 に、全営業所の売上金額の平均を、千円未満を切り捨てて表示します。

#### 機能の解説

**重要用語**

□ ネスト

□ [関数の引数]
　ダイアログボックス

□ 関数を追加入力

□ 数式オートコンプリート

□ 関数の書式

□ ROUNDDOWN 関数

□ 数値を指定した桁で
　切り捨てる

□ ROUNDUP 関数

□ 数値を指定した桁で
　切り上げる

関数の中で関数を使うことを「ネスト」といいます。関数をネストすることで、1 つの関数ではできない複雑な計算ができるようになります。また、データ未入力時のエラー表示を回避するときなどにも使用します。関数をネストするには、[関数の引数] ダイアログボックスを使って引数に関数を指定する方法と、すでに入力されている関数に他の関数を追加入力する方法があります。

**【方法 1】[関数の引数] ダイアログボックスで引数に関数を指定する**
関数の引数に他の関数を指定する場合などは、[関数の引数] ダイアログボックスを使うと、引数の種類や結果などを確認しながら設定でき、入力ミスも防げます。
数式を設定するセルをクリックし、まずは最終結果を計算する関数の [関数の引数] ダイアログボックスを表示します。他の関数を引数として使用する引数のボックスをクリックし、数式バーの名前ボックスの▼をクリックして一覧から関数を選択します。[関数の引数] ダイアログボックスが選択した関数に変わるので、引数を設定します。数式バーの元の関数名をクリックすると、元の関数の [関数の引数] ダイアログボックスが引数に関数が設定された状態で再び表示されるので、必要な引数をすべて設定し、[OK] をクリックします。

- ROUND 関数
- 数値を指定した桁で四捨五入する
- TRUNC 関数
- INT 関数
- 小数点以下を切り捨てて整数化する

**⚠ ポイント**

**引数となる関数のダイアログボックスでは［OK］をクリックしない**

引数として使用する関数の［関数の引数］ダイアログボックスの［OK］をクリックすると数式の入力が終了してしまうので、多くの場合エラーメッセージが表示されます。元の関数のダイアログボックスに戻るときは数式バーの関数名をクリックします。

**★ ヒント**

**［関数の引数］ダイアログボックスを再び表示するには**

数式の入力されているセルをクリックし、数式バーの数式内の関数名をクリックして、数式バーの左側にある *fx*［関数の挿入］ボタンをクリックします。［関数の引数］ダイアログボックスが引数が設定された状態で表示され、修正することができます。

①最終結果を計算する関数の［関数の引数］ダイアログボックスを表示

②関数を引数として使用する引数のボックスをクリック

③名前ボックスの一覧から関数を選択

④［関数の引数］ダイアログボックスが③で選択した関数のものに変わる

⑤引数を設定

⑥数式バーの元の関数名をクリック

⑦元の関数の［関数の引数］ダイアログボックスが再び表示される

⑧引数に関数が設定されている

**【方法2】数式バーで関数を追加入力する**

入力済みの数式を他の関数の引数として使用するときは、関数を追加するセルをクリックし、数式バーの「=」の右側をクリックします。数式バーにカーソルが表示されるので、追加する関数名の最初の数文字を入力します。数式オートコンプリート機能により、入力した文字で始まる関数の一覧が表示されるので、目的の関数名をダブルクリックします。関数名に続いて「（」が表示されるので、数式バーの下に表示される関数の書式を参照して引数を設定します。数式の最後にカーソルを移動し、「）」を入力して **Enter** キーを押します。

ROUNDDOWN（ラウンドダウン）関数を使うと、数値を指定した桁で切り捨てることができます。

### ● ROUNDDOWN 関数

| 書　式 | ROUNDDOWN( 数値 , 桁数 ) |
|---|---|
| 引　数 | **数値**：切り捨てる数値を指定する<br>**桁数**：切り捨てる桁を指定する |
| 戻り値 | 指定した**桁**で切り捨てた数値を返す |

　　例）セル A1 の数値を 100 の位で切り捨てる

### =ROUNDDOWN (A1,-3)

引数「桁数」は、小数点以下で切り捨てる場合は、結果として表示する桁数を正の整数で指定します。小数点以下すべてを切り捨てるには「0」とします。小数点より上の桁で切り捨てる場合は、切り捨てる桁を負の整数で指定します。

桁数の指定（4321.12 の場合）

| 数値 | 4 | 3 | 2 | 1 | . | 1 | 2 |
|---|---|---|---|---|---|---|---|
| 桁の指定 | | -3 | -2 | -1 | 0 | 1 | 2 |
| | | 4000 | 4300 | 4320 | 4321 | 4321.1 | 4321.12 |

**ヒント**

ROUNDDOWN 関数と
TRUNC 関数の違い

ROUNDDOWN 関数と TRUNC
関数はまったく同じ結果が求められます。違いは TRUNC 関数では小数点以下を切り捨てるときに、引数「桁数」を省略できることです。
「=ROUNDDOWN(3.5,0)」と
「=TRUNC(3.5)」では同じ結果「3」が返されます。

**ヒント**

省略可能な引数

書式の [ ]（角かっこ）で囲まれた引数は省略できます。

数値を指定した桁で切り上げる場合は ROUNDUP（ラウンドアップ）関数、四捨五入する場合は ROUND（ラウンド）関数を使用します。いずれも引数の指定内容は同じです。
なお、数値を指定した桁で切り捨てる場合には TRUNC（トランク、トランケイト）関数も使用できます。

### ● TRUNC 関数

| 書　式 | =TRUNC ( 数値 [, 桁数] ) |
|---|---|
| 引　数 | **数値**：切り捨てる数値を指定する<br>**桁数**：切り捨てた結果の桁を指定する。省略時は小数点以下を切り捨てる |
| 戻り値 | 指定した**桁**で切り捨てた数値を返す |

第3章　高度な機能を使用した数式およびマクロの作成

小数点以下を切り捨てて整数化する場合には INT（イント）関数も使用できます。

### ● INT 関数

| 書　式 | INT ( 数値 ) |
|---|---|
| 引　数 | **数値**：整数にする実数を指定する |
| 戻り値 | 指定された**数値**より小さい最大の整数を返す |

## 操作手順

❶ セル E3 をクリックします。

❷［数式］タブの ［数学 / 三角］ボタンをクリックします。

❸ 一覧から［ROUNDDOWN］をクリックします。

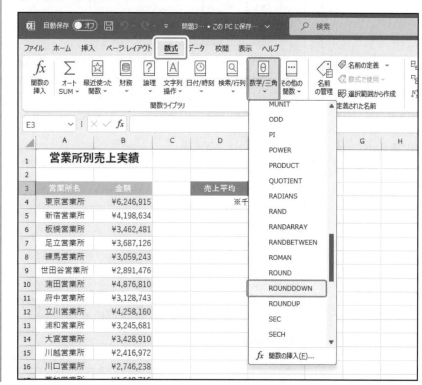

④ ROUNDDOWN 関数の［関数の引数］ダイアログボックスが表示されるので、［数値］
ボックスにカーソルが表示されていることを確認し、名前ボックスの▼をクリック
します。

⑤ 一覧から［AVERAGE］をクリックします。

★ヒント

**名前ボックスの一覧に
［AVERAGE］がない場合**
名前ボックスの一覧の［その他
の関数］をクリックし、表示され
る［関数の挿入］ダイアログボッ
クスの［関数の分類］ボックスの
▼をクリックして［統計］または
［すべて表示］をクリックし、［関
数名］ボックスの一覧から
［AVERAGE］をクリックし、[OK]
をクリックします。

⑥ AVERAGE 関数の［関数の引数］ダイアログボックスが表示されるので、［数値 1］
ボックスにカーソルが表示されていることを確認し、セル B4 ～ B27 を範囲選択し
ます。

⑦ ［数値 1］ボックスに「B4:B27」と表示されます。

⑧ 数式バーの「ROUNDDOWN」をクリックします。

🖉ポイント

**引数のセル範囲の指定**
引数に連続したセル範囲を指定す
るときは、目的の範囲をドラッグし
て選択します。「B4:B11」のよう
にセル番地が「:」（コロン）で区
切られて表示されます。「B4:B23」
を直接入力することも可能です。
また、範囲の始点のセルをクリッ
クし、**Ctrl** + **Shift** + **↓** キーを
押すと、その列のデータが連続し
て入力されている範囲の最終行ま
でが自動的に範囲指定されます。

⑨ ROUNDDOWN 関数の［関数の引数］ダイアログボックスが、［数値］ボックスに
AVERAGE 関数の式が設定された状態で再び表示されるので、［桁数］ボックスを
クリックし、「-3」と入力します。

⑩ ［数式の結果＝］に「¥3,624,000」が表示されていることを確認します。

⑪ [OK] をクリックします。

★ヒント

**AVERAGE 関数の結果**
手順⑨の［数値］ボックスに
「AVERAGE(B4:B11)」と表示され、
右側に数式の結果
「=3624668.708」が表示されま
す。

★ヒント

**数式の結果の表示形式**
セル E3 にはあらかじめ「通貨」
の表示形式が設定されているた
め、［数式の結果＝］にも通貨記
号の「¥」（円記号）と桁区切り
の「,」（カンマ）が表示されます。

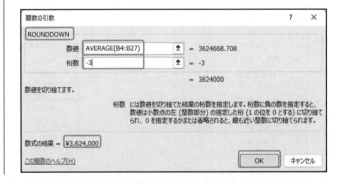

⓬ 数式バーに「=ROUNDDOWN(AVERAGE(B4:B27),-3)」と表示されたことを確認します。

⓭ セル E3 に、全営業所の売上金額の平均の千円未満を切り捨てた値「¥3,624,000」が表示されます。

# 3-1-2 AND 関数、OR 関数、NOT 関数を使って論理演算を行う

## 練習問題

問題フォルダー
└ 問題 3-1-2.xlsx

解答フォルダー
└ 解答 3-1-2.xlsx

IF 関数と AND 関数、OR 関数を使用して、セル範囲 H4:H13 に筆記試験または適性検査が平均点以上で、かつ面接が 80 点以上の場合は「合格」、それ以外の場合は「不合格」と表示します。

筆記試験、適性検査、面接の点数から合否を判断する

**重要用語**

- □ AND 関数
- □ 複数の条件をすべて満たしているかどうかを調べる
- □ OR 関数
- □ 複数の条件のいずれかを満たしているかどうかを調べる
- □ NOT 関数
- □ 条件を満たしていないことを調べる
- □ IF 関数
- □ 条件を満たしているか満たしていないかによって異なる処理をする
- □ 比較演算子

AND（アンド）関数を使用すると、複数の条件のすべてを満たしているかどうかを調べることができます。その結果、すべてを満たしていれば「真（TRUE）」、そうでなければ「偽（FALSE）」を返します。

複数の条件のいずれかを満たしているかどうかを調べるには、OR（オア）関数を使います。また、条件を満たしていないことを調べる場合は NOT（ノット）関数を使います。NOT 関数は論理式を 1 つしか設定できませんが、AND 関数や OR 関数を組み合わせれば、複数の条件を設定することができます。

● AND 関数

| 書　式 | AND( 論理式 1, 論理式 2,…) |
|---|---|
| 引　数 | **論理式**：論理値（「TRUE」または「FALSE」）または論理値を取得する値、式を指定する |
| 戻り値 | すべての**論理式**を満たす場合は「**TRUE**」を返し、そうでない場合は「**FALSE**」を返す |

例）セル E4 の値が 65 以上で、かつセル F4 の値が 70 以上の場合は「TRUE」を返す、どちらかまたはいずれも満たさない場合は「FALSE」を返す

**=AND(E4>=65,F4>=70)**

● OR 関数

| 書　式 | OR( 論理式 1, 論理式 2,…) |
|---|---|
| 引　数 | **論理式**：論理値（「TRUE」または「FALSE」）または論理値を取得する値、式を指定する |
| 戻り値 | いずれかの**論理式**を満たす場合は「**TRUE**」を返し、そうでない場合は「**FALSE**」を返す |

例）セル E4 の値が 65 以上か、またはセル F4 の値が 70 以上の場合は「TRUE」を返す、いずれも満たさない場合は「FALSE」を返す

**=OR(E4>=65,F4>=70)**

● NOT 関数

| 書　式 | NOT( 論理式 ) |
|---|---|
| 引　数 | **論理式**：論理値（「TRUE」または「FALSE」）または論理値を取得する値、式を指定する |
| 戻り値 | **論理式**を満たさない場合は「**TRUE**」を返し、満たす場合は「**FALSE**」を返す |

例）セル E4 の値が 65 以上でない場合は「TRUE」を返す、65 以上の場合は「FALSE」を返す

**=NOT(E4>=65)**

● IF 関数とネストする

IF（イフ）関数を使用すると、指定した条件を満たしているか満たしていないかによって異なる処理をすることができます。

| 書　式 | IF( 論理式 , 値が真の場合 , 値が偽の場合 ) |
|---|---|
| 引　数 | **論　理　式**：真または偽のどちらかに評価できる値または式を指定する<br>**値が真の場合**：論理式の結果が、条件を満たす「真（TRUE）」の場合に返す値を指定する<br>**値が偽の場合**：論理式の結果が、条件を満たさない「偽（FALSE）」の場合に返す値を指定する |
| 戻り値 | **論理式**を満たす場合は**値が真の場合**の値を返し、満たさない場合は**値が偽の場合**の値を返す |

論理式では、「真（TRUE）」または「偽（FALSE）」のいずれかで評価できる値か条件式を指定する必要があります。条件式には、次のような比較演算子を使用することができます。

比較演算子の使い方

| 比較演算子 | 意味 | 使用例 |
|---|---|---|
| = | 等しい | E4=65 |
| < | 〜より小さい（未満） | E4<65 |
| > | 〜より大きい | E4>65 |
| <= | 〜以下 | E4<=65 |
| >= | 〜以上 | E4>=65 |
| <> | 等しくない | E4<>65 |

IF 関数の論理式として AND 関数を使用すると、「筆記試験が 65 点以上で、適性検査が70 点以上の場合は、合格とする」など、複数の条件で判断する条件式を作成することができます。

=IF(AND(E4>=65,F4>=70),"合格","不合格")

論理式　　　　　　　　　真の場合　　偽の場合

関数をネストする方法については、「3-1-1」を参照してください。

---

**ポイント**

**引数に文字列を設定する**
関数の引数に文字列を設定する場合、文字列は「"」（半角のダブルクォーテーション）で囲んで入力します。

**ヒント**

**空白を表示する引数**
論理式の結果によって空白を表示したい場合は、引数に「""」（半角のダブルクォーテーション2つ）を入力します。

❶ セル H4 をクリックします。

❷ ［数式］タブの [論理] ボタンをクリックします。

❸ 一覧から ［IF］ をクリックします。

❹ IF 関数の ［関数の引数］ ダイアログボックスが表示されるので、［論理式］ボックスにカーソルが表示されていることを確認し、名前ボックスの▼をクリックします。

❺ 一覧から ［AND］ をクリックします。

**★ ヒント**

**名前ボックスの一覧に［AND］がない場合**

名前ボックスの一覧の ［その他の関数］をクリックし、表示される ［関数の挿入］ダイアログボックスの ［関数の分類］ボックスの▼をクリックして ［論理］ または ［すべて表示］をクリックし、［関数名］ボックスの一覧から［AND］をクリックし、［OK］をクリックします。

❻ AND 関数の［関数の引数］ダイアログボックスが表示されるので、［論理式 1］ボックスにカーソルが表示されていることを確認し、名前ボックスの▼をクリックします。

❼ 一覧から ［OR］ をクリックします。

**★ ヒント**

**名前ボックスの一覧に［OR］がない場合**

名前ボックスの一覧の ［その他の関数］をクリックし、表示される ［関数の挿入］ダイアログボックスの ［関数の分類］ボックスの▼をクリックして ［論理］ または ［すべて表示］をクリックし、［関数名］ボックスの一覧から［OR］をクリックし、［OK］をクリックします。

❽ OR 関数の [関数の引数] ダイアログボックスが表示されるので、[論理式 1] ボックスにカーソルがあることを確認し、セル E4 をクリックします。

❾ [論理式 1] ボックスに「E4」と表示されるので、続けて「>=」を入力し、セル E14 をクリックします。

❿ [論理式 1] ボックスに「E14」と表示されるので、絶対参照にするために **F4** キーを押して、「$E$14」にします。

⓫ [論理式 2] ボックスをクリックし、セル F4 をクリックします。

⓬ [論理式 2] ボックスに「F4」と表示されるので、続けて「>=」を入力し、セル F14 をクリックします。

⓭ [論理式 2] ボックスに「F14」と表示されるので、絶対参照にするために **F4** キーを押して、「$F$14」にします。

⓮ 数式バーの [AND] をクリックします。

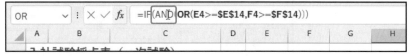

⓯ AND 関数の [関数の引数] ダイアログボックスが、[論理式 1] ボックスに OR 関数の式が設定された状態で再び表示されるので、[論理式 2] ボックスをクリックし、セル G4 をクリックします。

⓰ [論理式 2] ボックスに「G4」と表示されるので、続けて「>=80」を入力します。

⓱ 数式バーの「IF」をクリックします。

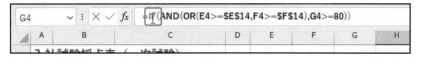

**⚠ポイント**

**文字列を含む引数**

［関数の引数］ダイアログボックスで引数に文字列を入力した場合、自動的に「"」（ダブルクォーテーション）で囲まれます。

⑱ IF 関数の［関数の引数］ダイアログボックスが、［論理式］ボックスに AND 関数と OR 関数の式が設定された状態で再び表示されるので、［値が真の場合］ボックスをクリックし、「合格」と入力します。

※その後、他のボックスをクリックすると、「"合格"」と「"」（ダブルクォーテーション）で囲まれて表示されます。

⑲［値が偽の場合］ボックスをクリックし、「不合格」と入力します。

⑳［数式の結果＝］に「合格」が表示されていることを確認します。

㉑［OK］をクリックします。

㉒ 数式バーに「=IF(AND(OR(E4>=$E$14,F4>=$F$14),G4>=80),"合格","不合格")」と表示されたことを確認します。

㉓ セル H4 に、「合格」と表示されます。

㉔ セル H4 の右下のフィルハンドルをポイントし、マウスポインターの形が ✚ に変わったら、ダブルクリックします。

㉕ セル H4 の数式がセル H5 ～ H13 にコピーされ、各行の筆記試験、適性検査、面接の点数に応じて「合格」または「不合格」と表示されます。

# LET 関数を使って論理演算を行う

## 練習問題

問題フォルダー
└ 問題 3-1-3

解答フォルダー
└ 解答 3-1-3

LET 関数を使用して、セル H4 の数式を、筆記試験が平均点以上を「筆記合格」、適性検査が平均点以上を「適性合格」、面接が 80 点以上を「面接合格」という名前で定義して、わかりやすい数式にします。なお、数式バーの領域は広げて、数式を読みやすい位置で改行します。

関数内で名前を定義して、わかりやすい数式にする

## 機能の解説

### 重要用語

□ LET 関数
□ 関数内で名前を定義してその名前を計算に使用し、数式をわかりやすくする

### ★ヒント

**LET 関数**
Microsoft Office 2021 および Microsoft 365 で使用できるようになった関数です。

### ！ポイント

**名前の指定**
名前の先頭は文字にする必要があります。英字、ひらがな、カタカナ、漢字、記号を使用でき、名前の先頭以外で数字も使用できます。

LET（レット）関数を使用すると、関数内で名前を定義してその名前を計算に使用し、数式をわかりやすくすることができます。定義した名前は、LET 関数内でのみ有効です。

### ● LET 関数

| 書　式 | **LET( 名前 , 名前値 1, 計算または名前 2[, 名前値 2, 計算または名前値 2]…)** |
|---|---|
| 引　数 | **名　前**：任意の文字列で定義する<br>**名前値**：名前の内容になる値や式、セル参照を指定する<br>**計　算**：名前を使用した計算式を指定する |
| 戻り値 | **名前**と**名前値**を定義し、**名前**を**計算**で使用してその結果を返す |

LET 関数では、引数「名前」と引数「名前値」はセットで設定します。引数「計算」では定義したすべての名前を使用します。

例）セル範囲 B2:E2 の合計を「年間売上」という名前で定義し、「年間売上」を 4 で
除算して平均を求める

**=LET( 年間売上 ,SUM(B2:E2), 年間売上 /4)**

セル B2 〜 E2 の合計を「年間
売上」という名前で定義し、こ
れを 4 で割って平均を求める

---

## 操作手順

【操作 1】

❶ セル H4 をクリックします。

❷ 数式バーの数式「=IF(AND(OR(E4>=$E$14,F4>=$F$14),G4>=80)," 合格 ","
不合格 ")」を確認します。

❸ 数式バーの下辺をポイントし、マウスポインターの形が ↕ になったら、下方向にド
ラッグして数式バーの領域を広げます。

❹ 数式バーの「=」の右側をクリックします。

❺ 数式バーにカーソルが表示されるので、「LET」と入力します。

❻ 関数名［LET］が表示されるのでダブルクリックします。

❼「LET」に続いて「(」表示されるので、「筆記合格,」と入力します。

❽数式内の「E4>=$E$14」をドラッグし、**Ctrl** + **C** キーを押します。

❾「筆記合格,」の右側をクリックし、**Ctrl** + **V** キーを押します。

❿「E4>=$E$14」が貼り付けられます。

⓫続いて「,」を入力し、**Alt** + **Enter** キーを押します。

⓬数式バー内で改行されます。

⓭同様に ❼ ～ ⓫ の手順で、「適性合格,F4>=$F$14,」、「面接合格,G4>=80,」を改行して入力します。

⓮ 数式内の「E4>=$E$14」をドラッグして、「筆記合格」と上書き入力します。

**ポイント**

**数式のわかりやすさ**

数式内を名前で定義することによって、数式の内容がわかりやすくなります。

ここでは、「筆記合格」または「適性合格」で、かつ「面接合格」に該当すれば、IF関数によって「合格」、そうでなければ「不合格」が表示されるということが読んでわかるようになります。

⓯ 同様に「F4>=$F$14」を「適性合格」に、「G4>=80」を「面接合格」に上書き入力します。

⓰ 数式の最後をクリックし「)」を入力して、数式が

=LET( 筆記合格 ,E4>=$E$14,

適性合格 ,F4>=$F$14,

面接合格 ,G4>=80,

IF(AND(OR( 筆記合格 , 適性合格 ), 面接合格 )," 合格 "," 不合格 "))

となったことを確認し、**Enter** キーを押します。

⓱ セル H4 に「合格」と表示されます。

※操作終了後、数式バーを元の幅に戻しておきます。

## 3-1-4 VLOOKUP 関数に IF 関数を組み合わせてエラーを回避する

### 練習問題

問題フォルダー
└問題 3-1-4.xlsx

解答フォルダー
└解答 3-1-4.xlsx

【操作 1】セル B4、C4 には、VLOOKUP 関数を使用してセル A4 の商品番号から商品一覧表の商品名、単価を表示する数式が入力されています。エラーを回避するために、IF 関数を組み合わせて、セル A4 の商品番号が未入力の場合は空白を表示するように修正します。

【操作 2】セル E4 には、単価に数量を掛けて金額を求める数式が入力されています。エラーを回避するために、IF 関数を組み合わせて、セル C4 の単価が空白の場合は空白を表示するように修正します。

### 機能の解説

□ VLOOKUP 関数
□ エラーを回避
□ IF 関数

★ヒント
VLOOKUP 関数
「3-2-1」で詳しく解説しています。

VLOOKUP（ブイルックアップ）関数は、商品番号のような値を基に、別の表で対応する商品名のようなデータを参照する関数です。存在しない商品番号を入力すると、参照する商品一覧表に該当する商品番号が見つからないので、「#N/A」（使用できる値が存在しない）というエラーが表示されます。商品番号が未入力の場合も商品番号が存在しないと判断され、同様のエラーが表示されてしまいます。エラーを回避するには、VLOOKUP関数に IF（イフ）関数を組み合わせて、「商品番号が空白の場合は空白を表示する」という式を追加します。

ポイント
引数に空白を指定する
関数の引数に空白を指定するときは、「""」（半角のダブルクォーテーション 2 つ）を入力します。

$$=IF(A4="","",VLOOKUP(A4,\$G\$4:\$I\$10,2,FALSE))$$

VLOOKUP 関数の検索値のセル（この例では A4）が空白の場合は空白を表示する IF 関数を追加

**【操作1】**

❶ セルB4をクリックします。

❷ 数式バーの「=」の右側をクリックします。

❸ 数式バーにカーソルが表示されるので、「IF」と入力します。

❹ 「IF」で始まる関数の一覧が表示されるので、[IF]をダブルクリックします。

❺ 「IF」に続いて「(」が表示されるので、「A4="","",」と入力します。

| B | : × ✓ fx | =IF(A4="","",VLOOKUP(A4,$G$4:$I$10,2,FALSE) |
| --- | --- | --- |

（※表部分）

❻ 数式の最後をクリックし「)」を入力して「=IF(A4="","",VLOOKUP(A4,$G$4:$I$10,2,FALSE))」となったことを確認し、**Enter**キーを押します。

❼ セル B4 のエラー表示がなくなり、空白が表示されます。

❽ 同様にセル C4 の数式も「=IF(A4="","",VLOOKUP(A4,$G$4:$I$10,3,FALSE))」
に修正します。

❾ セル C4 のエラー表示がなくなり、空白が表示されます。

【操作 2】

❿ セル E4 をクリックします。

⑪数式バーの「=」の右側をクリックします。

⑫数式バーにカーソルが表示されるので、「IF」と入力します。

⑬「IF」で始まる関数の一覧が表示されるので、[IF]をダブルクリックします。

⑭「IF」に続いて「(」が表示されるので、「C4="","",」と入力します。

⑮数式の最後をクリックし「)」を入力して「=IF(C4="","",C4*D4)」となったこと
を確認し、**Enter** キーを押します。

⑯セル E4 のエラー表示がなくなり、空白が表示されます。

# SUMIF 関数を使って論理演算を行う

## 練習問題

問題フォルダー
└ 問題 3-1-5.xlsx

解答フォルダー
└ 解答 3-1-5.xlsx

【操作 1】 SUMIF 関数を使用して、セル範囲 I3:I5 に、時間帯別の受講者数の合計を求めます。

【操作 2】 SUMIF 関数を使用して、セル I7 に、コース名に「和食」を含むコースの受講者数の合計を求めます。

## 機能の解説

重要用語

☐ SUMIF 関数

☐ 指定した条件を満たすセルに対応するセルの値の合計を求める

☐ 比較演算子

☐ ワイルドカード

SUMIF（サムイフ）関数を使用すると、対象のセル範囲の中で、指定した条件を満たすセルに対応するセルの値の合計を求めることができます。

### ●SUMIF 関数

| 書　式 | SUMIF( 範囲 , 検索条件 [ ,合計範囲 ]) |
| --- | --- |
| 引　数 | **範　囲**：検索対象となるセル範囲を指定する<br>**検索条件**：合計を求めるセルを特定するための条件を数値、セル参照、数式、文字列で指定する<br>**合計範囲**：合計を求めるセル範囲を指定する。省略時は**範囲**内で検索条件を満たすセルの数値の値が合計される |
| 戻り値 | 指定した**範囲**で、**検索条件**に一致するセルに対応する**合計範囲**のセルの数値の合計を返す |

例）セル B2 ～ B8 で「営業部」の文字列を検索し、一致するセルに対応するセル D2 ～ D8 の値の合計を求める

=SUMIF(B2:B8,"営業部",D2:D8)

| | A | B | C | D | E | F |
|---|---|---|---|---|---|---|
| D10 | | fx | =SUMIF(B2:B8,"営業部",D2:D8) | | | |

| | A | B | C | D | E | F |
|---|---|---|---|---|---|---|
| 1 | 日付 | 部署 | 費目 | 金額 | | |
| 2 | 4月4日 | 総務部 | 資材購入費 | 12,500 | | |
| 3 | 4月5日 | 営業部 | 交際費 | 27,800 | | |
| 4 | 4月10日 | 営業部 | 出張旅費 | 7,860 | | |
| 5 | 4月16日 | 営業部 | 交際費 | 15,600 | | |
| 6 | 4月22日 | 総務部 | 資材購入費 | 24,600 | | |
| 7 | 4月23日 | 営業部 | 出張旅費 | 23,400 | | |
| 8 | 4月25日 | 企画部 | 交際費 | 18,900 | | |
| 9 | | | | | | |
| 10 | | 「営業部」の合計金額 | | 74,660 | | |
| 11 | | | | | | |
| 12 | | | | | | |

> セルB2～B8で「営業部」を検索し、一致するセルに対応するセル D2 ～ D8 の値の合計を求める

なお、引数「検索条件」には、検索したいデータ（数値または文字列など）を直接指定するほか、比較演算子（「3-1-2」参照）およびワイルドカードを使用できます。記号はすべて半角で入力します。比較演算子とともに数値を指定する場合は、「">80"」のように式全体を「"」（ダブルクォーテーション）で囲みます。

ワイルドカードの使用例

| ワイルドカード | 意味 | 使用例 |
|---|---|---|
| ? | 任意の 1 文字 | 「和食 ???」<br>「和食」の後に任意の 3 文字が付く文字列が該当する<br>○ 「和食の基礎」、「和食・洋食」<br>× 「和食」、「和食膳」、「おもてなし和食」 |
| * | 任意の文字列<br>（0 文字以上） | 「和食 *」<br>「和食」の後に 0 文字以上の任意の文字列が付く（「和食」で始まる）文字列が該当する<br>○ 「和食の基礎」、「和食・洋食」、「和食」、「和食膳」<br>× 「おもてなし和食」<br>「* 和食」<br>「和食」の前に 0 文字以上の文字列が付く（「和食」で終わる）文字列が該当する<br>○ 「おもてなし和食」、「和食」<br>× 「和食の基礎」、「和食・洋食」、「和食膳」<br>「* 和食 *」<br>「和食」を含む文字列が該当する<br>○ 「和食の基礎」、「おもてなし和食」、「和食」<br>× 「中華の基礎」、「洋食の基礎」 |

【操作1】

❶ 時間帯が午前の受講者の合計を表示するセル I3 をクリックします。

❷［数式］タブの ［数学 / 三角］ボタンをクリックします。

❸ 一覧から［SUMIF］をクリックします。

❹ SUMIF 関数の［関数の引数］ダイアログボックスが表示されるので、［範囲］ボックスにカーソルが表示されていることを確認し、セル D3 ～ D18 を範囲選択します。

❺ 絶対参照にするために **F4** キーを押します。

❻［範囲］ボックスに「$D$3:$D$18」と表示されたことを確認します。

❼［検索条件］ボックスをクリックし、セル G3 をクリックします。

❽［合計範囲］ボックスをクリックし、セル E3 ～ E18 を範囲選択します。

❾ 絶対参照にするために **F4** キーを押します。

❿［合計範囲］ボックスに「$E$3:$E$18」と表示されたことを確認します。

⓫［数式の結果＝］に、「時間帯」が「午前」の「人数」の合計「105」が表示されていることを確認します。

⓬［OK］をクリックします。

---

★ ヒント

**絶対参照にする理由**
引数「範囲」と「合計範囲」を絶対参照にするのは、このあと数式をセル I4 ～ I5 にコピーするときに参照位置が変わらないようにするためです。

第 3 章 高度な機能を使用した数式およびマクロの作成

⓭ 数式バーに「=SUMIF($D$3:$D$18,G3,$E$3:$E$18)」と表示されたことを確認します。

⓮ セル I3 に「時間帯」が「午前」の「人数」の合計「105」が表示されたことを確認します。

⓯ セル I3 の右下のフィルハンドルをポイントします。

⓰ マウスポインターの形が ✚ になったら、ダブルクリックします。

⓱ セル I3 の数式がセル I4 ～ I5 にコピーされます。

【操作 2】

⓲ コース名に「和食」を含むコースの受講者数の合計を表示するセル I7 をクリックします。

⓳ [数式] タブの [数学 / 三角] ボタンをクリックします。

⓴ 一覧から [SUMIF] をクリックします。

㉑ SUMIF 関数の［関数の引数］ダイアログボックスが表示されるので、［範囲］ボックスにカーソルが表示されていることを確認し、セル C3 ～ C18 を範囲選択します。

㉒ ［範囲］ボックスに「C3:C18」と表示されます。

㉓ ［検索条件］ボックスをクリックし、「* 和食 *」と入力します。

※その後、他のボックスをクリックすると、「"* 和食 *"」と「"」（ダブルクォーテーション）で囲まれて表示されます。

㉔ ［合計範囲］ボックスをクリックし、セル E3 ～ E18 を範囲選択します。

㉕ ［合計範囲］ボックスに「E3:E18」と入力されます。

㉖ ［数式の結果＝］に、「コース名」に「和食」を含む「人数」の合計「111」が表示されます。

㉗ ［OK］をクリックします。

㉘ 数式バーに「=SUMIF(C3:C18,"* 和食 *",E3:E18)」と表示されたことを確認します。

㉙ セル I7 に「コース名」に「和食」を含む「人数」の合計「111」が表示されます。

# AVERAGEIF 関数を使って論理演算を行う

## 練習問題

問題フォルダー
└問題 3-1-6.xlsx

解答フォルダー
└解答 3-1-6.xlsx

【操作 1】セル範囲 A4:I54 の列ごとの範囲に名前を付けて登録します。その際、セル範囲 A3:I3 の項目名を名前として使用します。

【操作 2】関数を使用して、セル L3 に間取が 1R の家賃の平均を求めます。なお、数式には名前付き範囲を使用します。

## 機能の解説

重要用語

☐ AVERAGEIF 関数

☐ 指定した条件を満たす
セルに対応するセルの
値の平均値を求める

☐ 比較演算子

☐ ワイルドカード

☐ 名前

☐ 名前ボックス

☐ [名前の定義] ボタン

☐ [新しい名前]
ダイアログボックス

☐ [選択範囲から作成]
ボタン

☐ [数式で使用] ボタン

AVERAGEIF（アベレージイフ）関数を使用すると、対象のセル範囲の中で、指定した条件を満たすセルに対応するセルの値の平均値を求めることができます。

### ●AVERAGEIF 関数

| 書　式 | AVERAGEIF( 範囲 , 条件 [ , 平均対象範囲 ]) |
|---|---|
| 引　数 | **範　　囲**：検索対象となるセル範囲を指定する<br>**条　　件**：平均値を求めるセルを特定するための条件を数値、セル参照、数式、文字列で指定する<br>**平均対象範囲**：平均値を求めるセル範囲を指定する。省略時は**範囲**が使用される |
| 戻り値 | 指定した**範囲**で、**条件**に一致するセルに対応する**平均対象範囲**のセルの数値の平均値を返す |

例）セル E4 ～ E54 の範囲から「1R」の文字列を検索し、一致するセルに対応するセル F4 ～ F54 の値の平均値を求める

**=AVERAGEIF(E4:E54,"1R",F4:F54)**

AVERAGEIF 関数も SUMIF 関数と同様に引数「条件」には、検索したいデータ（数値または文字列など）を直接指定するほか、比較演算子（「3-1-2」参照）およびワイルドカード（「3-1-5」参照）を使用できます。記号はすべて半角で入力します。比較演算子とともに数値を指定する場合は、「">80"」のように式全体を「"」（ダブルクォーテーション）で囲みます。

### ●名前付き範囲の作成

セルやセル範囲に名前を付けて登録し、数式に使用することができます。名前を登録するには、目的のセルや範囲を選択し、名前ボックスに直接名前を入力するか、[数式] タブの [名前の定義] ボタンをクリックして表示される [新しい名前] ダイアログボックスで指定します。

**★ヒント**

**名前付き範囲の使用**

この問題では、セル範囲 E4:E54 を「間取」、セル範囲 F4:F54 を「家賃」という名前で登録し、これを数式に使用して、「=AVERAGEIF(間取,"1R",家賃)」という数式を作成します。

**！ポイント**

**名前に使用できない文字**

名前の最初の文字には、文字、「_」（アンダーバー）、「¥」（円記号）しか使用できません。またスペースは名前には使用できません。単語の区切りには、「_」（アンダーバー）や「.」（ピリオド）を使用します。

**★ヒント**

**名前の設定**

見出しのある表の場合、見出しに隣接したセル範囲を選択し、[数式] タブの [名前の定義] [名前の定義] ボタンをクリックして、[新しい名前] ダイアログボックスを表示すると、[名前] ボックスに自動的に見出し名が表示される場合もあります。

名前ボックスに名前を入力する　　　　[新しい名前] ダイアログボックスで名前を指定する

既に作成されている表の見出しを利用すると、複数範囲に一度に名前を付けることができます。見出しも含めて名前を付けるセル範囲を選択し、[数式]タブの  [選択範囲から作成] ボタンをクリックします。表示される［選択範囲から名前を作成］ダイアログボックスで見出しの位置を指定すると、見出しを除いたセル範囲が見出し名と同じ名前で登録されます。

選択範囲から名前を作成

登録した名前は、数式バーの左端の名前ボックスの▼をクリックすると一覧表示され、クリックするとその範囲が選択されます。

［名前ボックス］の▼の一覧

また、名前は、数式に直接入力したり、[数式]タブの［数式で使用］ボタンをクリックして表示される一覧から選択し、数式に挿入することができます。

［名前ボックス］の▼の一覧

**【操作1】**

❶ セル A3 ～ I54 を範囲選択します。

❷ ［数式］タブの ［選択範囲から作成］ ［選択範囲から作成］ボタンをクリックします。

❸ ［選択範囲から名前を作成］ダイアログボックスが表示されるので、［上端行］チェックボックスがオンになっていることを確認します。

❹ ［OK］をクリックします。

**★ヒント**

**定義した名前の確認**

名前ボックスの▼をクリックすると名前の一覧が表示され、クリックするとその範囲が選択されます。また、［数式］タブの［名前の管理］ボタンをクリックすると、［名前の管理］ダイアログボックスが表示され、登録されている名前と範囲を一覧で確認できます。

［名前の管理］ボタン

**【操作2】**

❺ 間取が1Rの家賃の平均を表示するセルL3をクリックします。

❻ [数式] タブの [その他の関数] ボタンをクリックします。

❼ [統計] の一覧から [AVERAGEIF] をクリックします。

❽ AVERAGEIF 関数の [関数の引数] ダイアログボックスが表示されるので、[範囲] ボックスにカーソルが表示されていることを確認し、[数式] タブの [数式で使用~] [数式で使用] ボタンをクリックします。

❾ 一覧から [間取] をクリックします。

❿ [範囲] ボックスに「間取」と表示されます。

⓫ [条件] ボックスをクリックし、「1R」と入力します。

※ その後、他のボックスをクリックすると、「"1R"」と「"」（ダブルクォーテーション）で囲まれて表示されます。

⓬ [平均対象範囲] ボックスをクリックし、[数式] タブの [数式で使用~] [数式で使用] ボタンをクリックします。

⑬一覧から［家賃］をクリックします。

⑭［平均対象範囲］ボックスに「家賃」と表示されます。

⑮［結果の数式＝］に、「間取」が「1R」の「家賃」の平均「77769.23077」が表示されていることを確認します。

⑯［OK］をクリックします。

⑰数式バーに「=AVERAGEIF(間取,"1R",家賃)」と表示されます。

⑱セルL3に「間取」が「1R」の「家賃」の平均「77769.23」が表示されます。

# COUNTIF 関数を使って論理演算を行う

問題フォルダー
└問題 3-1-7.xlsx

解答フォルダー
└解答 3-1-7.xlsx

【操作 1】 COUNTIF 関数を使用して、セル C3 に、テーブル「輸入食材」の原産国がフランスの商品の数を求めます。

【操作 2】 COUNTIF 関数を使用して、セル E3（結合セル）に、テーブル「輸入食材」の単価が 2000 円以上の商品の数を求めます。

重要用語

□ COUNTIF 関数
□ 指定した条件を満たす
　 セルの個数を求める
□ 比較演算子
□ ワイルドカード
□ テーブル
□ 構造化参照

COUNTIF（カウントイフ）関数を使用すると、指定した条件を満たすセルの個数を求めることができます。

### ●COUNTIF 関数

| 書　式 | COUNTIF( 範囲 , 検索条件 ) |
|---|---|
| 引　数 | **範　囲**：検索対象となるセル範囲を指定する<br>**検索条件**：数え上げるセルを特定するための条件を数値、セル参照、数式、文字列で指定する |
| 戻り値 | 指定した**範囲**から、**検索条件**と一致するセルの個数を返す |

例）セル B2 ～ B8 の範囲から「営業部」の文字列が入力されているセルの個数を求める

**=COUNTIF(B2:B8,"営業部")**

セルB2〜B8で「営業部」と入力されているセルの個数を求める

COUNTIF関数もSUMIF関数と同様に引数「検索条件」には、検索したいデータ（数値または文字列など）を直接指定するほか、比較演算子（「3-1-2」参照）およびワイルドカード（「3-1-5」参照）を使用できます。記号はすべて半角で入力します。比較演算子とともに数値を指定する場合は、「">80"」のように式全体を「"」（ダブルクォーテーション）で囲みます。

● テーブルのデータを参照する数式

テーブルのデータを参照する数式は、テーブル名や列見出し名で指定することができます。これを「構造化参照」といいます。構造化参照を使用すると、テーブルの行や列が追加された場合でもセル参照が自動的に調整されるため、数式を書き換える必要がありません。問題 3-1-7.xlsx のテーブル「輸入食材」を参照する場合の主な構造化参照の指定は次のようになります。

| テーブル内のセル範囲 | 構造化参照 | テーブル「輸入食材」の場合 |
|---|---|---|
| 見出し行を除いた<br>テーブル全体 | テーブル名 | 輸入食材 |
| 見出し行も含めた<br>テーブル全体 | テーブル名 [# すべて ] | 輸入食材 [# すべて ] |
| 特定の列（フィールド全体） | テーブル名 [ 列見出し名 ] | 輸入食材 [ 原産国 ] |
| 数式入力セルと同じ行の<br>特定の列のセル | [ @列見出し名 ] | [ @原産国 ]（C 列の場合） |
| 数式入力セルと同じ行の<br>連続する列の範囲 | テーブル名 [ @ [ 列見出し名 ]:<br>[ 列見出し名 ] ] | 輸入食材 [ @ [ 原産国 ]:[ 単価 ] ] |

なお、テーブル内のセルに数式を入力すると、同じ列のセルに自動的に数式が設定されます。オートフィル機能などで数式をコピーする必要はありません。

**【操作 1】**

❶ 原産国がフランスの商品の数を表示するセル C3 をクリックします。

❷ ［数式］タブの　[その他の関数] ボタンをクリックします。

❸ ［統計］の一覧から［COUNTIF］をクリックします。

❹ COUNTIF 関数の［関数の引数］ダイアログボックスが表示されので、［範囲］ボックスにカーソルが表示されていることを確認し、セル C6 〜 C25 を範囲選択します。

❺ ［範囲］ボックスに「輸入食材［原産国］」と表示されます。

❻ ［検索条件］ボックスをクリックし、「フランス」と入力します。

❼ ［OK］をクリックします。

❽ 数式バーに「=COUNTIF( 輸入食材 [ 原産国 ]," フランス ")」と表示されたことを確認します。

❾ セル H4 に、「原産国」が「フランス」のセルの個数「7」が表示されます。

**【操作 2】**

⓾ 単価が 2000 円以上の商品の数を表示するセル E3（結合セル）をクリックします。

⑪ ❷ ～ ❸ の手順で COUNTIF 関数の［関数の引数］ダイアログボックスを表示し、［範囲］ボックスにカーソルが表示されていることを確認し、セル D6 ～ D25 を範囲選択します。

⑫ ［範囲］ボックスに「輸入食材［単価］」と表示されます。

⑬ ［検索条件］ボックスをクリックし、「>=2000」と入力します。

⑭ ［OK］をクリックします。

<table><tr><td>**ポイント**</td></tr></table>

**比較演算子を含む引数**

ここでは「2000 円以上」を検索するため、比較演算子を使用して「">=2000"」と指定します。なお、［関数の引数］ダイアログボックスで引数に比較演算子とともに数値を入力した場合、自動的に全体が「"」（ダブルクォーテーション）で囲まれます。

**ヒント**

**数式の結果の確認**

手順 ⑬ の状態では、［関数の引数］ダイアログボックスの［検索条件］ボックスの比較演算子付きの条件が「"」（ダブルクォーテーション）で囲まれていないため計算が行われず、何も表示されません。他のボックス（［範囲］ボックス）をクリックすると自動的に「"」で囲まれ計算が行われて、［数式の結果＝］に「4」が表示されます。

⑮ 数式バーに「=COUNTIF( 輸入食材［単価］,">=2000")」と表示されたことを確認します。

⑯ セル E3 に、「単価」が「2000 円以上」のセルの個数「4」が表示されます。

# 3-1-8 SUMIFS 関数、AVERAGEIFS 関数、COUNTIFS関数を使って論理演算を行う

問題フォルダー
└ 問題 3-1-8.xlsx

解答フォルダー
└ 解答 3-1-8.xlsx

## 練習問題

【操作 1】 SUMIFS 関数を使用して、セル H5 に、発送日が 2024 年 1 月 10 日以降のワインの売上金額の合計を求めます。

【操作 2】 AVERAGEIFS 関数を使用して、セル H9 に、サイト名がセル G7 の「shopBP」、発送日がセル G8 の日付以降の売上金額の平均を求めます。

【操作 3】 COUNTIFS 関数を使用して、セル H13 に、商品種別がセル G11 の「日本酒」の、サイト名がセル G12 の「shopBP」以外の発送数を求めます。

## 機能の解説

### 重要用語

□ SUMIFS 関数
□ 指定した複数の条件をすべて満たすデータに対応するセルの値の合計を求める
□ AVERAGEIFS 関数
□ 指定した複数の条件をすべて満たすデータに対応するセルの値の平均値を求める
□ COUNTIFS 関数
□ 指定した条件をすべて満たすデータの個数を求める

SUMIFS（サムイフズ）関数を使用すると、対象のセル範囲の中で、指定した複数の条件をすべて満たすデータに対応するセルの値の合計、AVERAGEIFS（アベレージイフズ）関数を使用すると、同様に平均値を求めることができます。また、COUNTIFS（カウントイフズ）関数を使用すると、指定した条件をすべて満たすデータの個数を求めることができます。

### ● SUMIFS 関数

| 書　式 | =SUMIFS( 合計対象範囲 , 条件範囲 1, 条件 1, 条件範囲 2, 条件 2, ……) |
|---|---|
| 引　数 | **合計対象範囲**：合計を求めるセル範囲を指定する<br>**条 件 範 囲**：検索対象となるセル範囲を最低 1 つ指定する。複数のセル範囲を指定する場合は、必ず同じサイズ（行数×列数）にする必要がある<br>**条　　　　件**：合計を求めるセルを特定するための条件を数値、セル参照、数式、文字列で指定する<br>**条件範囲**を複数指定した場合は、必ずそれぞれに**条件**を指定する必要がある |
| 戻り値 | 指定したすべての**条件範囲**で、対応するすべての**条件**を満たすデータに対応する、**合計対象範囲**のセルの数値の合計を返す |

☐ 比較演算子
☐ ワイルドカード

**★ヒント**
SUMIF 関数、
AVERAGEIF 関数
1 つの条件を満たすデータに対応
するセルの値の合計や平均値を
求める場合は、SUMIF 関数（「3-
1-5」参照）や AVERAGEIF 関数
（「3-1-6」参照）が使用できます。
これらの関数では、SUMIFS 関
数や AVERAGEIFS 関数で最初
の引数として設定する合計や平均
の対象範囲が第 3 引数になり、
検索範囲と一致する場合は省略
可能です。

例）セル B2 ～ B8 で「営業部」の文字列、セル C2 ～ C8 で「交際費」の文字列を検索し、この 2 つの条件を同時に満たすデータの、対応するセル D2 ～ D8 の値の合計を求める

**=SUMIFS(D2:D8,B2:B8,"営業部",C2:C8,"交際費")**

セル B2 ～ B8 で「営業部」、セル C2 ～ C8 で「交際費」を検索し、両方の条件を満たすデータの、対応するセル D2 ～ D8 の値の合計を求める

● **AVERAGEIFS 関数**

| 書　式 | =AVERAGEIFS( 平均対象範囲 , 条件範囲 1, 条件 1, 条件範囲 2, 条件 2,……) |
|---|---|
| 引　数 | **平均対象範囲**：平均値を求めるセル範囲を指定する<br>**条 件 範 囲**：検索対象となるセル範囲を最低 1 つ指定する。複数のセル範囲を指定する場合は、必ず同じサイズ（行数×列数）にする必要がある<br>**条　　　件**：平均値を求めるセルを特定するための条件を数値、セル参照、数式、文字列で指定する<br>**条件範囲**を複数指定した場合は、必ずそれぞれに**条件**を指定する必要がある |
| 戻り値 | 指定したすべての**条件範囲**で、対応するすべての**条件**を満たすデータに対応する、**平均対象範囲**のセルの数値の平均値を返す |

例）セル B2 ～ B8 で「営業部」の文字列、セル C2 ～ C8 で「交際費」の文字列を検索し、この 2 つの条件を同時に満たすデータの、対応するセル D2 ～ D8 の値の平均値を求める

**=AVERAGEIFS(D2:D8,B2:B8,"営業部",C2:C8,"交際費")**

セル B2 ～ B8 で「営業部」、セル C2 ～ C8 で「交際費」を検索し、両方の条件を満たすデータの、対応するセル D2 ～ D8 の値の平均値を求める

● COUNTIFS 関数

| 書　式 | =COUNTIFS( 検索条件範囲 1, 検索条件 1, 検索条件範囲 2, 検索条件 2,……) | | |
|---|---|---|---|
| 引　数 | **検索条件範囲**：検索対象となるセル範囲を最低 1 つ指定する。複数のセル範囲を指定する場合は、必ず同じサイズ（行数×列数）にする必要がある | | |
| | **検索条件**：数え上げるセルを特定するための条件を数値、セル参照、数式、文字列で指定する | | |
| | **検索条件範囲**を複数指定した場合は、必ずそれぞれに**検索条件**を指定する必要がある | | |
| 戻り値 | 指定したすべての**検索条件範囲**で、対応するすべての**検索条件**を満たすデータの個数を返す | | |

例）セル B2 ～ B8 で「営業部」の文字列、セル C2 ～ C8 で「交際費」の文字列を検索し、この 2 つの条件を同時に満たすデータの個数を求める

**=COUNTIFS(B2:B8,"営業部",C2:C8,"交際費")**

| D10 | | × ✓ fx | =COUNTIFS(B2:B8,"営業部",C2:C8,"交際費") | | | |
|---|---|---|---|---|---|---|
| | A | B | C | D | E | F | G |
| 1 | 日付 | 部署 | 費目 | 金額 | | | |
| 2 | 4月4日 | 総務部 | 資材購入費 | 12,500 | | | |
| 3 | 4月5日 | 営業部 | 交際費 | 27,800 | | | |
| 4 | 4月10日 | 営業部 | 出張旅費 | 7,860 | | | |
| 5 | 4月16日 | 営業部 | 交際費 | 15,600 | | | |
| 6 | 4月22日 | 総務部 | 資材購入費 | 24,600 | | | |
| 7 | 4月23日 | 営業部 | 出張旅費 | 23,400 | | | |
| 8 | 4月25日 | 企画部 | 交際費 | 18,900 | | | |
| 9 | | | | | | | |
| 10 | 「営業部」の「交際費」の申請件数 | | | 2 | | | |

> セル B2 ～ B8 で「営業部」、
> セル C2 ～ C8 で「交際費」
> を検索し、両方の条件を満たすデータの個数を求める

なお、COUNTIFS 関数の引数「検索条件」、SUMIFS 関数および AVERAGEIFS 関数の引数「条件」には、いずれも検索したいデータ（数値または文字列など）を直接指定するほか、比較演算子（「3-1-2」参照）およびワイルドカード（「3-1-5」参照）を使用できます。

---

## 操作手順

【操作 1】

❶ セル G5（結合セル）をクリックします。

❷ ［数式］タブの 📊 ［数学 / 三角］ボタンをクリックします。

❸ 一覧から［SUMIFS］をクリックします。

❹SUMIFS 関数の［関数の引数］ダイアログボックスが表示されるので、［合計対象範囲］ボックスにカーソルが表示されていることを確認し、セル C4 〜 C56 を範囲選択します。

❺［合計対象範囲］ボックスに「C4:C56」と表示されます。

❻［条件範囲 1］ボックスをクリックし、セル B4 〜 B56 を範囲選択します。

❼［条件範囲 1］ボックスに「B4:B56」と表示されます。

❽［条件 1］ボックスをクリックし、「*ワイン*」と入力します。

※その後、他のボックスをクリックすると「"* ワイン *"」と「"」（ダブルクォーテーション）で囲まれて表示されます。

❾［条件範囲 2］ボックスをクリックし、セル D4 〜 D56 を範囲選択します。

❿［条件範囲 2］ボックスに「D4:D56」と表示されます。

⓫［条件 2］ボックスをクリックし、「>=2024/1/10」と入力します。

⓬［OK］をクリックします。

⓭数式バーに「=SUMIFS(C4:C56,B4:B56,"* ワイン *",D4:D56,">=2024/1/10")」と表示されたことを確認します。

⓮セル G9 に、商品種別に「ワイン」を含み、かつ発送日が「2024/1/10」以降である行の、金額のセルの数値の合計「303,800」が表示されます。

★ヒント

**ワイルドカードの使用**

ここでは「ワイン（赤）」、「ワイン（白）」、「スパークリングワイン」など「ワイン」文字列を含むデータを検索するため、ワイルドカードを使用して「"*ワイン*"」と指定します。なお、［関数の引数］のダイアログボックスでは「"」（ダブルクォーテーション）は自動的に表示されます。

！ポイント

**日付の指定**

表内の日付は「2024/1/10」という日付を「1 月 10 日」という表示形式で表しています。条件として指定するときは「2024/1/10」と入力します。なお、現在が 2024 年の場合は年を省略して「1/11」と入力しても「2024/1/10」とみなされます。

また、「2024/1/10」のような日付の書式は、通常は除算の計算と見なされるため、数式の中でそのまま指定することはできません。「45301」のようなシリアル値か、「"」（ダブルクォーテーション）で囲んで文字列として指定します。ここでは日付の前に比較演算子を付けています。この指定方法の場合は文字列形式として扱われるため、正しく日付と認識されます。なお、［関数の引数］ダイアログボックスを使用した場合、「"」は自動的に表示されます。

★ヒント

**数式の結果の確認**

手順 ⓬ の状態では、［関数の引数］ダイアログボックスの［条件 2］ボックスの比較演算子付きの条件が「"」（ダブルクォーテーション）で囲まれていないため計算が行われず、［数式の結果＝］に何も表示されません。他のボックスをクリックすると「"」で囲まれ計算が行われて、［数式の結果＝］に「303,800」が表示されます。

**【操作2】**

⑮ セル G9（結合セル）をクリックします。

⑯ ［数式］タブの ![その他の関数] ［その他の関数］ボタンをクリックします。

⑰ ［統計］の一覧から［AVERAGEIFS］をクリックします。

⑱ AVERAGEIFS 関数の［関数の引数］ダイアログボックスが表示されるので、［平均対象範囲］ボックスにカーソルが表示されていることを確認し、セル C4 〜 C56 を範囲選択します。

⑲ ［平均対象範囲］ボックスに「C4:C56」と表示されます。

⑳ ［条件範囲 1］ボックスをクリックし、セル E4 〜 E56 を範囲選択します。

㉑ ［条件範囲 1］ボックスに「E4:E56」と表示されます。

㉒ ［条件 1］ボックスをクリックし、セル G7 をクリックします。

㉓ ［条件 1］ボックスに「G7」と表示されます。

㉔ ［条件範囲 2］ボックスをクリックし、セル D4 〜 D56 を範囲選択します。

㉕ ［条件範囲 2］ボックスに「D4:D56」と表示されます。

㉖ ［条件 2］ボックスをクリックし、「">="&」と入力し、続いてセル G8 をクリックします。

㉗ ［条件 2］ボックスに「">="&G8」と表示されます。

㉘ ［数式の結果 ＝］に「16,707」が表示されます。

㉙ ［OK］をクリックします。

**★ヒント**

**条件に演算子とセル参照を指定する**

比較演算子とセル参照や数式を組み合わせる場合は、比較演算子を「"」（ダブルクオーテーション）で囲み、「&」でセル参照と連結します。

㉚ 数式バーに「=AVERAGEIFS(C4:C56,E4:E56,G7,D4:D56,">="&G8)」と表示されたことを確認します。

㉛ セル H9 に、サイト名がセル G9 の「shopBP」、かつ発送日がセル G9 の日付「2024/1/10」以降である行の、金額のセルの数値の平均「16,707」が表示されます。

## 【操作3】

㉜ セル G13（結合セル）をクリックします。

㉝ ［数式］タブの ⊞［その他の関数］ボタンをクリックします。

㉞ ［統計］の一覧から［COUNTIFS］をクリックします。

㉟ COUNTIFS 関数の［関数の引数］ダイアログボックスが表示されるので、［検索条件範囲1］ボックスにカーソルが表示されていることを確認し、セル B4 ～ B56 を範囲選択します。

㊱ ［検索条件範囲1］ボックスに「B4:B56」と表示されます。

㊲ ［検索条件1］ボックスをクリックし、セル G11 をクリックします。

㊳ ［検索条件1］ボックスに「G11」と表示されます。

㊴ ［検索条件範囲2］ボックスをクリックし、セル E4 ～ E56 を範囲選択します。

㊵ ［検索条件範囲2］ボックスに「E4:E56」と表示されます。

㊶ ［検索条件2］ボックスをクリックし、「"<>"&」と入力します。

㊷ セル G12 をクリックします。

㊸ ［検索条件2］ボックスに「"<>"&G12」と表示されます。

㊹ ［数式の結果 =］に「9」が表示されます。

㊺ ［OK］をクリックします。

㊻ 数式バーに「=COUNTIFS(B4:B56,G11,E4:E56, "<>"&G12)」と表示されます。

㊼ セル G13 に、商品種別がセル G13 の「日本酒」で、かつサイト名がセル G12 の
「shopBP」でない行の数「9」が表示されます。

## 3-1-9　MAXIFS 関数、MINIFS 関数を使って論理演算を行う

### 練習問題

問題フォルダー
└ 問題 3-1-9.xlsx

解答フォルダー
└ 解答 3-1-9.xlsx

MAXIFS 関数を使って、セル I3 に 30 代会員の最大利用時間を求めます。

30 代会員の最大利用時間を求める

MAXIFS（マックスイフエス）関数、MINIFS（ミニマムイフエス）関数を使用すると、対象のセル範囲の中で、指定した複数の条件をすべて満たすデータに対応するセルの最大値、最小値を求めることができます。

## ●MAXIFS 関数

| 書 式 | =MAXIFS( **最大範囲** , **条件範囲 1** , **条件 1** , **条件範囲 2** , **条件 2** ,……) |
|---|---|
| 引 数 | **最大範囲**：最大値を求めるセル範囲を指定する<br>**条件範囲**：検索対象となるセル範囲を最低 1 つ指定する。複数のセル範囲を指定する場合は、必ず同じサイズ（行数×列数）にする必要がある<br>**条　件**：最大値を求めるセルを特定するための条件を数値、セル参照、数式、文字列で指定する<br>**条件範囲**を複数指定した場合は、必ずそれぞれに条件を指定する必要がある |
| 戻り値 | 指定したすべての**条件範囲**で、対応するすべての条件を満たすデータに対応する、**最大範囲**のセルの最大値を返す |

例）セル B2 ～ B8 で「営業部」の文字列、セル C2 ～ C8 で「交際費」の文字列を検索し、この 2 つの条件を満たすデータの、対応するセル D2 ～ D8 の最大値を求める

**=MAXIFS(D2:D8,B2:B8," 営業部 ",C2:C8," 交際費 ")**

| D10 | ✓ : × ✓ fx | =MAXIFS(D2:D8,B2:B8,"営業部",C2:C8,"交際費") |

| | A | B | C | D | E | F | G |
|---|---|---|---|---|---|---|---|
| 1 | 日付 | 部署 | 費目 | 金額 | | | |
| 2 | 4月4日 | 総務部 | 資材購入費 | 12,500 | | | |
| 3 | 4月5日 | 営業部 | 交際費 | 27,800 | | | |
| 4 | 4月10日 | 営業部 | 出張旅費 | 7,860 | | | |
| 5 | 4月16日 | 営業部 | 交際費 | 15,600 | | | |
| 6 | 4月22日 | 総務部 | 資材購入費 | 24,600 | | | |
| 7 | 4月23日 | 営業部 | 出張旅費 | 23,400 | | | |
| 8 | 4月25日 | 企画部 | 交際費 | 18,900 | | | |
| 9 | | | | | | | |
| 10 | 「営業部」の「交際費」の最大金額 | | | 27,800 | | | |
| 11 | | | | | | | |

セル B2 ～ B8 で「営業部」、セル C2 ～ C8 で「交際費」を検索し、両方の条件を満たすデータの、対応するセル D2 ～ D8 の最大値を求める

## ●MINIFS 関数

| 書 式 | =MINIFS( **最小範囲** , **条件範囲 1** , **条件 1** , **条件範囲 2** , **条件 2** ,……) |
|---|---|
| 引 数 | **最小範囲**：最小値を求めるセル範囲を指定する<br>**条件範囲**：検索対象となるセル範囲を最低 1 つ指定する。複数のセル範囲を指定する場合は、必ず同じサイズ（行数×列数）にする必要がある<br>**条　件**：最小値を求めるセルを特定するための条件を数値、セル参照、数式、文字列で指定する<br>条件範囲を複数指定した場合は、必ずそれぞれに条件を指定する必要がある |
| 戻り値 | 指定したすべての**条件範囲**で、対応するすべての条件を満たすデータに対応する、**最小範囲**のセルの最小値を返す |

例）セル B2 ～ B8 で「営業部」の文字列、セル C2 ～ C8 で「交際費」の文字列を検索し、この 2 つの条件を満たすデータの、対応するセル D2 ～ D8 の最小値を求める

**=MINIFS(D2:D8,B2:B8," 営業部 ",C2:C8," 交際費 ")**

なお、MAXIFS 関数および MINIFS 関数の引数「条件」には、いずれも検索したいデータ（数値または文字列など）を直接指定するほか、比較演算子（「3-1-2」参照）およびワイルドカード（「3-1-5」参照 ) を使用できます。

## 操作手順

**【操作1】**

❶ セル I3 をクリックします。

❷ ［数式］タブの [その他の関数] ［その他の関数］ボタンをクリックします。

❸ ［統計］の一覧から［MAXIFS］をクリックします。

**★ヒント**

**構造化参照**

手順❹でテーブル内のセル範囲を選択しているため、手順❺の［最大範囲］ボックスには構造化参照（「3-1-7」参照）の「利用記録 [ 利用時間 ]」が表示されます。これは、テーブル「利用記録」の「利用時間」の列を表しています。

**その他の操作方法**

**条件範囲の指定**

作業時間を短縮するため、［条件範囲2］、［条件範囲3］ボックスの指定は、［条件範囲1］ボックスの構造化参照をコピーして使用しています。手順❻と同様に［条件範囲2］ボックスはセルF4～F30、［条件範囲3］ボックスはG4～G30を範囲選択して指定してもかまいません。

**その他の操作方法**

**条件に年齢を指定する**

ここでは、39才以下を指定するために［条件2］ボックスに「<=39」と入力していますが、年齢は整数で入力されているので「<40」としても、39才以下が検索されます。

❹ MAXIFS 関数の［関数の引数］ダイアログボックスが表示されるので、［最大範囲］ボックスにカーソルが表示されていることを確認し、セル C4 ～ C30 を範囲選択します。

❺ ［最大範囲］ボックスに「利用記録 [ 利用時間 ]」と表示されます。

❻ ［条件範囲1］ボックスをクリックし、セル F4 ～ F30 を範囲選択します。

❼ ［条件範囲1］ボックスに「利用記録 [ 年齢 ]」と表示されます。

❽ ［条件1］ボックスをクリックし、「>=30」と入力します。

※その後、他のボックスをクリックすると「">=30"」と「"」（ダブルクォーテーション）で囲まれて表示されます。

❾ ［条件範囲1］ボックスの「利用記録 [ 年齢 ]」をドラッグし、**Ctrl** + **C** キーを押します。

❿ ［条件範囲2］ボックスをクリックし、**Ctrl** + **V** キーを押します。

⓫ ［条件範囲2］ボックスに「利用記録 [ 年齢 ]」と表示されます。

⓬ ［条件2］ボックスをクリックし、「<=39」と入力します。

※その後、他のボックスをクリックすると「"<=39"」と「"」（ダブルクォーテーション）で囲まれて表示されます。

⑬ ［条件範囲 3］ ボックスをクリックし、**Ctrl** + **V** キーを押します。

※ ［条件範囲 3］ ボックスが表示されていない場合は、ダイアログボックス内のスクロールバーを使用して表示します。

⑭ ［条件範囲 3］ ボックスに「利用記録 [ 年齢 ]」と表示されるので、「利用記録 [ 会員種別 ]」に変更します。

⑮ ［条件 3］ ボックスをクリックし、「会員」と入力します。

⑯ ［OK］ をクリックします。

第 **3** 章

高度な機能を使用した数式およびマクロの作成

⑰ 数式バーに「=MAXIFS( 利用記録 [ 利用時間 ],利用記録 [ 年齢 ],">=30",利用記録 [ 年齢 ],"<=39",利用記録 [ 会員種別 ]," 会員 ")」と表示されたことを確認します。

⑱ セル I5 に、年齢が 30 歳以上 39 歳以下で、かつ会員種別が「会員」の利用時間のセルの最大値「3:53」が表示されます。

**★ヒント**
**数式の結果の確認**
手順 ⑯ の状態では、［関数の引数］ダイアログボックスの ［条件 3］ボックスの条件が「"」（ダブルクォーテーション）で囲まれていないため計算が行われず、［数式の結果 =］ に「0:00」が表示されています。他のボックスをクリックすると「"」で囲まれ計算が行われて、［数式の結果 =］ に「3:53」が表示されます。

**★ヒント**
**時間の表示**
セル I3 およびセル C4 ～ C30 にはあらかじめユーザ定義の表示形式「h:mm」が設定されているため、数値が「時間：分」の形式で表示されます。

**IFS 関数を使って論理演算を行う**

## 練習問題

問題フォルダー
└ 問題 3-1-10.xlsx

解答フォルダー
└ 解答 3-1-10.xlsx

IFS 関数を使用して、セル範囲 G4:G15 に、合計点が 170 点以上のときは「A」、平均点以上のときは「B」、それ以外は「C」を表示します。

## 機能の解説

重要用語

□ IFS 関数
□ 1 つ以上の条件に対して
順に条件が満たされてい
るかどうかを確認し、最
初に真となった条件に対
応する値を求める
□ 比較演算子
□ ワイルドカード

**ヒント**

IFS 関数
Microsoft Office 2019 お よ び
Microsoft 365 で使用できるよう
になった関数です。

IFS（イフエス）関数を使用すると、1 つ以上の条件に対して順に条件が満たされているかどうかを確認し、最初に真となった条件に対応する値を求めることができます。

### ●IFS 関数

| 書　式 | =IFS( 論理式 1, 値が真の場合 1, 論理式 2, 値が真の場合 2,……) |
| --- | --- |
| 引　数 | **論理式 1**：論理値（「TRUE」または「FALSE」）を取得する値または式を指定する<br>**値が真の場合 1**： 論理式 1 を満たす（結果が「TRUE」になる）場合に返す値を指定する |
| 戻り値 | **論理式 1** を満たす場合は**値が真の場合 1** の値を返し、満たさない場合は**論理式 2** を調べる。以降は、**論理式 2** を満たす場合は**値が真の場合 2** の値を返し、満たさない場合は**論理式 3** を調べる…というように、複数の条件を順に調べた結果に応じて、異なる値を返す |

例）予約媒体コードが「W」のときは「Web」、「T」のときは「電話」、それ以外のときは「その他」と表示する

=IFS(D3="W","Web",D3="T"," 電話 ",TRUE," その他 ")

| | A | B | C | D | E | F | G |
|---|---|---|---|---|---|---|---|
| 1 | 予約媒体コード：W…Web、T…電話、R…前回来店時、I…紹介 | | | | | | |
| 2 | 予約日 | 時間 | 氏名 | 予約媒体<br>コード | 予約媒体 | | |
| 3 | 10月1日 | 11:00 | サトウ ミツヨ | W | Web | | |
| 4 | 10月1日 | 15:00 | スギヤマ サナエ | T | 電話 | | |
| 5 | 10月2日 | 14:00 | ヨコウチ ユウキ | W | Web | | |
| 6 | 10月3日 | 11:00 | ムラカミ アイ | R | その他 | | |
| 7 | 10月3日 | 14:00 | イトウ ミキト | W | Web | | |
| 8 | 10月3日 | 16:00 | ササキ ナナミ | I | その他 | | |
| 9 | | | | | | | |

E3 =IFS(D3="W","Web",D3="T","電話",TRUE,"その他")

> セル D3 が「W」のときは「Web」、「T」のときは「電話」、それ以外のときは「その他」と表示する

なお、IFS 関数の引数「論理式」には、検索したいデータ（数値または文字列など）を直接指定するほか、比較演算子（「3-1-2」参照）およびワイルドカード（「3-1-5」参照）を使用できます。また、既定の結果を指定するときには、最後の論理式に「TRUE」や「1＝1」など必ず真となる条件を入力します。既定の結果は必ずしも指定する必要はありませんが、あてはまる条件がない場合はエラー値「#N/A」が返されます。

## 操作手順

**【操作 1】**

❶ セル G4 をクリックします。

❷ ［数式］タブの ［論理］ボタンをクリックします。

❸ 一覧から［IFS］をクリックします。

④IFS 関数の［関数の引数］ダイアログボックスが表示されるので、［論理式 1］ボックスにカーソルが表示されていることを確認し、セル F4 をクリックします。

⑤［論理式 1］ボックスに「F4」と表示されるので、続けて「>=170」と入力します。

⑥［値が真の場合 1］ボックスをクリックし、「A」と入力します。

※その後、他のボックスをクリックすると「"A"」と「"」（ダブルクォーテーション）で囲まれて表示されます。

⑦［論理式 2］ボックスをクリックし、セル F4 をクリックします。

⑧［論理式 2］ボックスに「F4」と表示されるので、続けて「>=」と入力し、F16 をクリックします。

⑨［論理式 2］ボックスに「F16」と表示されるので、**F4** キーを押して、「$F$16」にします。

⑩［値が真の場合 2］ボックスをクリックし、「B」と入力します。

※その後、他のボックスをクリックすると「"B"」と「"」（ダブルクォーテーション）で囲まれて表示されます。

★ ヒント

**IFS 関数で比較演算子を使用する場合**

SUMIF 関数、AVERAGEIF 関数などでは引数「検索条件」に比較演算子とともに数値を指定する場合は式全体を「"」（ダブルクォーテーション）で囲みましたが、IFS 関数で引数「論理式」に比較演算子を使用する場合は「"」（ダブルクォーテーション）は不要です。これは IF 関数と同様です。

⑪［論理式 3］ボックスをクリックし、「TRUE」と入力します。

⑫［値が真の場合 3］ボックスをクリックし、「C」と入力します。

※［値が真の場合 3］ボックスが表示されていない場合は、ダイアログボックス内のスクロールバーを使用して表示します。

⑬［OK］をクリックします。

★ ヒント

**論理式に「TRUE」を入力する理由**

最後の論理式を「TRUE」にすることで、直前までの論理式に該当しなかったものすべて、つまり「それ以外」を対象にすることができます。

★ ヒント

**数式の結果の確認**

手順⑬の状態では、［関数の引数］ダイアログボックスの［値が真の場合 3］ボックスの文字列が「"」（ダブルクォーテーション）で囲まれていないため計算が行われず、［数式の結果 =］に何も表示されません。他のボックスをクリックすると「"」で囲まれ計算が行われて、［数式の結果 =］に「A」が表示されます。

⑭数式バーに「=IFS(F4>=170,"A",F4>=$F$14,"B",TRUE,"C")」と表示されたことを確認します。

⑮セルC4に、「A」が表示されます。

⑯セルG4の右下のフィルハンドルをポイントします。

⑰マウスポインターの形が ✚ になったら、ダブルクリックします。

⑱セルG4の数式がセルG5～G15にコピーされ、各行の合計に応じて「A」「B」「C」が表示されます。

第3章 高度な機能を使用した数式およびマクロの作成

## 練習問題

問題フォルダー
└ 問題 3-1-11.xlsx

解答フォルダー
└ 解答 3-1- 11.xlsx

**【操作 1】** SWITCH 関数を使用して、セル C4（結合セル）に、セル B4（結合セル）で選択した種類に応じて、料金システム表を参照して、大人、中高生、子供の入場料を表示します。なお、それ以外の種類を選択した場合は「窓口で確認」と表示します。

**【操作 2】** セル B4 のリストから「団体割引（10 人以上）」を選択し、セル C4 に「窓口で確認」と表示します。

## 機能の解説

**重要用語**

☐ SWITCH 関数

☐ 式を値の一覧で順に比較し、最初に一致する値に対応する結果を求める

SWITCH（スイッチ）関数を使用すると、式を値の一覧で順に比較し、最初に一致する値に対応する結果を求めることができます。

### ●SWITCH 関数

| 書 式 | =SWITCH( **式** , **値 1** , **結果 1** , **既定または値 2** , **結果 2** , …… ) |
| --- | --- |
| 引 数 | **式** ：**値 1** と比較される値を計算<br>**値 1** ：**式**の計算結果と比較される値<br>**結果 1**：**式**の計算結果が、**値 1** と一致する場合に返す値を指定する<br>**既 定**：**値**に**式**と一致するものがない場合に返される値を指定する（省略可） |
| 戻り値 | 式の計算結果が**値 1** と一致する場合は**結果 1** の値を返し、一致しない場合は**値 2** を調べる。以降は、**値 2** と一致する場合は**結果 2** の値を返し、満たさない場合は**値 3** を調べる…というように、複数の**値**を調べた結果に応じて、異なる値を返す。**値**に**式**と一致するものがない場合は**既定**の値を返す |

**ヒント**

SWITCH 関数

Microsoft Office 2019 および Microsoft 365 で使用できるようになった関数です。

例) 予約媒体コードが「W」のときは「Web」、「T」のときは「電話」、それ以外のときは「その他」と表示する

=SWITCH(D3,"W","Web","T"," 電話 "," その他 ")

セル D3 が「W」のときは「Web」、「T」のときは「電話」、それ以外のときは「その他」と表示する

既定の結果を指定するときには、引数「既定」を入力します。引数「既定」は必ずしも指定する必要はありませんが、一致する値がない場合はエラー値「#N/A」が返されます。

## 操作手順

**【操作 1】**

❶ セル C4（結合セル）をクリックします。

❷ ［数式］タブの ［論理］ボタンをクリックします。

❸ 一覧から［SWITCH］をクリックします。

❹ SWITCH 関数の［関数の引数］ダイアログボックスが表示されるので、［式］ボックスにカーソルが表示されていることを確認し、セル B4（結合セル）をクリックします。

❺ ［式］ボックスに「B4」と表示されます。

❻ ［値 1］ボックスをクリックし、セル E3 をクリックします。

❼ ［値 1］ボックスに「E3」と表示されます。

⑧ ［結果 1］ボックスをクリックし、セル F3 をクリックします。

⑨ ［結果 1］ボックス「F3」と表示されます。

⑩ ［既定または値 2］ボックスをクリックし、セル E4 をクリックします。

⑪ ［既定または値 2］ボックスに「E4」と表示されます。

⑫ ［結果 2］ボックスをクリックし、セル F4 をクリックします。

⑬ ［結果 2］ボックス「F4」と表示されます。

⑭ ［既定または値 3］ボックスをクリックし、セル E5 をクリックします。

※ ［既定または値 3］ボックスが表示されていない場合は、ダイアログボックス内の
　 スクロールバーを使用して表示します。

⑮ ［既定または値 3］ボックスに「E5」と表示されます。

⑯ ［結果 3］ボックスをクリックし、セル F5 をクリックします。

⑰ ［結果 3］ボックス「F5」と表示されます。

⑱ ［既定または値 4］ボックスをクリックし、「窓口で確認」と入力します。

※その後、他のボックスをクリックすると「" 窓口で確認 "」と「"」（ダブルクォーテー
　 ション）で囲まれて表示されます。

⑲ ［数式の結果 =］にセル B4 の「大人」の入場料「¥2,200」が表示されます。

⑳ ［OK］をクリックします。

㉑ 数式バーに「**=SWITCH(B4,E3,F3,E4,F4,E5,F5," 窓口で確認 ")**」と表示された
ことを確認します。

㉒ セル C4 に、セル B4 の「大人」の入場料「¥2,200」が表示されます。

【操作 2】

㉓ セル B4 をクリックします。

㉔ セルの右側に▼が表示されるのでクリックします。

㉕ 一覧から［団体割引（10 人以上）］をクリックします。

㉖ セル B4 に「団体割引（10 人以上）」が表示されます。

㉗ セル C4 に「窓口で確認」と表示されます。

# 関数を使用してデータを検索する

1列または1行のセル範囲に入力されているデータの中から、関数を使用して指定の値を検索し、該当するデータを取り出すことができます。検索結果のデータそのもののほか、検索結果に対応する別の列（または行）のセルのデータを求めることも可能です。また、関数を使用して、指定の値が範囲内の何番目にあるかを求めたり、指定した行と列の交差するセルのデータを取り出したりすることができます。

## 3-2-1 VLOOKUP 関数、HLOOKUP 関数を使ってデータを検索する

### 練習問題

問題フォルダー
└問題 3-2-1.xlsx

解答フォルダー
└解答 3-2-1.xlsx

【操作 1】 VLOOKUP 関数を使用して、セル B3 に、セル A3 に入力した受験番号に応じた教室名が表示されるようにします。

【操作 2】 VLOOKUP 関数を使用して、セル F3 に、セル E3 に入力した特別講習の科目名に応じた料金が表示されるようにします。

【操作 3】 HLOOKUP 関数を使用して、セル B14 に、セル A14 に入力した級に応じた試験時間が表示されるようにします。

### 機能の解説

□ VLOOKUP 関数

□ 指定したセル範囲の左端の列で指定の値を検索し、見つかったセルと同じ行で、指定した列にあるセルのデータを取り出す

VLOOKUP（ブイルックアップ）関数を使用すると、指定したセル範囲の左端の列で指定の値を検索し、見つかったセルと同じ行で、指定した列にあるセルのデータを取り出すことができます。

□ ワイルドカード

□ HLOOKUP 関数

□ 指定したセル範囲の上端
の行で指定の値を検索し、
見つかったセルと同じ列
で、指定した行にあるセ
ルのデータを取り出す

● VLOOKUP 関数

| 書　式 | VLOOKUP ( 検索値 , 範囲 , 列番号 , 検索方法 ) | | |
|---|---|---|---|
| 引　数 | 検索値：検索する値を指定する<br>範　囲：検索対象となる列が左端で、目的のデータが含まれる表のセル範囲を指定する<br>列番号：目的のデータが含まれる列を、範囲の左端から数えた番号で指定する<br>検索方法：論理値「TRUE」または「FALSE」を指定する。省略時は「TRUE」と見なされる | | |
| 戻り値 | 検索値を範囲の左端列で検索し、該当した行の列番号で指定された列の値を返す | | |

引数「検索値」には、ワイルドカード「(3-1-5」参照）を使用できます。引数「検索方法」には、「検索値」と完全に一致する値だけを検索する場合は「FALSE」を指定します。

例）セル A1 の検索値をセル範囲 C1 ～ F5 の左端列（C 列）で検索し、該当した行の 3
列目の値を返す

### =VLOOKUP(A1,C1:F5,3,FALSE)

VLOOKUP 関数の概念図

また、数値で検索するときに、引数「範囲」内に引数「検索値」と完全に一致する値がない場合、「検索値」以下の最大値を検索できます。それには、引数「検索方法」に「TRUE」を指定するか、この引数を省略します。この場合、左端の列の昇順で表を並べ替えておく必要があります。

一方、指定したセル範囲の上端の行で指定の値を検索し、見つかったセルと同じ列で、指定した行にあるセルのデータを取り出す場合は、HLOOKUP（エイチルックアップ）関数を利用します。

● HLOOKUP 関数

| 書　式 | HLOOKUP ( 検索値 , 範囲 , 行番号 , 検索方法 ) | | |
|---|---|---|---|
| 引　数 | 検索値：検索する値を指定する<br>範　囲：検索対象となる行が上端で、目的のデータが含まれる表のセル範囲を指定する<br>行番号：目的のデータが含まれる行を、範囲の上端から数えた番号で指定する<br>検索方法：論理値「TRUE」または「FALSE」を指定する。省略時は「TRUE」と見なされる | | |
| 戻り値 | 検索値を範囲の上端行で検索し、該当した列の行番号で指定された行の値を返す | | |

引数「検索値」や引数「検索方法」などの指定方法については VLOOKUP 関数と同じです。

**！ポイント**

**文字列で検索する場合は「FALSE」を指定する**

文字列で検索する場合、引数「検索方法」には必ず「FALSE」を指定します。「TRUE」を指定したり、この引数を省略したりすると、正しい結果が得られない場合があります。

第 **3** 章

高度な機能を使用した数式およびマクロの作成

例）セル A1 の検索値をセル範囲 C1 〜 F4 の上端行（1 行目）で検索し、該当した列の
3 行目の値を返す

**=HLOOKUP(A1,C1:F4,3,FALSE)**

HLOOKUP 関数の概念図

**操作手順**

【操作 1】

❶ セル B3 をクリックします。

❷ ［数式］タブの ［検索 / 行列］ボタンをクリックします。

❸ 一覧から［VLOOKUP］をクリックします。

❹ VLOOKUP 関数の［関数の引数］ダイアログボックスが表示されるので、［検索値］
ボックスにカーソルが表示されていることを確認し、セル A3 をクリックします。

❺ ［検索値］ボックスに「A3」と表示されます。

❻ ［範囲］ボックスをクリックし、セル A7 〜 C10 を範囲選択します。

❼ ［範囲］ボックスに「A7:C10」と表示されます。

❽ ［列番号］ボックスをクリックし、「3」と入力します。

❾ ［検索方法］ボックスをクリックし、「TRUE」と入力します。

❿ ［数式の結果 =］に、セル A3 の受験番号「694」の受験会場「5 号館 3 番 2 号」が
表示されていることを確認します。

## ポイント

**検索の方法**

ここでは、【受験会場一覧】の列Aの数値を検索対象として、列Cの教室番号を取り出します。列Aの数値は「1」「301」「501」…と不均等な間隔で並んでいますが、引数「検索方法」に「TRUE」を指定すると、「1以上301未満」「301以上501未満」「501以上751未満」…の数値がそれぞれの行に合致します。最終行は、751以上のすべての数値に合致します。

## その他の操作方法

**検索方法の指定**

ここでは、VLOOKUP関数の引数「検索方法」に「TRUE」を指定していますが、この指定は省略してもかまいません。

⑪[OK]をクリックします。

⑫ 数式バーに「=VLOOKUP(A3,A7:C10,3,TRUE)」と表示されたことを確認します。

⑬ セルB3に、セルA3の受験番号の受験会場「5号館3階2番」が表示されます。

## 【操作2】

⑭ セルF3をクリックします。

⑮[数式]タブの[検索/行列]ボタンをクリックします。

⑯ 一覧から[VLOOKUP]をクリックします。

⑰ VLOOKUP 関数の［関数の引数］ダイアログボックスが表示されるので、［検索値］ボックスにカーソルが表示されていることを確認し、セル E3 をクリックします。

⑱ ［検索値］ボックスに「E3」と表示されます。

⑲ ［範囲］ボックスをクリックし、セル E7～F10 を範囲選択します。

⑳ ［範囲］ボックスに「E7:F10」と表示されます。

㉑ ［列番号］ボックスをクリックし、「2」と入力します。

㉒ ［検索方法］ボックスをクリックし、「FALSE」と入力します。

㉓ ［数式の結果 =］に、セル F3 の科目名「リスニング」の料金「22,000」が表示されていることを確認します。

㉔ ［OK］をクリックします。

㉕ 数式バーに「=VLOOKUP(E3,E7:F10,2,FALSE)」と表示されたことを確認します。

㉖ セル F3 にセル E3 の「リスニング」に該当する料金の「22,000」が表示されます。

**ポイント**

**検索の方法**
特別講習料金を検索する場合は、引数「検索方法」に「FALSE」を指定することで、指定した科目名に完全に一致するセルだけが検索されます。

【操作3】

㉗ セル B14 をクリックします。

㉘［数式］タブの [検索/行列] [検索 / 行列] ボタンをクリックします。

㉙ 一覧から［HLOOKUP］をクリックします。

㉚ HLOOKUP 関数の［関数の引数］ダイアログボックスが表示されるので、［検索値］ボックスにカーソルが表示されていることを確認し、セル A14 をクリックします。

㉛［検索値］ボックスに「A14」と表示されます。

㉜［範囲］ボックスをクリックし、セル B17 ～ H20 を範囲選択します。

㉝［範囲］ボックスに「B17:H20」と表示されます。

㉞［行番号］ボックスをクリックし、「4」と入力します。

㉟［検索方法］ボックスをクリックし、「FALSE」と入力します。

㊱［数式の結果＝］に、セル A14 の「準 2 級」の試験時間「9:30 ～ 11:40」が表示されていることを確認します。

㊲［OK］をクリックします。

ポイント

検索の方法
試験時間を検索する例の場合は、引数「検索方法」に「FALSE」を指定することで、指定した級に完全に一致するセルだけが検索されます。

第3章 高度な機能を使用した数式およびマクロの作成

㊳ 数式バーに「=HLOOKUP(A14,B17:H20,4,FALSE)」と表示されたことを確認します。

㊴ セル B14 に、セル A14 の「準 2 級」の試験時間「9:30 ～ 11:40」が表示されます。

## 3-2-2 XLOOKUP 関数を使ってデータを検索する

### 練習問題

問題フォルダー
└ 問題 3-2-2.xlsx

解答フォルダー
└ 解答 3-2-2.xlsx

XLOOKUP 関数を使用して、セル範囲 E4:F17 に、同じ行のコードに対応するツアー名と所要時間を表示します。なお、コードが未入力の場合は空白にします。

□ XLOOKUP 関数

□ 値を指定した範囲で検索し、指定された範囲から該当する値を取り出す

★ヒント
**XLOOKUP 関数**
Microsoft Office 2021 および Microsoft 365 で使用できるようになった関数です。

XLOOKUP（エックスルックアップ）関数を使用すると、値を指定した範囲で検索し、指定された範囲から該当する値を取り出すことができます。

検索値は VLOOKUP 関数では検索する範囲の左端列、HLOOKUP 関数では上端行にある必要がありましたが、XLOOKUP 関数では検索する範囲および戻り値の範囲をそれぞれ指定できるため、位置は問いません。また、検査値が見つからない場合に表示する文字列や空白を指定できるので、エラーを回避するために IF 関数などと組み合わせる必要がなくなりました。さらに、近似値を検索する場合に、表を昇順に並べ替えておく必要もなくなりました。

● **XLOOKUP 関数**

| 書　式 | **XLOOKUP( 検索値 , 検索範囲 , 戻り範囲 [, 見つからない場合 ][, 一致モード ][, 検索モード ])** |
|---|---|
| 引　数 | **検 査 値**：**検索範囲**で検索する値を指定する<br>**検 索 範 囲**：目的のデータが含まれるセル範囲を指定する<br>**戻 り 範 囲**：値を取り出すセル範囲を指定する<br>**見つからない場合**：検索値が見つからなかった場合に返される値を指定する<br>**一致モード**：一致の方法を「0」、「-1」、「1」、「2」の数値で指定する<br>**検索モード**：使用する検索モードを「1」、「-1」、「2」、「-2」の数値で指定する |
| 戻り値 | **検索値**を**検索範囲**で検索し、該当した位置の**戻り範囲**の値を返す |

引数「検索値」には、ワイルドカード（「3-1-5」参照）を使用できます。

引数「一致モード」の指定

| 数値 | 検索される項目 |
|---|---|
| 0 または省略 | 完全一致 |
| -1 | 完全一致または次に小さい項目 |
| 1 | 完全一致または次に大きい項目 |
| 2 | ワイルドカード文字との一致 |

引数「検索モード」の指定

| 数値 | 検索される項目 |
|---|---|
| 1 または省略 | 先頭の項目から検索 |
| -1 | 末尾の項目から逆方向に検索 |
| 2 | 昇順で並べ替えられた検索範囲を使用してバイナリ検索 |
| -2 | 降順で並べ替えられた検索範囲を使用してバイナリ検索 |

★ヒント
**バイナリ検索**
対象が並べ替えられている場合に適用できる高度な検索手法。

第**3**章

高度な機能を使用した数式およびマクロの作成

例）セルB3の検索値を検索範囲I3～I6で検索し、該当した行の戻り範囲G3～G7の値を返す。該当する値がない場合は空白を返す。

**=XLOOKUP(B3,I3:I6,G3:G7,"")**

セルB3の値をセルI3～I6で検索し、該当する行のG3～G7の値を表示する。該当する値がない場合は空白を表示する

●スピル機能

Microsoft 365の新機能「スピル」（spill）は、「こぼれる、あふれる」を意味し、数式を入力したセルから結果があふれて隣接するセルにも自動的に表示されます。

たとえば、下の表で、XLOOKUP関数の引数「戻り範囲」に商品一覧の商品名から単価までの範囲を指定すると（この場合は$G$3:$H$6）、商品名と、隣接するセルに自動的に単価が表示されます。

引数「戻り範囲」に、商品一覧の商品名から単価の範囲を指定すると、商品名と単価が同時に表示される

XLOOKUP関数の引数「検索値」に売上一覧の商品ID列の範囲を指定すると（下の場合はB3:B7）、商品名の列に各行の商品IDに対応する商品名が表示されます。

引数「検索値」に売上一覧の商品ID列の範囲を指定すると、各行に商品名が表示される

スピルによって自動的に結果が表示されたセルを「ゴースト」と呼びます。ゴーストのセルをクリックすると、数式バーの数式が淡色表示になっています。ゴーストのセルを**Delete**キーを押して削除しても自動的に復活するため削除できません。ゴーストのセルの数式を削除するには、スピル元のセルの数式を削除します。

XLOOKUP関数で表示された商品名に隣接する単価のセルをアクティブにした状態

数式が淡色表示になっている

ゴーストのセル

また、ゴーストのセルに任意の値を入力すると、元の数式が入力されているセルに「＃ス
ピル！」というエラーが表示されます。

ゴーストのセルに任意の値を入力した状態

ゴーストのセルに値を入力すると、元の数式の
セルに「＃スピル！」というエラーが表示される

## 操作手順

**【操作 1】**

❶ セル E4 をクリックします。

❷ ［数式］タブの ▦ ［検索／行列］ボタンをクリックします。

❸ 一覧から ［XLOOKUP］をクリックします。

❹ XLOOKUP 関数の ［関数の引数］ダイアログボックスが表示されるので、［検索値］
ボックスにカーソルが表示されていることを確認し、セル D4 をクリックします。

❺ ［検索値］ボックスに「D4」と表示されます。

❻ ［検索範囲］ボックスをクリックし、セル L4 ～ L13 を範囲選択します。

❼ 絶対参照にするために **F4** キーを押します。

❽ ［検索範囲］ボックスに「$L$4:$L$13」と表示されたことを確認します。

❾ ［戻り範囲］ボックスをクリックし、セル H4 ～ I13 を範囲選択します。

❿ 絶対参照にするために **F4** キーを押します。

⑪［戻り範囲］ボックスに「$H$4:$I$13」と表示されたことを確認します。

⑫［見つからない場合］ボックスをクリックし、「""」（ダブルクォーテーション２つ）を入力します。

⑬［一致モード］ボックスには何も入力せずに［OK］をクリックします。

⑭ 数式バーに「=XLOOKUP(D4,$L$4:$L$13,$H$4:$I$13,"")」と表示されたことを確認します。

⑮ セル E4 にセル D4 のコード「P02」のツアー名「パリ市内半日観光（午前）」が表示されます。

⑯ スピル機能により、隣接するセル F4 にコード「P02」の所要時間「3 時間」が表示されます。

⑰ セル E4 の右下のフィルハンドルをポイントします。

⑱ マウスポインターの形が ✚ に変わったらセル E17 までドラッグします。

⑲ セル E4 の数式がセル E5 〜 E17 にコピーされ、同じ行のコードに対応するツアー名が表示されます。コードが未入力の場合は空白になります。

⑳ スピル機能により、隣接するセル F5 〜 F17 に、同じコードに対応する所要時間が表示されます。コードが未入力の場合は空白になります。

## 練習問題

問題フォルダー
└ 問題 3-2-3.xlsx

解答フォルダー
└ 解答 3-2-3.xlsx

MATCH 関数を使用して、セル K4（結合セル）に、セル D4 に入力された駅名が、駅名一覧の何駅目にあるかを取得して表示します。

## 機能の解説

□ MATCH 関数

□ 指定された範囲内でデータを検索し、見つかったデータが範囲のどの位置にあるかを求める

MATCH（マッチ）関数を使うと、指定された範囲内でデータを検索し、見つかったデータが範囲のどの位置にあるかを求めることができます。

● MATCH 関数

| 書　式 | =MATCH( 検査値 , 検査範囲 [, 照合の範囲]) | | |
|---|---|---|---|
| 引　数 | 検　査　値：検索する値を数値、文字列、論理値やセル参照で指定する<br>検　査　範囲：目的のデータが含まれるセル範囲を指定する<br>照合の範囲：検索する方法を「1」、「0」、「-1」の数値で指定する | | |
| 戻り値 | 検査値を検査範囲で検索し、値が範囲内の何番目に位置するかを数値で返す | | |

例）セル A1 の値を、セル範囲 C1 ～ C5 で検索し、何番目にあるのかを返す

　　=MATCH(A1,C1:C5)

MATCH 関数の概念図

第3章

高度な機能を使用した数式およびマクロの作成

引数「照合の種類」には、一致するものがない場合、引数「検索値」以下の最大の値を検索する「1」または省略、完全に一致する値を検索する「0」、一致するものがない場合、検索値以上の最小の値を検索する「-1」の3種類があります。正しい値を取得するためには、あらかじめ引数「検索範囲」のデータを、照合の種類に「1」を指定する場合は昇順に、「-1」を指定する場合は降順に並べ替えておく必要があります。

## 操作手順

**【操作1】**

❶ セルK4（結合セル）をクリックします。

❷ ［数式］タブの ［検索／行列］ボタンをクリックします。

❸ 一覧から［MATCH］をクリックします。

❹ MATCH 関数の［関数の引数］ダイアログボックスが表示されるので、［検査値］ボックスにカーソルが表示されていることを確認し、セル D4（結合セル）をクリックします。

❺［検査値］ボックスに「D4」と表示されます。

❻［検査範囲］ボックスをクリックし、セル B2 ～ O2 を範囲選択します。

❼［検査範囲］ボックスに「B2:O2」と表示されます。

❽［照合の種類］ボックスをクリックし、「0」を入力します。

❾［数式の結果 =］に、「12」が表示されていることを確認します。

❿［OK］をクリックします。

**ポイント**

**照合の種類**
引数「照合の種類」に「0」を指定することで、引数「検索値」の値に完全に一致する値が検索されます。

⓫ 数式バーに「**=MATCH(D4,B2:O2,0)**」と表示されたことを確認します。

⓬ セル K4 に、セル D4 の駅名の、セル B2 ～ O2 の左からの位置「12」が表示されます。

# INDEX 関数を使ってデータを検索する

## 練習問題

問題フォルダー
└ 問題 3-2-4.xlsx

解答フォルダー
└ 解答 3-2-4.xlsx

INDEX 関数を使用して、セル B13 に、セル B10 に入力したサイズとセル B11 に入力した地域の宅配料金を料金一覧表から取得して表示します。

## 機能の解説

### 重要用語

□ INDEX 関数
□ 指定した行と列が交差するセルのデータやセル参照を取り出す

INDEX（インデックス）関数を使用すると、指定した行と列が交差するセルのデータやセル参照を取り出すことができます。

● INDEX 関数（配列形式）

| 書　式 | =INDEX( 配列 , 行番号 [, 列番号 ]) |
| --- | --- |
| 引　数 | **配　列**：目的のデータが含まれるセル範囲または配列定数を指定する<br>**行番号**：目的のデータが含まれる行を、**配列**の上端から数えた行数で指定する<br>**列番号**：目的のデータが含まれる列を、**配列**の左端から数えた列数で指定する |
| 戻り値 | **配列**内で、指定した**行**と**列**が交差する位置にあるセルの値を返す |

● INDEX 関数（セル範囲形式）

| 書　式 | =INDEX( 参照 , 行番号 [, 列番号 ] [, 領域番号 ]) |
| --- | --- |
| 引　数 | **参　　照**：目的のデータが含まれるセル範囲を、1 つまたは複数指定する<br>**行 番 号**：目的のデータが含まれる行を、**参照**の上端から数えた行数で指定する<br>**列 番 号**：目的のデータが含まれる列を、**参照**の左端から数えた列数で指定する<br>**領域番号**：複数の**参照**を指定したときに、何番目の**参照**から検索するのかを数値で指定する |
| 戻り値 | **配列**内で、指定した**行**と**列**が交差する位置にあるセルの値を返す |

### ★ヒント

引数の指定
引数「配列」が 1 行または 1 列の場合は、引数「行番号」または引数「列番号」を省略できます。

例）セル範囲 A1 ～ D3 の 2 行目と 3 列目が交差する位置にあるセルの値を返す

**=INDEX(A1:D3,2,3)**

INDEX 関数の概念図

---

**操作手順**

【操作 1】

❶ セル B13 をクリックします。

❷ ［数式］タブの [検索/行列] ［検索 / 行列］ ボタンをクリックします。

❸ 一覧から ［INDEX］ をクリックします。

**その他の操作方法**

引数の選択

ここでは ［配列, 行番号, 列番号］を選択し、INDEX 関数の配列形式として引数を指定しています。ただし、［参照, 行番号, 列番号, 領域番号］を選び、セル範囲形式の ［関数の引数］ ダイアログボックスで ［領域番号］ に「1」を指定しても、同じ結果が得られます。

❹ INDEX 関数の ［引数の選択］ ダイアログボックスが表示されるので、［引数］ ボックスの ［配列, 行番号, 列番号］ が選択されていることを確認します。

❺ ［OK］ をクリックします。

⑥INDEX 関数の［関数の引数］ダイアログボックスが表示されるので、［配列］ボックスにカーソルが表示されていることを確認し、セル B3 〜 I8 を範囲選択します。

⑦［範囲］ボックスに「B3:I8」と表示されます。

⑧［行番号］ボックスをクリックし、セル B10 をクリックします。

⑨［行番号］ボックスに「B10」と表示されます。

⑩［列番号］ボックスをクリックし、セル B11 をクリックします。

⑪［列番号］ボックスに「B11」と表示されます。

⑫［数式の結果 =］に、セル B10 のサイズ「3」とセル B11 の地域「5」の交差するセル F5 の値「1200」が表示されていることを確認します。

⑬［OK］をクリックします。

⑭数式バーに「=INDEX(B3:I8,B10,B11)」と表示されたことを確認します。

⑮セル B13 に、セル B10 のサイズ「3」とセル B11 の地域「5」の交差するセル F5 の値「1200」が表示されていることを確認します。

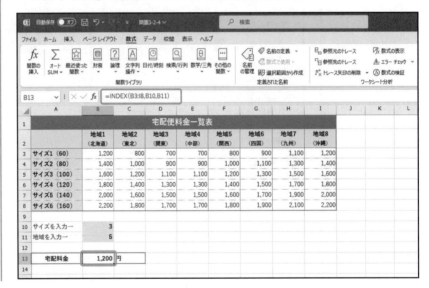

# 3-3 高度な日付と時刻の関数を使用する

Excelでは、日付や数値のデータも、数値の一種として処理することが可能です。具体的には、特定の日付や時刻を数式によって求めたり、日付同士または時刻同士の間隔を数値として求めたりといった処理です。こうした日付や時刻の計算で利用できる様々な日付／時刻関数が用意されています。

## 3-3-1 NOW関数、TODAY関数を使って日付や時刻を参照する

### 練習問題

問題フォルダー
└問題3-3-1.xlsx

解答フォルダー
└解答3-3-1.xlsx

※ただし、解答ファイルの日付、時刻は更新されるため、本書の画面とは異なります。

【操作1】TODAY関数を使用して、セルE2に、今日の日付を自動的に表示します。

【操作2】NOW関数を使用して、セルE3に、現在の時刻を自動的に表示します。ただし、セルE2に入力した今日の日付を利用して、日付を含まない、時刻だけのデータになるようにします。

【操作3】セル範囲C6:C10に、現在の時刻から使用開始時刻を引いた使用時間を表示する数式を入力します。

### 機能の解説

**重要用語**

☐ TODAY関数
☐ 今日の日付を表示する
☐ NOW関数
☐ 現在の日時を表示する
☐ シリアル値

TODAY（トゥデイ）関数を使用すると、今日の日付を自動的に表示することができます。この関数には引数は不要で、ブックを開いたときや他のセルへの入力などが行われた際に自動的に更新されます。

NOW（ナウ）関数を使用すると、現在の日時を自動的に表示することができます。この関数にも引数は不要で、TODAY関数同様、自動更新されます。

● TODAY 関数

| 書　式 | **TODAY()** |
|---|---|
| 引　数 | なし |
| 戻り値 | 今日の日付を返す |

● NOW 関数

| 書　式 | **NOW()** |
|---|---|
| 引　数 | なし |
| 戻り値 | 現在の日付と時刻を返す |

Excel の日付および時刻データは、内部的には、1900 年 1 月 1 日午前 0 時を起点（0）とし、日付を整数、時刻を小数で表す数値データ（シリアル値）として扱われています。「2024/1/1」という日付データを数値で表すと 45292 であり、「6:00」という時刻データを数値で表すと 0.25（1 日の 4 分の 1）になります。日付だけのデータに小数部はなく、時刻だけのデータの整数部は 0 ですが、日付・時刻を両方備えたデータも存在します。NOW 関数の戻り値も、現在の日付・時刻を表すシリアル値になります。日付や時刻のデータは数値なので、そのまま計算に使用することも可能です。

## 操作手順

【操作 1】

❶ セル E2 をクリックします。

| | A | B | C | D | E | F | G | H |
|---|---|---|---|---|---|---|---|---|
| 1 | 貸会議室使用状況 | | | | | | | |
| 2 | | | | 日付 | | | | |
| 3 | 時間料金 | 1,000 | | 現在時刻 | | | | |
| 4 | | | | | | | | |
| 5 | 部屋番号 | 使用開始時刻 | 使用時間 | 時間数 | 料金 | | | |
| 6 | 1 | 8:03 | | | | | | |
| 7 | 2 | 8:15 | | | | | | |

❷ ［数式］タブの ［日付 / 時刻］ボタンをクリックします。

❸ 一覧から［TODAY］をクリックします。

❹ TODAY 関数の［関数の引数］ダイアログボックスが表示され、「この関数には引数は必要ありません。」と表示されるので、［OK］をクリックします。

❺ 数式バーに「=TODAY()」と表示されたことを確認します。

❻ セル E2 に、今日の日付が表示されます。

| E2 | | | fx | =TODAY() | | | |
| --- | --- | --- | --- | --- | --- | --- | --- |
| | A | B | C | D | E | F | G | H |
| 1 | 貸会議室使用状況 | | | | | | |
| 2 | | | | 日付 | 2024/5/23 | | |
| 3 | 時間料金 | 1,000 | | 現在時刻 | | | |
| 4 | | | | | | | |
| 5 | 部屋番号 | 使用開始時刻 | 使用時間 | 時間数 | 料金 | | |
| 6 | 1 | 8:03 | | | | | |
| 7 | 2 | 8:15 | | | | | |
| 8 | 3 | 8:32 | | | | | |

**【操作2】**

❼ セル E3 をクリックします。

❽ 「=NOW()-」と入力します。

❾ セル E2 をクリックします。

❿ 「=NOW()-E2」と表示されたことを確認します。

⓫ **Enter** キーを押します。

| E2 | | | fx | =NOW()-E2 | | | |
| --- | --- | --- | --- | --- | --- | --- | --- |
| | A | B | C | D | E | F | G | H |
| 1 | 貸会議室使用状況 | | | | | | |
| 2 | | | | 日付 | 2024/5/23 | | |
| 3 | 時間料金 | 1,000 | | 現在時刻 | =NOW()-E2 | | |
| 4 | | | | | | | |
| 5 | 部屋番号 | 使用開始時刻 | 使用時間 | 時間数 | 料金 | | |
| 6 | 1 | 8:03 | | | | | |
| 7 | 2 | 8:15 | | | | | |
| 8 | 3 | 8:32 | | | | | |

⓬ セル E3 に現在の時刻が表示されます。

| E4 | | | fx | | | | |
| --- | --- | --- | --- | --- | --- | --- | --- |
| | A | B | C | D | E | F | G | H |
| 1 | 貸会議室使用状況 | | | | | | |
| 2 | | | | 日付 | 2024/5/23 | | |
| 3 | 時間料金 | 1,000 | | 現在時刻 | 11:47 | | |
| 4 | | | | | | | |
| 5 | 部屋番号 | 使用開始時刻 | 使用時間 | 時間数 | 料金 | | |
| 6 | 1 | 8:03 | | | | | |
| 7 | 2 | 8:15 | | | | | |
| 8 | 3 | 8:32 | | | | | |

## 【操作 3】

⑬ セル C6 をクリックします。

⑭ 「=」を入力します。

⑮ セル E3 をクリックし、絶対参照にするために **F4** キーを1回押して「$E$3」にします。

⑯ 「-」を入力します。

⑰ セル B6 をクリックします。

⑱ 「=$E$3-B6」と表示されていることを確認します。

⑲ **Enter** キーを押します。

| B6 | | ✗ ✓ *fx* | =$E$3-B6 | | | | | |
|---|---|---|---|---|---|---|---|---|
| | A | B | C | D | E | F | G | H |
| 1 | 貸会議室使用状況 | | | | | | | |
| 2 | | | | 日付 | 2024/5/23 | | | |
| 3 | 時間料金 | 1,000 | | 現在時刻 | 11:47 | | | |
| 4 | | | | | | | | |
| 5 | 部屋番号 | 使用開始時刻 | 使用時間 | 時間数 | 料金 | | | |
| 6 | 1 | 8:03 | =$E$3-B6 | | | | | |
| 7 | 2 | 8:15 | | | | | | |
| 8 | 3 | 8:32 | | | | | | |
| 9 | 4 | 8:54 | | | | | | |
| 10 | 5 | 9:07 | | | | | | |
| 11 | | | | | | | | |

⑳ セル C6 に、現在までの使用時間が表示されます。

㉑ セル C6 をクリックして、セルの右下のフィルハンドルをポイントします。

㉒ マウスポインターの形が **✚** に変わったら、ダブルクリックします。

| C6 | | ✗ ✓ *fx* | =$E$3-B6 | | | | | |
|---|---|---|---|---|---|---|---|---|
| | A | B | C | D | E | F | G | H |
| 1 | 貸会議室使用状況 | | | | | | | |
| 2 | | | | 日付 | 2024/5/23 | | | |
| 3 | 時間料金 | 1,000 | | 現在時刻 | 11:47 | | | |
| 4 | | | | | | | | |
| 5 | 部屋番号 | 使用開始時刻 | 使用時間 | 時間数 | 料金 | | | |
| 6 | 1 | 8:03 | 3:44 | | | | | |
| 7 | 2 | 8:15 | | | | | | |
| 8 | 3 | 8:32 | | | | | | |
| 9 | 4 | 8:54 | | | | | | |
| 10 | 5 | 9:07 | | | | | | |
| 11 | | | | | | | | |

㉓ セル C6 の数式がセル C7 ～ C10 にコピーされ、各部屋の使用時間が表示されます。

| C6 | | ✗ ✓ *fx* | =$E$3-B6 | | | | | |
|---|---|---|---|---|---|---|---|---|
| | A | B | C | D | E | F | G | H |
| 1 | 貸会議室使用状況 | | | | | | | |
| 2 | | | | 日付 | 2024/5/23 | | | |
| 3 | 時間料金 | 1,000 | | 現在時刻 | 11:47 | | | |
| 4 | | | | | | | | |
| 5 | 部屋番号 | 使用開始時刻 | 使用時間 | 時間数 | 料金 | | | |
| 6 | 1 | 8:03 | 3:44 | | | | | |
| 7 | 2 | 8:15 | 3:32 | | | | | |
| 8 | 3 | 8:32 | 3:15 | | | | | |
| 9 | 4 | 8:54 | 2:53 | | | | | |
| 10 | 5 | 9:07 | 2:40 | | | | | |
| 11 | | | | | | | | |
| 12 | | | | | | | | |

**★ヒント**

**使用時間の表示**
操作時の時刻がセル B6 ～ B10 の時刻より前だった場合は、使用時間の計算結果が負の値になるため、セル C6 ～ C10 にはエラー値「#####」が表示されます。

# WEEKDAY 関数、NETWORKDAYS 関数、WORKDAY関数を使って日にちを計算する

## 練習問題

問題フォルダー
└ 問題 3-3-2.xlsx

解答フォルダー
└ 解答 3-3-2.xlsx

【操作 1】 WORKDAY 関数を使用して、セル C3 に、セル A3 とセル B3 に入力した契約開始日と平日の契約日数から契約終了日を表示します。

【操作 2】 NETWORKDAYS 関数を使用して、セル G3 に、セル E3 とセル F3 に入力した作業開始日と作業完了予定日の間の平日の日数を表示します。

【操作 3】 WEEKDAY 関数を使用して、セル E6 に、セル E3 に入力した作業開始日の週の開始日以降の平日の日数を表示します。

※ここでいう「平日」は土日とセル範囲 I2:I5 の祭日を除いたものとします。また、セル A3 と E3 には、必ず平日の日付が入力されるものとします。

## 機能の解説

☐ WORKDAY 関数

☐ 開始日から土曜日と日曜日、祭日を除いた平日だけの日数が経過した後の日付を求める

☐ NETWORKDAYS 関数

☐ 開始日と終了日の間の土曜日と日曜日、祭日を除いた平日だけの日数を求める

☐ WEEKDAY 関数

☐ 指定した日付の曜日を表す数値を求める

「〇日後の日付」や、日付と日付の間の日数は、日付＋日数や、日付－日付という数式で求めることができます。すべての日付や日数ではなく、土日と祭日を除いた平日だけの日付や日数を求める場合は関数を使用します。

WORKDAY（ワークデイ）関数を使用すると、開始日から土曜日と日曜日、祭日を除いた平日だけの日数が経過した後の日付を求めることができます。

### ● WORKDAY 関数

| 書　式 | WORKDAY( 開始日 , 日数 [,祭日] ) |
|---|---|
| 引　数 | **開始日**：計算を開始する日付を指定する<br>**日　数**：土曜日と日曜日、および祭日を除いた平日の日数を指定する<br>**祭　日**：祭日と見なす日付が入力されたセル範囲を指定する |
| 戻り値 | **開始日**から、土曜日と日曜日、および**祭日**を除いた平日の**日数**が経過した後の日付を返す |

**その他の操作方法**

WORKDAY.INTL（ワークデイ・インターナショナル）関数
WORKDAY 関数と同様の機能を持った関数として、WORKDAY.INTL 関数があります。この関数では、引数「祭日」の前に指定可能な引数「週末」で土曜日と日曜日以外の曜日を休日に指定できます。

例）セル A3 の日付からセル B3 の、土曜日と日曜日、セル F3 ～ F6 の祭日を除いた平日の日数後の日付を求める

**=WORKDAY(A3,B3,F3:F8)**

| C3 | | | $f_x$ | =WORKDAY(A3,B3,F3:F8) | | |
|---|---|---|---|---|---|---|
| | A | B | C | D | E | F | G |
| 1 | | | | | 1月～3月の祭日 | |
| 2 | 開始日 | 日数 | 終了日 | | 祭日 | 日付 |
| 3 | 2024/1/5 | 30 | 2024/2/20 | | 元旦 | 2024/1/1 |
| 4 | | | | | 成人の日 | 2024/1/8 |
| 5 | | | | | 建国記念の日 | 2024/2/11 |
| 6 | | | | | 振替休日 | 2024/2/12 |
| 7 | | | | | 天皇誕生日 | 2024/2/23 |
| 8 | | | | | 春分の日 | 2024/3/20 |
| 9 | | | | | | |

祭日

引数「祭日」は、あらかじめ祭日と見なす日付を入力しておいたセル範囲を指定します。「祭日」の指定は省略可で、省略した場合は土曜日と日曜日を除く平日の日数後の日付が求められます。

NETWORKDAYS（ネットワークデイズ）関数を使用すると、開始日と終了日の間の、土曜日と日曜日、祭日を除いた平日だけの日数を求めることができます。日付の引き算では開始日自体は日数に含まれませんが、この関数では、開始日と終了日を含めた両方を含めた日数が求められます。

**その他の操作方法**

NETWORKDAYS.INTL（ネットワークデイズ・インターナショナル）関数
NETWORKDAYS 関数と同様の機能を持った関数として、NETWORKDAYS.INTL 関数もあります。この関数では、引数「祭日」の前に指定可能な引数「週末」で、土曜日と日曜日以外の曜日を休日に指定することができます。

● NETWORKDAYS 関数

| 書　式 | NETWORKDAYS( 開始日 , 終了日 [, 祭日]) |
|---|---|
| 引　数 | **開始日**：期間の開始の日付を指定する<br>**終了日**：期間の終了の日付を指定する<br>**祭　日**：祭日と見なす日付が入力されたセル範囲を指定する |
| 戻り値 | **開始日**から**終了日**までの、土曜日と日曜日、および**祭日**を除いた平日の日数を返す |

例）セル A3 の日付から B3 の日付までの、土曜日と日曜日、セル F3 ～ F6 の祭日を除いた平日の日数を求める

**=NETWORKDAYS(A3,B3,F3:F8)**

| C3 | | | $f_x$ | =NETWORKDAYS(A3,B3,F3:F8) | | |
|---|---|---|---|---|---|---|
| | A | B | C | D | E | F | G |
| 1 | | | | | 1月～3月の祭日 | |
| 2 | 開始日 | 終了日 | 日数 | | 祭日 | 日付 |
| 3 | 2024/1/5 | 2024/2/19 | 30 | | 元旦 | 2024/1/1 |
| 4 | | | | | 成人の日 | 2024/1/8 |
| 5 | | | | | 建国記念の日 | 2024/2/11 |
| 6 | | | | | 振替休日 | 2024/2/12 |
| 7 | | | | | 天皇誕生日 | 2024/2/23 |
| 8 | | | | | 春分の日 | 2024/3/20 |
| 9 | | | | | | |

祭日

引数「祭日」の指定は WORKDAY 関数と同じです。

一方、指定の日付から、その週の残りの平日の日数を求めるためには、まずその日付が何曜日なのかを求める必要があります。WEEKDAY（ウィークデイ）関数を使用すると、指定した日付の曜日を表す数値を求めることができます。

● WEEKDAY 関数

| 書　式 | **WEEKDAY( シリアル値 [, 種類])** |
|---|---|
| 引　数 | **シリアル値**：日付を表すシリアル値を指定する<br>**種　　類**：戻り値の数値の種類を 1 ～ 3、または 11 ～ 17 の数値で指定する |
| 戻り値 | **種類**の指定に基づき、**シリアル値**の曜日を表す数値を返す |

　例）セル A3 の日付の曜日が何曜日かを表す 1（月曜）～ 7（日曜）の数値を求める

　**=WEEKDAY(A3,2)**

引数「種類」と戻り値

| 種　類 | 戻り値 | 種　類 | 戻り値 |
|---|---|---|---|
| 1 または省略 | 1（日曜）～ 7（土曜） | 13 | 1（水曜）～ 7（火曜） |
| 2 | 1（月曜）～ 7（日曜） | 14 | 1（木曜）～ 7（水曜） |
| 3 | 0（月曜）～ 6（日曜） | 15 | 1（金曜）～ 7（木曜） |
| 11 | 1（月曜）～ 7（日曜） | 16 | 1（土曜）～ 7（金曜） |
| 12 | 1（火曜）～ 7（月曜） | 17 | 1（日曜）～ 7（土曜） |

指定の日付について、その週の残りの平日の日数を求めたい場合は、その日付の曜日を 1（月曜）～ 5（金曜）の数値として求め、それを 6 から引きます。

**操作手順**

【操作 1】
❶ セル C3 をクリックします。

❷［数式］タブの 🕐［日付 / 時刻］ボタンをクリックします。

❸ 一覧から［WORKDAY］をクリックします。

第**3**章　高度な機能を使用した数式およびマクロの作成

④ WORKDAY 関数の［関数の引数］ダイアログボックスが表示されるので、［開始日］
　　ボックスにカーソルが表示されていることを確認し、セル A3 をクリックします。

⑤ ［開始日］ボックスに「A3」と表示されます。

⑥ ［日数］ボックスをクリックし、セル B3 をクリックします。

⑦ ［日数］ボックスに「B3」と表示されます。

⑧ ［祭日］をクリックし、セル I2 ～ I5 を範囲選択します。

⑨ ［祭日］ボックスに「I2:I5」と表示されます。

⑩ 数式の結果として、「45369」が表示されていることを確認します。

⑪ ［OK］をクリックします。

★ヒント

引数「祭日」の指定
引数「祭日」にセル範囲「I2:I5」
を指定していますが、契約終了日
までに「3/20」は含まれないので、
セル I5 を含まずに、セル範囲
「I2:I4」を指定しても同じ結果に
なります。

⑫ 数式バーに「=WORKDAY(A3,B3,I2:I5)」と表示されたことを確認します。

⑬ セル C3 に「45369」と表示されます。

⑭ セル C3 を選択した状態のまま、［ホーム］タブの［数値の書式］ボックスの▼をク
　　リックします

⑮ 一覧から［短い日付形式］をクリックします。

★ヒント

シリアル値
セル C3 には日付を表すシリアル
値（「3-3-1」参照）が表示され
ます。⑭ ～ ⑱ の手順で日付の表
示形式に変更します。

⑯ セル C3 に「2024/3/18」と表示されます。

| | A | B | C | D | E | F | G | H | |
|---|---|---|---|---|---|---|---|---|---|
| 1 | **契約期間** | （土日、祭日を除く） | | | **作業日数** | | | | 2月～3 |
| 2 | 契約開始日 | 契約日数 | 契約終了日 | | 作業開始日 | 作業完了予定日 | 作業日数 | | 2024/ |
| 3 | 2024/2/1 | 30 | 2024/3/18 | | 2024/2/2 | 2024/3/15 | | | 2024/ |
| 4 | | | | | | | | | 2024/ |
| 5 | | | | | 第1週作業日数 | | | | 2024/ |
| 6 | | | | | | | | | |
| 7 | | | | | | | | | |
| 8 | | | | | | | | | |
| 9 | | | | | | | | | |
| 10 | | | | | | | | | |

**【操作 2】**

⑰ セル G3 をクリックします。

⑱ ［数式］タブの  ［日付 / 時刻］ボタンをクリックします。

⑲ 一覧から ［NETWORKDAYS］をクリックします。

⑳ NETWORKDAYS 関数の[関数の引数]ダイアログボックスが表示されるので、[開始日] ボックスにカーソルが表示されていることを確認し、セル E3 をクリックします。

㉑ ［開始日］ボックスに「E3」と表示されます。

㉒ ［終了日］ボックスをクリックし、セル F3 をクリックします。

㉓ ［終了日］ボックスに「F3」と表示されます。

㉔ ［祭日］ボックスをクリックし、セル I2 〜 I5 を範囲選択します。

㉕ ［祭日］ボックスに「I2:I5」と表示されます。

㉖ 数式の結果として「29」が表示されていることを確認します。

㉗ ［OK］をクリックします。

**★ ヒント**

引数「祭日」の指定

引数「祭日」にセル範囲「I2:I5」を指定していますが、作業完了予定日までに「3/20」は含まれないので、セル I5 を含まずに、セル範囲「I2:I4」を指定してもかまいません。

㉘ 数式バーに「=NETWORKDAYS(E3,F3,I2:I5)」と表示されたことを確認します。

㉙ セル G3 に、セル E3 の日付とセル F3 の日付の間の平日の日数である「29」が表示されます。

**【操作 3】**

㉚ セル E6 をクリックします。

㉛ 「=6-」と入力します。

㉜ [数式] タブの [日付 / 時刻] ボタンをクリックします。

㉝ 一覧から [WEEKDAY] をクリックします。

㉝ WEEKDAY 関数の [関数の引数] ダイアログボックスが表示されるので、[シリアル値] ボックスにカーソルが表示されていることを確認し、セル E3 をクリックします。

㉞ [シリアル値] ボックスに「E3」と表示されます。

㉟ [種類] ボックスをクリックし、「2」と入力します。

㊱ 数式の結果として「1」が表示されていることを確認します。

㊲ [OK] をクリックします。

**その他の操作方法**

引数「種類」の指定

ここでは WEEKDAY 関数の引数「種類」に「2」を指定し、戻り値の1〜5の数値を、土曜日を示す6から引いていますが、「種類」に「11」を指定しても同じ結果になります。また、「種類」に「3」を指定してその戻り値を5から引いたり、「1」または「17」または省略して、その戻り値を7から引いたりしても結果は同じです。

㊳ 数式バーに「=6-WEEKDAY(E3,2)」と表示されたことを確認します。

㊴ セル E6 が自動的に日付の表示形式になり、「1900/1/1」と表示されます。

㊵ セル E6 を選択した状態のまま、［ホーム］タブの［数値の書式］ボックスの▼をクリックし、［標準］をクリックします。

㊶ セル E6 に、セル E3 で指定された開始日の週の残りの平日の日数である「1」が表示されます。

# 3-4 データ分析を行う

複数のワークシートのデータを統合する機能や、目標値を得るために入力値を逆算する機能などを使うと、複数のブックやワークシートのデータを一元管理して分析することができます。

## 3-4-1 ［統合］機能を使って複数のセル範囲のデータを集計する

### 練習問題

問題フォルダー
└問題 3-4-1.xlsx

解答フォルダー
└解答 3-4-1.xlsx

【操作 1】ワークシート「渋谷校」「目黒校」「川崎校」の受講者数のデータを上端行と左端列を基準に統合し、合計をワークシート「集計」のセル A3 以降に表示します。

【操作 2】統合された表に、ワークシート「渋谷校」の受講者数の表の書式をコピーし、A列の幅を自動調整します。

ワークシート「渋谷校」「目黒校」「川崎校」の受講者数のデータを統合し、ワークシート「集計」に合計を表示する

### 機能の解説

□ 統合

□ ［統合］ボタン

□ ［統合の設定］
　ダイアログボックス

□ 位置による統合

□ 項目による統合

同じブックや異なるブックの複数のワークシートのデータを、1 つのワークシートにまとめて集計するには、統合機能を使います。統合を利用すると、表の位置、項目の数や並び順が異なる表でも集計して、データを分析することができます。

レイアウトが異なる表のデータでも集計できる

**女性計**

| | 好き | 嫌い | どちらでもない |
|---|---|---|---|
| コーヒー | 35 | 10 | 8 |
| 紅茶 | 40 | 12 | 12 |
| 緑茶 | 22 | 31 | 10 |
| 計 | 97 | 53 | 30 |

**男性計**

| | 嫌い | どちらでもない | 好き |
|---|---|---|---|
| 紅茶 | 37 | 6 | 6 |
| 緑茶 | 22 | 5 | 41 |
| コーヒー | 28 | 10 | 25 |
| 計 | 87 | 21 | 72 |

**統合先**

| | 好き | 嫌い | どちらでもない |
|---|---|---|---|
| コーヒー | 60 | 38 | 18 |
| 紅茶 | 46 | 49 | 18 |
| 緑茶 | 63 | 53 | 15 |
| 計 | 169 | 140 | 51 |

データを統合するには、統合した結果を表示するワークシートのセルを選択し、［データ］タブの  ［統合］ボタンをクリックします。［統合の設定］ダイアログボックスが表示されるので、集計の方法や統合元のセル範囲、統合の基準などを設定します。

［統合の設定］ダイアログボックス

★ヒント

**別のブックと統合**

異なるブックの表も統合することができます。その場合は、統合元のブックをすべて開いておき、ブックを切り替えて範囲を指定します。

★ヒント

**統合元の削除**

［統合元］に誤った範囲を設定した場合は、［統合元］ボックスの一覧から削除したい範囲を選択し、［削除］をクリックします。

①［集計の方法］ボックス：データの集計方法を指定します。合計、個数、平均、最大、最小など 11 種類が選択できます。

②［統合元範囲］ボックス：統合元のセル範囲を指定します。

③［統合元］ボックス：［追加］をクリックすると、［統合元範囲］ボックスで指定したセル範囲が追加され、ここに一覧表示されます。

④［統合の基準］：統合の基準となる項目名が入力されている位置のチェックボックスをオンにします。

⑤［統合元データとリンクする］チェックボックス：オンにすると、統合元範囲のデータが変更された場合、統合先の集計結果も自動的に更新されます。また、統合先の表にはアウトラインが設定され、詳細データが折りたたまれた状態で表示されます。

★ ヒント

**位置による統合**

位置による統合では、統合先の
表に項目名が表示されません。
統合先の表に項目名を入力する
必要があります。

なお、統合の集計方法は、統合元の表のレイアウトによって「位置による統合」と「項目による統合」の２種類があり、[統合の設定] ダイアログボックスの [統合元範囲] と [統合の基準] の指定が異なります。下記の表を参照してください。

統合の種類と [統合の設定] ダイアログボックスの設定

| 統合の種類 | 項目名の配置 | [統合元範囲] | [統合の基準] |
|---|---|---|---|
| 位置による統合 | 項目名が同じ数、同じ順序で並んでいる | 項目名を含まない数値データのセル範囲を指定 | [上端行][左端列] チェックボックスともオフ |
| 項目による統合 | 項目名の数や順序が異なる | 項目名を含んだセル範囲を指定 | 統合の基準となる項目名が入力されている[上端行]か [左端列] チェックボックスまたは両方をオン |

## 操作手順

**【操作1】**

❶ ワークシート「集計」のシート見出しをクリックします。

❷ セル A3 をクリックします。

❸ [データ] タブの 🔲 [統合] ボタンをクリックします。

❹ [統合の設定] ダイアログボックスが表示されるので、[集計の方法] ボックスが [合計] になっていることを確認します。

❺ [統合元範囲] ボックスにカーソルが表示されていることを確認し、ワークシート「渋谷校」のシート見出しをクリックします。

❻ セル A3 ～ H9 を範囲選択します。

❼ [統合元範囲] ボックスに「渋谷校!$A$3:$H$9」と表示されていることを確認します。

❽ ［追加］をクリックします。

❾ ［統合元］ボックスに「渋谷校!$A$3:$H$9」と表示されます。

❿ 同様にワークシート「目黒校」のセル B5 〜 G9、ワークシート「川崎店」のセル B4 〜 H8 を［統合元］ボックスに追加します。

⓫ ［統合元］ボックスに「目黒校!$B$5:$G$9」「川崎校!$B$4:$H$8」と表示されていることを確認します。

⓬ ［統合の基準］の［上端行］と［左端列］の各チェックボックスをオンにします。

⓭ ［OK］をクリックします。

★◆ヒント

**統合した表の書式設定**

項目による統合では書式や数式はコピーされず、集計された値のみが表示されます。必要に応じて書式設定や数式の入力をして、表の体裁を整えます。ここでは、レイアウトが同じ統合元の表の書式をコピーします。

⑭ ワークシート「集計」のセル A3 から始まる範囲に、各ワークシートのデータが統合され、数値の合計が表示されます。

### 【操作 2】

⑮ ワークシート「渋谷校」のシート見出しをクリックします。

⑯ セル A3 〜 H9 を範囲選択します。

⑰ [ホーム] タブの ✍ [書式のコピー / 貼り付け] ボタンをクリックします。

**ヒント**

**書式の貼り付け先のセルの指定**
書式の貼り付け先のセルとして、左上端の1つのセルだけをクリックして指定すると、コピー元と同じ行数×列数の範囲に貼り付けられます。このため、コピー元と同じ行数×列数ならば貼り付け先のセル範囲を指定する必要はありません。

**ヒント**

**書式コピー**
[書式コピー/貼り付け]ボタンを使った書式コピーでは、列の幅や行の高さはコピーされません。必要に応じて調整します。

⑱ マウスポインターの形が ➕🖌 に変わります。

⑲ ワークシート「集計」のシート見出しをクリックします。

⑳ セルA3をクリックします。

㉑ ワークシート「渋谷校」のセルA3～H9の書式が適用されます。

㉒ A列とB列の境界線をポイントし、マウスポインターの形が ✛ になったことを確認し、ダブルクリックします。

㉓ A列の幅が自動調整され、項目名がすべて表示されます。

## 練習問題

問題フォルダー
└ 問題 3-4-2.xlsx

解答フォルダー
└ 解答 3-4-2.xlsx

**ゴールシーク**を利用して、利益（セル D20）の目標値を「¥100,000」とした場合に必要な入場者数を求めます。

ゴールシークを利用して、利益の目標値を実現するための入場者数を求める

## 機能の解説

**重要用語**

☐ What-If 分析
☐ ゴールシーク
☐ [What-If 分析] ボタン
☐ [ゴールシーク]
☐ [ゴールシーク]
　 ダイアログボックス

What-If 分析は、セルの値を変えるなどして計算を行い、その結果を元に分析や予測などを行うときに役立つツールです。

What-If 分析のゴールシークは、結果の値を先に指定し、その結果を求めるために必要な入力値（変数）を逆算する機能です。使用するには、[データ] タブの [What-If 分析] ボタンをクリックし、[ゴールシーク] をクリックします。[ゴールシーク] ダイアログボックスが表示されるので、[目標値] ボックスに結果の値、[数式入力セル] ボックスに [目標値] を求める数式のあるセル、[変化させるセル] ボックスに求める入力値のセルを指定します。

[ゴールシーク] ダイアログボックス

数式の入力されているセルを指定する

目標とする結果の値を入力する

目標値を実現するために、変化させるセルを指定する

この場合、セル D20 の計算結果が 100000 になるようなセル D2 の値を求めることができます。

❶ セル D20 をクリックします。

❷ [データ] タブの  [What-If 分析] ボタンをクリックします。

❸ [ゴールシーク] をクリックします。

## ★ヒント

**人数と単価の表示形式**

ユーザー定義の表示形式により、セル D2 と D26 は数値の後に「人」、セル D3、C11、C16 は数値の前に「@」が表示される設定になっています。

❹ [ゴールシーク] ダイアログボックスが表示されるので、[数式入力セル] ボックスに「D20」と表示されていることを確認します。

❺ [目標値] ボックスをクリックし、「100000」と入力します。

❻ [変化させるセル] ボックスをクリックし、セル D2 をクリックします。

❼ [変化させるセル] ボックスに「$D$2」と表示されます。

❽ [OK] をクリックします。

## ★ヒント

**[変化させるセル] と [数式入力セル] の関係**

[変化させるセル] ボックスで指定するセルは、[数式入力セル] ボックスで指定したセルとの間で参照関係にある必要があります。

❾ 「セル D20 の収束値を探索しています。解答が見つかりました。」と表示されるので、[OK] をクリックします。

## ★ヒント

**収束値**

ゴールシークで求められる結果を収束値といいます。Excel は、指定した目標値が見つかるまで [変化させるセル] ボックスの数値を変化させながら最適な解答を探索して結果を表示します。ただし、指定した条件によっては最適な値が見つからない場合もあります。

⑩ セル D2 の値が「115.766 人」に変化し、セル D20 の数式の結果が「¥100,000」になったことを確認します。

⑪ ゴールシークの結果から、利益を「¥100,000」以上にするためには、入場者数が「116人」以上必要なことがわかります。

| | A | B | C | D |
|---|---|---|---|---|
| 1 | | 式典演奏会 試算表 | | |
| 2 | | 入場者数 | | 115.766人 |
| 3 | | チケット代 | | @2,500 |
| 5 | | 部員 | | 27人 |
| 7 | ■支出 | 会場費 | | 120,000 |
| 8 | | 謝礼 | 指揮者 | 50,000 |
| 9 | | | ピアニスト | 30,000 |
| 10 | | | スタッフ | 25,000 |
| 11 | | 記念品 | @280 | 32,414 |
| 12 | | プログラム制作・印刷代 | | 37,000 |
| 13 | | 雑費 | | 30,000 |
| 14 | | 合計 | | ¥324,414 |
| 16 | ■収入 | 部員会費 | @5,000 | 135,000 |
| 17 | | チケット代合計 | | 289,414 |
| 18 | | 合計 | | ¥424,414 |
| 20 | | 利益（収入-支出） | | ¥100,000 |

D20 の数式バー: =D18-D14

## 3-4-3 シナリオの登録と管理を使って What-If 分析を実行する

### 練習問題

問題フォルダー
└問題 3-4-3.xlsx

解答フォルダー
└解答 3-4-3.xlsx

【操作 1】男性 45 人、女性 30 人、体験 8 人が参加した場合のシナリオ「最小参加人数」を作成します。

【操作 2】男性 60 人、女性 45 人、体験 15 人が参加した場合のシナリオ「最大参加人数」を作成します。

【操作 3】シナリオ「最大参加人数」を表示します。

What-If 分析のシナリオは、変化させるセルにわかりやすい名前（シナリオ）を付けておき、一覧から選択するだけでセルに値を設定できる機能です。1 つのシナリオで複数のセルを扱えます。セルの値を変えて結果を見比べたいときに、その都度、セルの値を入力し直す手間を省けます。

シナリオを登録するには、[データ] タブの [What-If 分析] ボタンをクリックし、一覧から [シナリオの登録と管理] をクリックして、[シナリオの登録と管理] ダイアログボックスを表示します。[追加] をクリックすると、[シナリオの追加] ダイアログボックスが表示されるので、変化させるセルを指定してシナリオ名を付けます。[OK] をクリックすると、[シナリオの値] ダイアログボックスが表示されるので、変化させるセルの値を設定します。

[シナリオの追加] ダイアログボックス

シナリオ名と変化させるセル
を入力する

変化させるセルの値を入力する

[シナリオの値] ダイアログボックス

●シナリオを管理する

シナリオを実行するには、再度 [シナリオの登録と管理] ダイアログボックスを表示して、[シナリオ] ボックスの一覧から目的のシナリオ名を選択して [表示] をクリックします。新たにシナリオを追加したり、削除するなどの操作もこのダイアログボックスで行います。

第**3**章

高度な機能を使用した数式およびマクロの作成

[シナリオの登録と管理] ダイアログボックス

| | |
|---|---|
| | シナリオを追加する |
| | シナリオを削除する |
| | シナリオを編集する |
| | 他のブックやワークシートにシナリオをコピーする |
| | 実行結果の一覧をレポートとして出力する |
| | 登録したシナリオを実行する |

## 操作手順

【操作1】

❶ セルF5～F7を範囲選択します。

❷ [データ] タブの [What-If分析] ボタンをクリックします。

❸ [シナリオの登録と管理] をクリックします。

❹ [シナリオの登録と管理] ダイアログボックスが表示されるので、[追加] をクリックします。

❺ [シナリオの追加] ダイアログボックスが表示されるので、[シナリオ名] ボックスに「最小参加人数」と入力します。

❻ [変化させるセル] ボックスに「F5:F7」と表示されていることを確認します。

❼ [OK] をクリックします。

★**ヒント**

[変化させるセル] ボックス

[変化させるセル] ボックスには現在選択されているセル範囲が表示されます。目的のセル範囲を選択してから、シナリオの追加操作を行うと、改めて範囲選択を行う必要がなく効率的です。セル範囲は後から変更できます。

★**ヒント**

シナリオの保護

[シナリオの追加] ダイアログボックスの [保護] の [変更できないようにする] チェックボックスは、シートを保護した際にシナリオの編集を制限するよう設定するものです。

❽ [シナリオの値] ダイアログボックスが表示されるので、[変化させるセルの値を入力してください。] の [$F$5] ボックスに「45」、[$F$6] ボックスに「30」、[$F$7] ボックスに「8」と入力します。

**【操作 2】**

❾ [追加] をクリックします。

★**ヒント**

数式も入力できる

[シナリオの値] ダイアログボックスのセルのボックスには数式も入力できます。シナリオを実行すると、数式の結果が表示されます。

❿ [シナリオの追加] ダイアログボックスが表示されるので、[シナリオ名] ボックスに「最大参加人数」と入力します。

⓫ [変化させるセル] ボックスに「F5:F7」と表示されていることを確認します。

⓬ [OK] をクリックします。

⓭ ［シナリオの値］ダイアログボックスが表示されるので、［変化させるセルの値を入力してください。］の［$F$5］ボックスに「60」、［$F$6］ボックスに「45」、［$F$7］ボックスに「15」と入力します。

⓮ ［OK］をクリックします。

⓯ ［シナリオの登録と管理］ダイアログボックスが表示されるので、［シナリオ］ボックスに、「最小参加人数」と「最大参加人数」の2つのシナリオが登録されたことを確認します。

【操作3】

⓰ ［最大参加人数］をクリックし、［表示］をクリックします。

⓱ セル F5 に「60人」、セル F6 に「45人」、セル F7 に「15人」と［シナリオの値］ダイアログボックスに登録した値が表示されます。

⓲ 参加人数に応じた会費の合計額や収支が求められることを確認します。

⓳ ［閉じる］をクリックして、［シナリオの登録と管理］ダイアログボックスを閉じます。

★ヒント

人数の表示形式
セル範囲 F5:F7 には、ユーザー定義の表示形式が設定されているため、数値の後に「人」が表示されます。

# PMT 関数、PV 関数、NPER 関数を使って、財務データを計算する

## 練習問題

問題フォルダー
└ 問題 3-4-4.xlsx

解答フォルダー
└ 解答 3-4-4.xlsx

PMT 関数を使用して、セル E7 に、ローンにおける借入額、年利、返済年数から、返済月額を計算します。ただし、ボーナス時の返済はなく、毎月 1 回の月初払いで、返済期間中、利率の変動はないものとします。

## 機能の解説

**重要用語**

□ PMT 関数

□ ローンの借入金の返済月額を求める

□ PV 関数

□ ローンの借入可能額を求める

□ NPER 関数

□ ローンの返済回数を求める

PMT（ペイメント）関数を使用するとローンなどの借入金の返済月額、PV（プレゼントバリュー）関数を使用すると借入可能額、NPER（ナンバーオブピリオド）関数を使用すると返済回数を求めることができます。いずれの関数も期間中の利率は終始一定で、元利込みで毎月同じ金額を返済（元利均等払い）することが前提条件です。

● **PMT 関数**

| 書 式 | PMT ( 利率 , 期間 , 現在価値 [, 将来価値] [, 支払期日] ) |
|---|---|
| 引 数 | **利 率**：利率の数値を指定する<br>**期 間**：返済回数を指定する<br>**現在価値**：借入金の返済額を計算する場合は、支払いを開始した時点での借入残高（元金）を指定する<br>**将来価値**：借入金の返済額を計算する場合は、最後の支払いを行った時点での借入残高（元金）を指定する。通常は「0」で、省略時も「0」が指定される<br>**支払期日**：支払いを行う時期が期末の場合は省略または「0」を指定し、期首の場合は「1」を指定する |
| 戻り値 | ローンの定期的な返済の毎回の支払額を返す |

例）セル B4 の年利でセル C4 の返済年数、セル A4 の借入額の場合の返済月額を求める。ボーナス時の返済はなく、毎月 1 回の月末払い、利率の変動はなし。

=PMT(B4/12,C4*12,A4)

第 **3** 章　高度な機能を使用した数式およびマクロの作成

引数「利率」、引数「期間」の時間の単位は支払頻度にそろえます。たとえば、月単位の支払額を求める場合、「利率」は月利（年利÷12）にし、「期間」は月数（年数×12）にします。

● PV 関数

| 書　式 | PV ( 利率 , 期間 , 定期支払額 [, 将来価値 ][, 支払期日 ]) |
|---|---|
| 引　数 | **利　　　率**：利率の数値を指定する<br>**期　　　間**：返済回数を指定する<br>**定期支払額**：毎回の支払額を指定する<br>**将 来 価 値**：最後の支払いを行った時点での借入残高（元金）を指定する。「通常は「0」で、省略時も「0」が指定される<br>**支 払 期 日**：支払を行う時期が期末の場合は省略または「0」を指定し、期首の場合は「1」を指定する |
| 戻り値 | ローンの借り入れ可能額（現在価値）を返す |

例）セル C4 の年利で、セル B4 の返済年数、セル A4 の返済月額の場合の借入可能額を求める。ボーナス時の返済はなく、毎月 1 回の月末払い、利率の変動はなし。

=PV(C4/12,B4*12,A4)

引数「定期支払額」は、返済の場合は出金なので「-」を付けて負の数にします。

● NPER 関数

| 書　式 | NPER ( 利率 , 定期支払額 , 現在価値 [, 将来価値 ][, 支払期日 ]) |
|---|---|
| 引　数 | **利　　　率**：利率の数値を指定する<br>**定期支払額**：毎回の支払額を指定する<br>**現 在 価 値**：借入金の返済回数を計算する場合は、支払いを開始した時点での借入残高（元金）を指定する<br>**将 来 価 値**：最後の支払いを行った時点での借入残高を指定する。通常は「0」で、省略時も「0」が指定される<br>**支 払 期 日**：支払を行う時期が期末の場合は省略または「0」を指定し、期首の場合は「1」を指定する |
| 戻り値 | ローンの定期的な返済の支払回数を返す |

例）セル B4 の年利でセル C4 の返済月額、セル A4 の借入額の場合の返済回数を求める。ボーナス時の返済はなく、毎月 1 回の月末払い、利率の変動はなし。

**=NPER(B4/12,C4,A4)**

引数「定期支払額」は、返済の場合は出金なので「-」を付けて負の数にします。
そのほか、ローンや投資で使用可能な財務関数として、次のようなものがあります。

| 関数名 | 概要 |
|---|---|
| FV（フューチャーバリュー）関数 | 一定の利率で定額を支払い続けた場合の将来価値を返す |
| RATE（レート）関数 | 返済や積立などの投資の利率を返す |
| IRR（アイ・アール・アール）関数 | 一連の定期的なキャッシュフローに対する内部利益率を返す |

## 操作手順

❶ セル E7 をクリックします。

❷ ［数式］タブの ▦ ［財務］ボタンをクリックします。

❸ 一覧から ［PMT］をクリックします。

④ PMT 関数の［関数の引数］ダイアログボックスが表示されるので、［利率］ボックスにカーソルが表示されていることを確認し、セル E5 をクリックします。

⑤ ［利率］ボックスに「E5」と表示されるので、月単位の利率にするため、続けて「/12」と入力します。

⑥ ［期間］ボックスをクリックし、セル E4 をクリックします。

⑦ ［期間］ボックスに「E4」と表示されるので、月単位の期間にするため、続けて「*12」と入力します。

⑧ ［現在価値］ボックスをクリックし、セル B5 をクリックします。

⑨ ［現在価値］ボックスに「B5」と表示されるので、頭金を引くため、続けて「-」を入力し、セル E3 をクリックします。

⑩ ［現在価値］ボックスに「B5-E3」と表示されます。

⑪ ［将来価値］ボックスには何も入力せず、［支払期日］ボックスをクリックし、「1」を入力します。

⑫ ［数式の結果＝］に「-62609.91359」が表示されます。

⑬ ［OK］をクリックします。

⑭ 数式バーに「**=PMT(E5/12,E4*12,B5-E3,,1)**」と表示されたことを確認します。

⑮ セル E7 に返済月額「¥-62,610」が表示されます。

**★ヒント**

**財務関数の表示形式**
数式を入力する前のセル E7 の表示形式は「標準」でしたが、PMT 関数を入力したことにより、表示形式が自動的に「通貨」に変更されます。PMT 関数以外にも、PV 関数や FV 関数などいくつかの財務関数では、同様に表示形式が自動的に「通貨」に変更されます。
なお、返済月額は出金のため負の数となります。

# 3-4-5 FILTER 関数を使ってデータを抽出する

## 練習問題

問題フォルダー
└ 問題 3-4-5.xlsx

解答フォルダー
└ 解答 3-4-5.xlsx

セル F4 に FILTER 関数を設定し、左側の通信販売記録表から、サイト名が「shopBP」の、受付日から発送日までのデータを抽出して表示します。

サイト名が「shopBP」の
データを抽出して表示する

## 機能の解説

- □ FILTER 関数
- □ データを抽出した結果を別の位置に表示
- □ スピル機能

FILTER（フィルター）関数を使うと、データを抽出した結果を別の位置に表示できます。スピル機能に対応しているので、先頭のセルに数式を入力すると、数式に応じて他のセルにも自動で計算結果が表示されます（「3-2-2」参照）。

### ● FILTER 関数

| 書 式 | FILTER（配列 , 含む [, 空の場合 ]） | | |
|---|---|---|---|
| 引 数 | **配列** ：抽出する元となる範囲または配列を指定する<br>**含む** ：抽出条件を配列と同じ行数または列数の配列で指定する<br>**空の場合** ：抽出条件が存在しない場合に表示する値を指定する | | |
| 戻り値 | **配列**でデータを抽出した結果を返す | | |

例）セル A3 ～ D9 の表から、セル B3 ～ B9 に「東京都」を含むデータを抽出して表示する

=FILTER（A3:D9,B3:B9=" 東京都 "）

セル A3 ～ D9 の住所録
から「東京都」の人だけ
を抽出して表示する

**【操作1】**

❶ セル G4 をクリックします。

❷ ［数式］タブの [検索/行列] ［検索 / 行列］ボタンをクリックします。

❸ 一覧から［FILTER］をクリックします。

❹ FILTER 関数の［関数の引数］ダイアログボックスが表示されるので、［配列］ボックスにカーソルが表示されていることを確認し、セル A4 〜 D56 を範囲選択します。

❺ ［配列］ボックスに「A4:D56」と表示されます。

❻ ［含む］ボックスをクリックし、セル E4 〜 E56 を範囲選択します。

❼ ［含む］ボックスに「E4:E56」と表示されるので、続けて「= "shopBP"」を入力します。

❽ ［数式の結果 =］に「1月5日」と表示されます。

❾ ［空の場合］ボックスには何も入力せず、［OK］をクリックします。

⑩ 数式バーに「=FILTER(A4:D56,E4:E56="shopBP")」と表示されたことを確認します。

※ [関数の引数] ダイアログボックスを使わずに、この数式を直接セルに入力してもかまいません。

⑪ セル G4 にサイト名が「shopBP」の最初の受付日「1月5日」が表示されます。

⑫ スピル機能により、G 〜 J 列にサイト名が「shopBP」の受付日、商品種別、金額、発送日が表示されます。

★ヒント
抽出先の表示形式
G 列 (「受付日」の列) と J 列 (「発注日」の列) には、あらかじめ「○月○日」の日付の表示形式、I 列 (「金額」の列) には桁区切りスタイルが設定されています。

## 3-4-6 SORT 関数、SORTBY 関数を使ってデータを並べ替える

### 練習問題

問題フォルダー
　└ 問題 3-4-6.xlsx

解答フォルダー
　└ 解答 3-4-6.xlsx

【操作 1】 SORT 関数を使用して、セル範囲 H3：K12 に、左側のテスト結果表の社員番号を除くデータを、点数の高い順に並べ替えて表示します。

【操作 2】 SORTBY 関数を使用して、セル範囲 M3：P12 に、左側のテスト結果表の社員番号を除くデータを、部署の昇順、部署が同じ場合は点数の高い順に並べ替えて表示します。

□ SORT 関数
□ データを並べ替えた結
　果を別の位置に表示
□ SORTBY 関数
□ 複数の基準でデータを
　並べ替えた結果を別の
　位置に表示
□ スピル機能

SORT（ソート）関数を使うと、データを並べ替えた結果を別の位置に表示することができます。また、SORTBY（ソートバイ）関数を使うと、複数の基準でデータを並べ替えた結果を別の位置に表示することができます。どちらの関数もスピル機能に対応しているので、先頭のセルに数式を入力すると他の項目も表示されます（「3-2-2」参照）。

● SORT 関数

| 書　式 | SORT（配列, [ 並べ替えインデックス ], [ 並べ替え順序 ], [ 並べ替え基準 ]） |
|---|---|
| 引　数 | **配　　　列**：並べ替える元となる範囲または配列を指定する<br>**並べ替えインデックス**：並べ替えの基準となる列または行を**配列**の先頭から数えた数値で指定する。省略時は「1」とみなされる<br>**並べ替え順序**：昇順の場合は「1」、降順の場合は「-1」を指定する。省略時は昇順とみなされる<br>**並べ替え基準**：論理値（「TRUE」または「FALSE」）を指定する。行を並べ替える場合は「FALSE」、列を並べ替える場合は「TRUE」を指定する。省略時は「FALSE」とみなされる |
| 戻り値 | データを並べ替えた結果を返す |

例）セル A3 〜 B7 の表を、2 列目を基準に降順で並べ替えて表示する

=SORT(A3:B7,2,-1)

● SORTBY 関数

| 書　式 | SORTBY（配列, 基準配列 1, [ 並べ替え順序 1], 基準配列 2, [ 並べ替え順序 2]） |
|---|---|
| 引　数 | **配　　　列**：並べ替える元となる範囲または配列を指定する<br>**基 準 配 列**：並べ替えの基準となるセル範囲や配列を指定する<br>**並べ替え順序**：昇順の場合は「1」、降順の場合は「-1」を指定する。省略時は昇順とみなされる |
| 戻り値 | 複数の基準でデータを並べ替えた結果を返す |

引数「基準配列 1」で指定された範囲に対する並べ替えが引数「並べ替え順序 1」、引数「基準配列 2」で指定された範囲に対する並べ替えが引数「並べ替え順序 2」というように、引数「並べ替え配列」と引数「並べ替え順序」はセットで指定します。

例）セル A3 ～ C7 の表を、セル C3 ～ C7 の昇順で並べ替えて、そのうえでセル B3 ～ B7 の降順で並べ替えて表示する

**=SORTBY(A3:C7,C3:C7,1,B3,B7,-1)**

セル A3 ～ C7 の成績表を組の昇順で並べ替え、さらに点数の降順で並べ替えて表示する

---

## 操作手順

【操作 1】

❶ 点数の一番高い人の氏名を表示するセル H3 をクリックします。

❷ ［数式］タブの ［検索 / 行列］ボタンをクリックします。

❸ 一覧から［SORT］をクリックします。

④ SORT 関数の［関数の引数］ダイアログボックスが表示されるので、［配列］ボックスにカーソルが表示されていることを確認し、セル B3 ～ E12 を範囲選択します。

⑤ ［配列］ボックスに「B3:E12」と表示されます。

⑥ ［並べ替えインデックス］ボックスをクリックし、「3」と入力します。

⑦ ［並べ替え順序］ボックスをクリックし、「-1」と入力します。

⑧ ［数式の結果 =］に、点数の一番高い人の氏名「近藤 沙織」が表示されます。

⑨ ［並べ替え基準］ボックスには何も入力せず、［OK］をクリックします。

⑩ 数式バーに「=SORT(B3:E12,3,-1)」が表示されます。

※ ［関数の引数］ダイアログボックスを使わずに、この数式を直接セルに入力してもかまいません。

⑪ セル H3 に点数額の一番高い人の氏名「近藤 沙織」が表示されます。

⑫ スピル機能により、それ以外のデータが点数の高い順に、セル H4 ～ H12 に氏名、I3 ～ K12 に部署、点数、ランクが表示されます。

**【操作 2】**

❸ 部署の昇順で並べ替えて、最初の部署で点数の一番高い人の氏名を表示するセル M3 をクリックします。

❹ [数式] タブの [検索 / 行列] ボタンをクリックします。

❺ 一覧から [SORTBY] をクリックします。

❻ SORTBY 関数の [関数の引数] ダイアログボックスが表示されるので、[配列] ボックスにカーソルが表示されていることを確認し、セル B3 〜 E12 を範囲選択します。

❼ [配列] ボックスに「B3:E12」と表示されます。

❽ [基準配列 1] ボックスをクリックし、セル C3 〜 C12 を範囲選択します。

❾ [並べ替え順序 1] ボックスをクリックし、「1」と入力します。

❿ [基準配列 2] ボックスをクリックし、セル D3 〜 D12 を範囲選択します。

⓫ [並べ替え順序 2] ボックスをクリックし、「-1」と入力します。

⓬ [数式の結果 =] に、部署の昇順で並べ替えて、点数の一番高い人の氏名「広岡 瑠衣」が表示されます。

⓭ [OK] をクリックします。

**ポイント**

引数「並べ替え順序」
引数「並べ替え順序」は昇順は「1」、降順の場合は「-1」を指定します。ここでは部署の昇順なので、[並べ替え順序 1] ボックスには「1」を指定します。

㉔ 数式バーに「**=SORTBY(B3:E12,C3:C12,1,D3:D12,-1)**」が表示されます。

※ ［関数の引数］ダイアログボックスを使わずに、この数式を直接セルに入力しても かまいません。

㉕ セル M3 に部署の昇順で並べ替えて最初に来る「営業 1 部」で、点数の一番高い人 の氏名「広岡 瑠衣」が表示されます。

㉖ スピル機能により、それ以外のデータが部署別の点数の高い順に、セル M4 ～ M12 に氏名、N3 ～ F12 に部署、点数、ランクが表示されます。

## 3-5 数式のトラブルシューティングを行う

数式は、他のセルの値を参照して自動的に計算を行ってくれる便利な機能ですが、式の記述や参照関係に問題があると、正しい結果が求められなかったり、エラー値が表示されてしまったりします。解決するには、数式の構成や参照関係を検証したり、エラー値を修正するための機能を使用します。

## 3-5-1 参照元をトレースする

### 練習問題

問題フォルダー
└ 問題 3-5-1.xlsx

解答フォルダー
└ 解答ファイルなし

【操作 1】セル D4 に入力された数式が直接参照しているセルを示す矢印を表示します。

【操作 2】その参照元のセルがさらに参照しているセルを、最初の参照元まですべて矢印で示します。

【操作 3】他のワークシートを参照している場合は、その範囲にジャンプします。

### 機能の解説

#### 重要用語

☐ 参照
☐ 参照元
☐ 参照先
☐ 参照元のトレース
☐ トレース矢印
☐ ［参照元のトレース］
　ボタン

Excel の数式では、他のセルの値を計算に使用することができます。たとえばセル C2 に「＝A1＋10」という数式を入力すると、セル A1 の値に 10 を加えた計算の結果がセル C2 に表示されます。この場合、セル C2 がセル A1 を参照しているといい、セル C2 から見たセル A1 を参照元、セル A1 から見たセル C2 を参照先と呼びます。

「＝A1＋10」のような簡単な数式なら参照元は一目瞭然ですが、複数の参照を組み合わせた複雑な数式になると、どのセルの値を計算で使っているのかがわかりにくくなります。また、参照元のセルにも数式が入力されており、そこからさらに別のセルの値を参照している場合もあります。

このような場合に、参照元のトレース機能を利用すると、セル同士の参照関係を表す矢印（トレース矢印）によって、すべての参照元をひと目で確認することができます。

参照元をトレースするには、目的のセルを選択し、［数式］タブの  ［参照元のトレース］ボタンをクリックします。アクティブセルが参照しているすべてのセルを示すトレース矢印が表示されます。この状態でもう一度  ［参照元のトレース］ボタンをクリックすると、参照元のさらに参照元が表示されます。同様に、何段階もさかのぼって参照元のセルを確認することが可能です。

**【操作1】**

❶ セル D4 をクリックします。

❷ ［数式］タブの ［参照元のトレース］ボタンをクリックします。

❸ セル D4 が参照しているすべてのセルを示すトレース矢印が表示されます。

**【操作2】**

❹ もう一度、［数式］タブの ［参照元のトレース］ボタンをクリックします。

❺ 参照元の各セルが参照しているすべてのセルを示すトレース矢印が表示されます。

**⚠ ポイント**

**トレース矢印の表示**

トレース矢印の両端は▲と●になっており、▲側が参照先、●側が参照元を表します。この例の場合、セル D3 とセル D14 がセル D4 の参照元です。

**★ ヒント**

**トレース矢印を利用したセルの選択**

トレース矢印をダブルクリックすると、もう一方の端にあるセルを選択することができます。

**★ ヒント**

**解答操作の確認**

この問題に解答ファイルはありません。右の図と同じ状態になっていれば正解です。

**★ ヒント**

**トレース矢印の削除**

［数式］タブの ［トレース矢印の削除］ボタンをクリックすると、ワークシート上に表示されているすべてのトレース矢印が削除されます。特定のセルの参照元を表すトレース矢印だけを削除したい場合は、［トレース矢印の削除］ボタンの▼をクリックし、［参照元トレース矢印の削除］をクリックします。参照関係が何段階にもわたる場合は、このボタンを繰り返しクリックすることで、段階的にトレース矢印が削除されていきます。

❻ 同様に、トレース矢印が新たに表示されなくなるまで、繰り返し［数式］タブの
🔲参照元のトレース ［参照元のトレース］ボタンをクリックします。

【操作 3】

❼ 🔲 からセル D3 に向かう点線のトレース矢印をダブルクリックします。

❽ ［ジャンプ］ダイアログボックスが表示されるので、［移動先］ボックスの ['[ 問題
3-5-1.xlsx] 時給表 '!$A$4:$B$8] をクリックします。

❾ ［参照先］ボックスに 「'[ 問題 3-5-1.xlsx] 時給表 '!$A$4:$B$8」 と表示されます。

❿ ［OK］をクリックします。

❶ ワークシート「時給表」が表示され、セル A4 ～ B8 が選択されます。

| ランク | 時間給 |
| --- | --- |
| A | 1,300 |
| B | 1,200 |
| C | 1,100 |
| D | 1,000 |
| E | 950 |

## 3-5-2 参照先をトレースする

## 練習問題

問題フォルダー
└ 問題 3-5-2.xlsx

解答フォルダー
└ 解答ファイルなし

【操作 1】セル C7 に入力された値を参照している数式のセルを示す矢印を表示します。

【操作 2】その参照先のセルをさらに参照しているセルを、最後の参照先まですべて矢印で示します。

このセルの参照先を矢印で示す

## 機能の解説

⚲ 重要用語

☐ 参照先のトレース
☐ トレース矢印
☐ [参照先のトレース]
　ボタン

参照元のセルについては数式を見るだけでもある程度わかりますが、特定のセルの値を、他のどのセルが参照しているかを調べたい場合はそう簡単ではありません。

この場合は、参照先のトレース機能を利用すると、セル同士の参照関係を表す矢印（トレース矢印）によって、すべての参照先をひと目で確認することができます。

参照先をトレースするには、目的のセルを選択し、[数式] タブの `🔲参照先のトレース` [参照先のトレース] ボタンをクリックします。アクティブセルを参照しているすべてのセルを示すトレース矢印が表示されます。この状態でもう一度 `🔲参照先のトレース` [参照先のトレース] ボタンをクリックすると参照先のさらに参照先が表示され、同様に参照先のセルを何段階にもわたって追跡することが可能です。

## 操作手順

【操作 1】

❶ セル C7 をクリックします。

❷ [数式] タブの `🔲参照先のトレース` [参照先のトレース] ボタンをクリックします。

❸ セル C7 を参照しているすべてのセルを示すトレース矢印が表示されます。

⭐ヒント
解答操作の確認
この問題に解答ファイルはありません。右の図と同じ状態になっていれば正解です。

④ もう一度、[数式] タブの 参照先のトレース [参照先のトレース] ボタンをクリックします。

⑤ 参照先のセルを参照しているすべてのセルを示すトレース矢印が表示されます。

⑥ 同様に、トレース矢印が新たに表示されなくなるまで、繰り返し [数式] タブの 参照先のトレース [参照先のトレース] ボタンをクリックします。

## 3-5-3 ウォッチウィンドウを使ってセルや数式をウォッチする

### 練習問題

問題フォルダー
└問題 3-5-3.xlsx

解答フォルダー
└解答 3-5-3.xlsx

※ただし、解答ファイルにウォッチウィンドウは自動的には表示されません。表示する操作を行ってください。

【操作 1】ウォッチウィンドウに、ワークシート「注文書」のセル範囲 G8:G10 とセル G16 の値を表示します。

【操作 2】ワークシート「割引率」のセル B6 の値を「15%」、セル B7 の値を「25%」に変更し、ウォッチウィンドウで指定したワークシート「注文書」のセルの値を確認します。

ウォッチウィンドウでこれらのセルの変更値を確認する

### 機能の解説

**重要用語**

□ ウォッチウィンドウ

□ [ウォッチウィンドウ] ボタン

□ [ウォッチ式の追加]

□ [ウォッチ式の追加] ダイアログボックス

ウォッチウィンドウを使用すると、作業中の画面に表示されていないセルや別のワークシートのセルの数式や値を、監視しながら作業を行うことができます。

ウォッチウィンドウを表示するには、ウィンドウに追加したいセル範囲を選択してから、[数式] タブの 🔲 [ウォッチウィンドウ] ボタンをクリックします。[ウォッチウィンドウ] の [ウォッチ式の追加] をクリックすると、[ウォッチ式の追加] ダイアログボックスに選択したセル範囲が表示されるので、[OK] をクリックします。ウォッチウィンドウに指定したセルの値と数式が追加されます。

ウォッチウィンドウは、表示する範囲やワークシートを切り替えても常に表示されるので、指定したセルの参照元の値を変更した際の計算結果を、リアルタイムで確認できます。

ウォッチウィンドウ

指定したセルの変化をリアルタイムで確認できる

第3章 高度な機能を使用した数式の作成

**【操作1】**

❶ ワークシート「注文書」が表示されていることを確認します。

❷ セルG8～G10を範囲選択します。

❸ **Ctrl** キーを押しながら、セルG16をクリックします。

❹ [数式] タブの [ウォッチウィンドウ] ボタンをクリックします。

❺ [ウォッチウィンドウ] が表示されるので、[ウォッチ式の追加...] をクリックします。

❻ [ウォッチ式の追加] ダイアログボックスが表示されるので、[値をウォッチするセル範囲を選択してください] ボックスに「=注文書!$G$8:$G$10,注文書!$G$16」と表示されていることを確認します。

❼ [追加] をクリックします。

**★ヒント**

**ウォッチするセル範囲**

この例では手順❷、❸であらかじめセル範囲を選択しているので、[ウォッチ式の追加] ダイアログボックスにセル範囲が表示されます。このセル範囲はセルを選択し直すことで変更できます。また、あらかじめセル範囲を選択していなくても、[ウォッチ式の追加] ダイアログボックスでセル範囲を選択して指定することができます。

⑧ ［ウォッチウィンドウ］にワークシート「注文書」のセル G8 ～ G10、セル G16 が追加され、値と数式が表示されます。

⑨ ウォッチウィンドウのサイズを調整し、セル G8 ～ G16 の値と数式がすべて見えるようにします。

## 【操作 2】

⑩ ワークシート「割引率」のシート見出しをクリックします。

⑪ セル B6 を「15」、セル B7 を「25」に変更します。

⑫ ［ウォッチウィンドウ］のワークシート「注文書」のセル G8 とセル G9、セル G16 の値が変更されたことを確認します。

※操作終了後、［ウォッチウィンドウ］は閉じておきます。

## 練習問題

問題フォルダー
└ 問題 3-5-4.xlsx

解答フォルダー
└ 解答 3-5-4.xlsx

エラーチェック機能を使用して、ワークシート「注文7月」の数式のエラーを修正します。

エラーチェック機能を使用して数式のエラーを修正する

## 機能の解説

重要用語

□ エラーチェック
□ 数式のエラーを修正
□ エラーインジケーター
□ [エラーチェック
　オプション] ボタン
□ [エラーチェック]ボタン
□ [エラーチェック]
　ダイアログボックス
□ [Excel のオプション]
　ダイアログボックスの
　[数式]
□ [エラーチェックルール]

★ヒント

エラーを無視する
⚠ [エラーチェックオプション]
ボタンをクリックし、一覧から [エラーを無視する] をクリックすると、エラーインジケーターを一時的に非表示にすることができます。
なおエラーインジケーターは、表示された状態でも印刷はされません。

Excel では、セルの数式がバックグラウンドで常にチェックされていて、「問題あり」と判断されたセルには、自動的にセルの左上にエラーインジケーター（緑色の ▼ ）が表示されます。

エラーインジケーターの表示されているセルをクリックすると、⚠[エラーチェックオプション] ボタンが表示され、ポイントするとその問題点についての説明が表示されます。またこのボタンをクリックすると関連する操作が一覧表示され、エラーを修正するための操作が選択できます。

[エラーチェックオプション] ボタン
をポイントした状態

| H | I | J | K | L |
|---|---|---|---|---|
| 16,800 | 3,360 | 13,440 | | |
| 12,000 | 2,400 | 9,600 | | |
| 2,500 | 500 | 2,000 | | |
| 7,000 | 1,400 | 5,600 | | |
| 5,000 | 1,000 | 4,000 | | |
| 112,000 | 22,400 | 89,600 | | |
| 50,000 | 10,000 | 40,000 | | |
| 80,500 | 16,100 | 64,400 | | |
| 2,000 | 400 | 1,600 | | |
| 3,500 | 700 | 2,800 | | |
| 6 ⚠ ▾ | 15,000 | 45,000 | | |
| 5,6 このセルにある数式が、セルの周辺の数式と異なっています。 | | | | |
| 22,400 | 4,480 | 17,920 | | |

エラーについての説明

[エラーチェックオプション] ボタン
をクリックして表示される一覧

| H | I | J | K | L |
|---|---|---|---|---|
| 16,800 | 3,360 | 13,440 | | |
| 12,000 | 2,400 | 9,600 | | |
| 2,500 | 500 | 2,000 | | |
| 7,000 | 1,400 | 5,600 | | |
| 5,000 | 1,000 | 4,000 | | |
| 112,000 | 22,400 | 89,600 | | |
| 50,000 | 10,000 | 40,000 | | |
| 80,500 | 16,100 | 64,400 | | |
| 2,000 | 400 | 1,600 | | |
| 3,500 | 700 | 2,800 | | |
| 6 ⚠ ▾ | 15,000 | 45,000 | | |

矛盾した数式
数式を上からコピーする(A)
このエラーに関するヘルプ(H)
エラーを無視する(I)
数式バーで編集(F)
エラー チェック オプション(O)...

エラーを修正するための操作の一覧

ワークシート内のエラーが発生しているセルを調べるには、[数式] タブの  [エラーチェック] ボタンをクリックします。アクティブセルがエラーインジケーター（ ▼ ）が表示されているセルに移動し、[エラーチェック] ダイアログボックスが表示されて、エラーの内容を確認して、修正することができます。[次へ] をクリックすると、次のエラーが発生している箇所がアクティブセルになります。

[エラーチェック] ダイアログボックス

エラーの内容　　　　エラーを修正するための操作

その他の操作方法

[Excel のオプション]ダイアログボックスの [数式] の表示
⚠ [エラーチェックオプション] ボタンをクリックし、一覧から [エラーチェックオプション] をクリックしても、[Excel のオプション] ダイアログボックスの [数式] を表示することができます。

エラーと判断される項目は、[Excel のオプション] ダイアログボックスの [数式] の [エラーチェックルール] で指定されています。各項目のチェックボックスをオンにするとエラーチェックが有効になり、オフにすると無効になります。[Excel のオプション] ダイアログボックスは [ファイル] タブをクリックし、[その他] をクリックして [オプション] をクリックすると表示されます。

[Excel のオプション] ダイアログボックスの [数式]

エラーチェックを行うかどうかやエラーインジケーターの色を設定する

エラーがあるか調べる項目のオン／オフを切り替える

❶ [ワークシート「注文7月」が表示されていることを確認します。

❷ [数式] タブの [エラーチェック] ボタンをクリックします。

❸ アクティブセルがセル I34 に移動し、[エラーチェック] ダイアログボックスが表示されます。

❹ [セル I34 のエラー] に「=H34*25%」、[矛盾した数式] に「このセルにある数式が、セルの周辺の数式と異なっています。」と表示されるので、[数式を上からコピーする] をクリックします。

❺ 「シート全体のエラーチェックを完了しました。」というメッセージが表示されるので、[OK] をクリックします。

★ヒント

周辺の数式

「値引」の列には、値引率としてセル I1 を参照する数式が入力されています。セル I34 の数式だけ値引率として「25%」という数値が直接入力されているため、エラーと判定されます。

**❻** セル I34 の数式が「＝H34*$I$1」に変更され、セル I4 に「12,000」と表示され、
エラーインジケーターが消えます。

第**3**章

高度な機能を使用した数式の作成

# 数式を検証する

問題フォルダー
└問題 3-5-5.xlsx

解答フォルダー
└解答 3-5-5.xlsx

エラー値「#REF!」の発生しているセル B4 のエラーの原因を数式の検証機能を使用して分析し、エラーを修正します。

このエラーの原因を分析し、エラーを修正する

## 機能の解説

□ エラー値

□ 数式の検証

□ [数式の計算]
　ダイアログボックス

□ [数式の検証] ボタン

□ [エラーチェック
　オプション] ボタン

□ [計算の過程を表示]

Excel では、セルの数式の計算で何らかの問題が発生した場合、その問題の内容に応じて次のようなエラー値が表示されます。このエラー値から発生している問題の種類を推定し、適宜、数式や関連するセルのデータなどを修正します。

| エラー値 | 問題の内容 |
|---|---|
| #VALUE!（バリュー） | 数式か参照先のセルに問題がある |
| #DIV/0!<br>（ディバイド パー ゼロ） | 数値が 0 で除算されている |
| #NUM!（ナンバー） | 無効な数値が含まれている |
| #NAME?（ネーム） | 数式名に入力ミスがある |
| #N/A（ノーアサイン） | 参照の対象が見つからない |
| #REF!（リファレンス） | 無効なセルを参照している |
| #NULL!（ヌル） | セル参照を指定する演算子の記述が間違っている、または共通部分のない範囲参照の間に空白文字がある |
| #SPILL（スピル） | スピル範囲にすでに値が入力されているなどスピル結果を返すことができない |

★ヒント
スピル機能
「3-2-2」参照

簡単な数式であればエラーの原因も比較的わかりやすいですが、複数の関数を組み合わせた複雑な数式の場合、どの部分がエラーの原因なのか、数式を読むだけではすぐにはわからないこともあります。

数式の検証機能を利用すると、［数式の計算］ダイアログボックスで数式の計算過程を 1 ステップずつ確認していくことができ、エラーがどの段階で発生したのかを突き止められます。

［数式の計算］ダイアログボックスを表示するには、通常の数式では［数式］タブの ⓕ 数式の検証 ［数式の検証］ボタンをクリックします。エラー値が発生しているセルの場合は、セルを選択して表示される ⚠ ［エラーチェックオプション］ボタンから［計算の過程を表示］をクリックして表示することもできます。この方法で［数式の計算］ダイアログボックスを表示すると、エラーが発生する直前の段階から数式の検証が始まります。

［数式の計算］ダイアログボックス

数式の検証機能によってエラーの原因が判明したら、数式バーで数式の該当部分を修正します。

❶ セル B4 をクリックします。

❷ ⚠ ［エラーチェックオプション］ボタンをクリックします。

❸ 一覧から［計算の過程を表示］をクリックします。

❹ ［数式の計算］ダイアログボックスが表示されます。

❺ ［検証］ボックスに「A7:D13,5,FALSE)」と表示され、「次の検証はエラーになります。」と表示されていることを確認します。

❻ ［検証］をクリックします。

❼ エラー値「#REF!」が発生したことを確認します。

❽ ［閉じる］をクリックして、［数式の検証］ダイアログボックスを閉じます。

**📎 その他の操作方法**

**数式の検証**

［数式］タブの ［エラーチェック］ボタンをクリックし、［エラーチェック］ダイアログボックスに該当のエラーが表示されている状態で［計算の過程を表示］をクリックしても、エラーの原因の段階から数式の検証が開始されます。なお、［数式］タブの ［数式の検証］ボタンをクリックすると、アクティブセルの数式全体を、最初から検証していくことができます。

**❗ ポイント**

**エラーの原因**

この検証によって、VLOOKUP 関数の部分でエラーが発生していることがわかります。この関数式をよく確かめると、VLOOKUP 関数の第 2 引数「範囲」で指定したセル範囲が 4 列分しかないのに、第 3 引数「列番号」で「5」を指定していることが確認できます。VLOOKUP 関数については「3-2-1」を参照してください。

❾ 数式バーをクリックします。

❿ 数式の参照しているセルがカラーリファレンスによって確認できます。

⓫ 返却予定日のセルは第2引数「範囲」のセルA7〜D13の4列目なので、「5」を「4」に修正して、「=IF(A4="","",VLOOKUP(A4,A7:D13,4,FALSE))」にします。

⓬ **Enter** キーを押します。

⓭ セルB4に「2023/12/22」と表示され、エラーインジケーターが消えます。

# 簡単なマクロを作成する、変更する

繰り返し行う操作や複雑な操作はマクロに登録すると、簡単に実行できるようになります。Excel では、ワークシート上で実行した操作をそのままマクロとして記録することが可能です。

## 3-6-1 簡単なマクロを作成する、実行する

### 練習問題

問題フォルダー
└ 問題 3-6-1.xlsm

解答フォルダー
└ 解答 3-6-1.xlsm

【操作 1】Excel マクロ有効ブック「問題 3-6-1」をマクロを有効にして開き、「都道府県」が「東京」の会員のデータを抽出するマクロ「東京」を作成し、ショートカットキー **Ctrl ＋ t** キーを割り当てます。

【操作 2】マクロ「抽出解除」を実行して抽出を解除し、マクロ「東京」を実行します。

### 機能の解説

**重要用語**

□ マクロ

□ マクロとして記録

□ VBA

□ マクロの作成

□ [マクロ] ボタン

□ [マクロの記録]

□ [マクロの記録]
　 ダイアログボックス

□ [マクロの終了]

□ マクロ有効ブック

マクロとは、アプリケーションにおける操作を登録し、必要なときに自動的に実行できる機能です。マクロを使用すれば、手作業では面倒な処理や時間がかかる処理を自動化して、作業時間を短縮し、繰り返し実行することができます。

Excel では、ワークシート上で実行した操作をそのままマクロとして記録することができます。記録した操作は自動的に VBA（Visual Basic for Applications）プログラムに変換されるため、VBA の知識がなくても簡単にマクロを作成することができます。

□ マクロの実行
□ ［マクロ］
　ダイアログボックス
□ ［実行］

マクロを作成する一般的な手順は、次のとおりです。

❶ 設　計　····· マクロに登録する内容を検討します。

❷ 作　成　····· 設計に基づいて、新しいマクロを作成します。

❸ 実　行　····· マクロを実行して、動作を確認します。

❹ 修　正　····· マクロが正しく動作しない場合、プログラムを修正します。

**ポイント**

**VBA**

マクロに登録した操作は Visual
Basic for Applications（VBA）
というプログラミング言語で記録
されます。

●マクロの作成

操作を記録してマクロを作成するには、［表示］タブの 🖳［マクロ］ボタンの▼をクリック
し、［マクロの記録］をクリックします。［マクロの記録］ダイアログボックスが表示さ
れるので、マクロ名を入力して、［OK］をクリックするとマクロの記録が開始されます。

［マクロの記録］ダイアログボックス

**ポイント**

**マクロ名**

マクロの名前には次のような規則
があります。
・半角換算で 255 文字以内の文
　字、数字を使用する。
・記号は「_」（アンダーバー）の
　み使用できる。
・先頭は必ず文字を使用する。
・関数名など、VBA ですでに定
　義されている単語は使えない。

**ヒント**

**ショートカットキー**

ショートカットキーには半角の英
字を使用します。

① ［マクロ名］ボックス：マクロを利用するときにわかりやすいようマクロ名を入力し
　ます。
② ［ショートカットキー］ボックス：マクロにショートカットキーを割り当てる場合に指
　定します。
③ ［マクロの保存先］ボックス：マクロの保存先を次の 3 種類から指定します。
　・作業中のブック：現在作業しているブックに保存します。作成したマクロはブック
　　と一緒に保存され、そのブックが開いているときのみマクロを実行できます。
　・個人用マクロブック：Excel を起動すると自動的に読み込まれるブックで、Excel
　　のすべてのブックでマクロを実行できます。
　・新しいブック：新規にブックを作成し、そこにマクロを保存します。作成したブッ
　　クが開いているときのみマクロを実行できます。
④ ［説明］ボックス：作成するマクロに関する説明を入力します。

### ★ヒント

**マクロ有効ブックとして保存**

[ファイル] タブをクリックし、[エクスポート]をクリックします。[エクスポート] 画面の [ファイルの種類の変更] をクリックし、[ファイルの種類の変更] の [マクロ有効ブック] をクリックし、[名前を付けて保存] をクリックします。[名前を付けて保存] ダイアログボックスが表示されるので、[ファイルの種類] ボックスに [Excel マクロ有効ブック] と表示されていることを確認して保存します（「1-1-2」参照）。

マクロに登録する操作を実行し、終了したら、[表示] タブの [マクロ] ボタンの▼をクリックし、[マクロの終了] をクリックします。

マクロは Excel のブック内に保存されます。ただし、通常の Excel ブックの形式では、作成したマクロを保存することができません。マクロを含めてブックを保存するには、マクロ有効ブックとして保存する必要があります。

### ●マクロの実行

マクロを実行するには、[表示] タブの [マクロ] ボタンをクリックします。[マクロ] ダイアログボックスが表示されるので、[マクロ名] ボックスの一覧から実行したいマクロを選択し、[実行] をクリックします。なお、マクロにショートカットキーが割り当てられている場合は、[マクロ] ボタンをクリックする必要はなく、そのショートカットキーを押せば即座に実行されます。

[マクロ] ダイアログボックス

---

## 操作手順

**【操作 1】**

❶ [問題] フォルダーの Excel マクロ有効ブック「問題 3-6-1」を開きます。

❷ [セキュリティの警告] メッセージバーの [コンテンツの有効化] をクリックします。

❸ [セキュリティの警告] メッセージバーがなくなり、ブックのマクロが有効になります。

**ポイント**

[マクロの記録] ダイアログボックスの設定

[マクロの保存先] 以外は、後で変更することができます。[マクロ名] は必ず入力する必要があります。

**ヒント**

ショートカットキーの入力

[ショートカットキー] ボックスには半角の英字を入力します。大文字と小文字は区別されませんが、**Shift** キーを押しながら文字を入力すると「Shift+」が表示され、**Ctrl** キーと **Shift** キーを合わせて押して実行します。入力した英字が別のコマンドのショートカットキーとして既に割り当てられている場合は、自動的に **Shift** キーを組み合わせたショートカットキーになります。

❹ [表示] タブの [マクロ] ボタンの▼をクリックします。

❺ [マクロの記録] をクリックします。

❻ [マクロの記録] ダイアログボックスが表示されるので、[マクロ名] ボックスの「Macro1」が選択されている状態で「東京」と上書き入力します。

❼ [ショートカットキー] ボックスに「t」と入力します。

❽ [マクロの保存先] ボックスが [作業中のブック] になっていることを確認します。

❾ [OK] をクリックします。

❿ セル C3（「都道府県」の列見出しのセル）の▼をクリックします。

⓫ 一覧の [（すべて選択）] チェックボックスをオフにします。

⓬ [東京都] チェックボックスをオンにします。

⓭ [OK] をクリックします。

★ヒント

**間違った操作を取り消すには**
操作を間違えてしまうと、間違った操作がマクロに記録されます。操作を取り消すには、クイックアクセスツールバーの ⟲ [元に戻す] ボタンをクリックします。元に戻した操作はマクロに記録されません。

★ヒント

**抽出件数の確認**
抽出を行うとステータスバーに「60 レコード中 31 個が見つかりました」と該当するレコードの件数が表示されます。「レコード」とは 1 件分（1 行）のデータのことです。

📄 その他の操作方法

**記録終了**
[開発] タブが表示されている場合は、その □記録終了 [記録終了] ボタンをクリックしてもマクロの記録が終了します。

📄 その他の操作方法

**[マクロ]ダイアログボックスの表示**
[開発] タブが表示されている場合は、その [マクロ] ボタンをクリックしても [マクロ] ダイアログボックスが表示されます。

[マクロ] ボタン

📄 その他の操作方法

**ショートカットキー**
**Alt** + **F8** キー
（[マクロ] ダイアログボックスの表示）

⑭「都道府県」が「東京都」の会員の行だけが表示されます。

⑮ [表示] タブの [マクロ] ボタンの▼をクリックします。

⑯ [記録終了] をクリックします。

⑰ 操作した手順がマクロ「東京」に記録されます。

【操作 2】

⑱ [表示] タブの [マクロ] ボタンをクリックします。

⑲ [マクロ] ダイアログボックスが表示されるので、[マクロ名] ボックスから [抽出解除] をクリックします。

⑳ [実行] をクリックします。

㉑ 抽出が解除され、すべての行が表示されます。

**≪その他の操作方法≫**
マクロ「東京」の実行
手順❼で割り当てた **Ctrl** ＋ **t** キーを押しても、マクロ「東京」を実行できます。

㉒ [表示] タブが開いていることを確認して、［マクロ］ボタンをクリックします。

㉓ [マクロ] ダイアログボックスが表示されるので、[マクロ名] ボックスから [東京] をクリックします。

㉔ [実行] をクリックします。

㉕「都道府県」が「東京都」の会員の行だけが表示されます。

| 1 | | | | クッキングスクール会員名簿 | | | | | |
|---|---|---|---|---|---|---|---|---|---|
| 2 | | | | | | | | | |
| 3 | 会員ID | 氏名 | 都道府県 | 住所 | 受講回数 | 会費 | 分割払い | 支払済み | 残金 |
| 6 | 3 | 田中俊彦 | 東京都 | 北区王子X-XX-X | 48 | 120,000 | 3 | 0 | |
| 7 | 4 | 上田愛 | 東京都 | 江戸川区東葛西X-X-X | 12 | 42,000 | 3 | 2 | |
| 9 | 6 | 佐藤みちる | 東京都 | 品川区小山X-X-XX | 12 | 42,000 | 5 | 5 | |
| 10 | 7 | 中村亜美 | 東京都 | 板橋区東台X-X-X | 24 | 76,800 | 5 | 3 | |
| 11 | 8 | 川上麻利子 | 東京都 | 世田谷区千歳台X-X-X | 6 | 24,000 | 10 | 1 | |
| 12 | 9 | 木村由紀 | 東京都 | 大田区大森北X-X-X | 12 | 42,000 | 1 | 1 | |
| 13 | 10 | 中山沙希 | 東京都 | 台東区東上野X-XX-X | 30 | 90,000 | 5 | 2 | |
| 14 | 11 | 山本咲子 | 東京都 | 足立区西新井X-X-XX | 24 | 76,800 | 5 | 0 | |
| 18 | 15 | 大田あやか | 東京都 | 江東区東陽X-XX-X | 24 | 76,800 | 3 | 2 | |
| 19 | 16 | 本多七瀬 | 東京都 | 世田谷区駒沢X-X-X | 6 | 24,000 | 1 | 0 | |
| 20 | 17 | 森本隆弘 | 東京都 | 田無市南町X-XX-XX | 48 | 120,000 | 5 | 1 | |
| 24 | 21 | 山下奈々 | 東京都 | 墨田区立川X-XX-XX | 48 | 120,000 | 3 | 1 | |
| 27 | 24 | 白井博美 | 東京都 | 江東区木場X-XX-X | 6 | 24,000 | 1 | 0 | |
| 28 | 25 | 斉藤陽菜 | 東京都 | 新宿区横寺町X-X-XX | 24 | 76,800 | 3 | 1 | |
| 29 | 26 | 吉田和博 | 東京都 | 板橋区坂下X-X-XX | 48 | 120,000 | 10 | 5 | |

会員名簿 ＋

準備完了　60 レコード中 31 個が見つかりました　　アクセシビリティ: 検討が必要です

# 3-6-2　簡単なマクロを編集する

## 練習問題

問題フォルダー
└ 問題 3-6-2.xlsm

解答フォルダー
└ 解答 3-6-2.xlsm

【操作1】Excel マクロ有効ブック「問題 3-6-2」をマクロを有効にして開き、マクロ「未入金」を実行して、テーブルの最初の列と最後の列が強調され、「残金」が「0」のデータが抽出されてしまうことを確認します。

【操作2】VBE でマクロ「未入金」の「ShowTableStyleFirstColumn」プロパティを編集して、最初の列が強調されないようにします。さらに、正しく「支払済み」の列で抽出が行われるように編集します。

【操作3】マクロ「強調抽出解除」を実行して列の強調と抽出を解除した後、マクロ「未入金」を実行します。

## 重要用語

☐ マクロの編集
☐ VBE
☐ [マクロ] ボタン
☐ [マクロ] ダイアログボックス
☐ [編集]

登録したマクロの内容を編集するには、VBE (Visual Basic Editor) を使用します。VBE を起動するには、[表示] タブの  [マクロ] ボタンをクリックします。[マクロ] ダイアログボックスが表示されるので、[マクロ名] ボックスから変更したいマクロを選択し、[編集] をクリックします。VBE (Visual Basic Editor) のコードウィンドウが表示されるので、コードを編集し、終了したら、VBE のコードウィンドウを閉じると編集が反映されます。

VBE のコードウィンドウ

① 1 行目はマクロの開始として「Sub マクロ名 ()」と記述してあります。
② 行頭に「'」(シングルクォーテーション) が付いている行はコメント行でコードの説明などを記述してあります。コメント行はマクロの動作に影響しません。
③ マクロの動作が記述されています。必要に応じてここを書き換えます。
④ 最終行はマクロの終了として「End Sub」と記述してあります。

## 操作手順

### 【操作 1】

❶「問題」フォルダーの Excel マクロ有効ブック「問題 3-6-2」を開きます。

❷ [セキュリティの警告] メッセージバーの [コンテンツの有効化] をクリックします。

❸ [セキュリティの警告] メッセージバーがなくなり、ブックのマクロが有効になります。

❹ [表示] タブの  [マクロ] ボタンをクリックします。

### その他の操作方法

[マクロ] ダイアログボックスの表示

[開発] タブが表示されている場合は、その [マクロ] ボタンをクリックしても [マクロ] ダイアログボックスが表示されます。

[マクロ] ボタン

### その他の操作方法

ショートカットキー

**Alt + F8 キー**
([マクロ] ダイアログボックスの表示)

❺ ［マクロ］ダイアログボックスが表示されるので、［マクロ名］ボックスの一覧から［未入金］をクリックします。

❻ ［実行］をクリックします。

❼ テーブルの最初の列（「会員ID」の列）と最後の列（「残金」の列）が強調されます。

❽ 残金が「0」の行だけが表示されます。

【操作 2】

❾ ［表示］タブの  ［マクロ］ボタンをクリックします。

⑩ ［マクロ］ダイアログボックスが表示されるので、［マクロ名］ボックスの一覧から［未入金］をクリックします。

⑪ ［編集］をクリックします。

⑫ VBE（Visual Basic Editor）が起動します。

⑬ コードウィンドウの「未入金 Macro」の「ShowTableStyleFirstColumn ＝」の後の「True」をドラッグして選択し、「False」と上書き入力します。

⑭ コードウィンドウの「未入金 Macro」の「AutoFilter Field:=9」の「9」をドラッグして選択し、「8」と上書き入力します。

⑮ [×] [閉じる] ボタンをクリックして、VBE を閉じます。

**【操作 3】**

⑯ ［表示］タブの  ［マクロ］ボタンをクリックします。

⑰ ［マクロ］ダイアログボックスが表示されるので、［マクロ名］ボックスの一覧から［強調抽出解除］をクリックします。

⑱ ［実行］をクリックします。

⑲ 列の強調と抽出が解除され、すべての行が表示されます。

⑳ [表示] タブの  [マクロ] ボタンをクリックします。

㉑ [マクロ] ダイアログボックスが表示されるので、[マクロ名] ボックスから [未入金] をクリックします。

㉒ [実行] をクリックします。

㉓ 最初の列（「会員ID」の列）は強調されず、最後の列（「残金」の列）のみ強調されます。

㉔ 「支払済み」が「0」の行だけが表示されます。

# 4

# 高度な機能を使用した
# グラフやテーブルの管理

## 本章で学習する項目

- ☐ 高度な機能を使用したグラフを
  作成する、変更する
- ☐ ピボットテーブルを作成する、変更する
- ☐ ピボットグラフを作成する、変更する

# 高度な機能を使用した グラフを作成する、変更する

複合グラフを使用すると異なるデータの比較をすることができます。また、Excel には標準的なグラフのほかにもさまざまなグラフが用意されていて、目的に応じて使い分けることによって多様な分析が可能になります。

## 4-1-1 2軸グラフを作成する、変更する

### 練習問題

問題フォルダー
└問題 4-1-1.xlsx

解答フォルダー
└解答 4-1-1.xlsx

【操作 1】解決と未解決の件数を積み上げ縦棒、解決率を面、第 2 軸で表すグラフを作成し、表の右に移動します。

【操作 2】グラフのタイトルを「問い合わせ件数と解決率」とし、主軸の最大値を「120」、第 2 軸の最小値を「50.0%」最大値を「100.0%」にします。

### 機能の解説

□ 複合グラフ

□ 第 2 軸

□ 2 軸グラフ

□ [おすすめグラフ] ボタン

□ [グラフの挿入] ダイアログボックスの [すべてのグラフ] タブの [組み合わせ]

□ [グラフの種類の変更] ボタン

1 つのグラフに異なる種類のグラフを組み合わせたものを複合グラフといいます。「件数と解決率」や「売上高と利益」のように異なる意味を持つデータは、種類の違うグラフで表示した方がとらえやすくなります。

異なる意味を持つデータは単位が異なることがあり、1 つの縦軸では正しく表すことができるとは限りません。また単位が同じでも数値差が非常に大きいと、小さい数値のデータは違いを読み取りにくくなってしまいます。このような場合は、プロットエリアの右に第 2 軸という 2 番目の縦軸を表示した 2 軸グラフにして、データを読み取りやすいグラフにします。

□ [グラフの種類の変更]
　　ダイアログボックス

**その他の操作方法**

複合グラフの作成

[挿入]タブの[複合グラフの挿入]
ボタンを使用しても、複合グラフ
を作成できます。

ボタンをクリックすると、[組み
合わせ]の一覧に[集合縦棒 -
折れ線]、[集合縦棒 - 第2軸の
折れ線]、[積み上げ面 - 集合縦棒]
があり、選択してグラフを作成で
きます。他の種類のグラフの組
み合わせを設定する場合は、[ユー
ザー設定の複合グラフを作成
する]をクリックすると、[グラフ
の挿入]ダイアログボックスの[す
べてのグラフ]タブの[組み合わ
せ]が表示されます。

[複合グラフの挿入]ボタン

複合グラフを作成するには、グラフの元になるデータ範囲を選択し、[挿入]タブの [おすすめグラフ]ボタンをクリックします。[グラフの挿入]ダイアログボックスが表示されるので、[すべてのグラフ]タブの[組み合わせ]をクリックします。[データ系列に使用するグラフの種類と軸を選択してください]で系列ごとの[グラフの種類]を選択し、第2軸を使う場合はその系列の[第2軸]のチェックボックスをオンにします。グラフのプレビューで出来上がりイメージを確認し、[OK]をクリックします。

[グラフの挿入]ダイアログボックスの[すべてのグラフ]タブで[組み合わせ]を選択した状態

複合グラフを作成する
ときはこれを選択する

系列ごとのグラフの種類と第2軸
を使用するかどうかを指定する

既存のグラフにデータ系列を追加し、グラフの種類を変更したり、第2軸を使用したりすることも可能です。その場合は、追加するデータのセル範囲を見出しを含んで選択してコピーし、グラフエリア内に貼り付けます。追加した系列は既存のグラフと同じ種類になるので、[グラフのデザイン]タブの [グラフの種類の変更]ボタンをクリックして[グラフの種類の変更]ダイアログボックスを表示します。[グラフの種類の変更]ダイアログボックスは前述の複合グラフを最初から作るときに使用する[グラフの挿入]ダイアログボックスと内容が同じなので、同様に[すべてのグラフ]タブの[組み合わせ]をクリックし、系列ごとの[グラフの種類]を選択し、第2軸を使う場合はその系列の[第2軸]のチェックボックスをオンにします。

第**4**章　高度な機能を使用したグラフやテーブルの管理

【操作 1】

❶ セル A3 〜 A8 を範囲選択します。

❷ **Ctrl** キーを押しながらセル C3 〜 E8 を範囲選択します。

❸ [挿入] タブの  [おすすめグラフ] ボタンをクリックします。

❹ [グラフの挿入] ダイアログボックスが表示されるので、[すべてのグラフ] タブの
左側の一覧から [組み合わせ] をクリックします。

❺ [データ系列に使用するグラフの種類と軸を選択してください] の [解決] の系列の
[グラフの種類] ボックスの▼をクリックし、[縦棒] の一覧から [積み上げ縦棒]
をクリックします。

❻ [未解決] の系列の [グラフの種類] ボックスも [積み上げ縦棒] に変わったことを
確認します。

❼ [解決率] の系列の [グラフの種類] ボックスの▼をクリックし、[面] の一覧から [面]
をクリックします。

❽ [解決率] の系列の [第 2 軸] のチェックボックスをオンにします。

❾ グラフのプレビューで、横（項目）軸が担当者名、解決と未解決が積み上げ縦棒、
解決率が面で第 2 軸を使用して表示されていることを確認します。

❿ [OK] をクリックします。

★ヒント

**第2軸の削除**

第2軸が設定されている系列を
クリックして **Delete** キーを押し
て削除すると、第2軸もなくなり
ます。
系列は残して第2軸のみを削除
する場合は、第2軸の設定され
ている系列をダブルクリックし、
表示される［データ系列の書式
設定］作業ウィンドウの［系列の
オプション］の［使用する軸］の
［主軸（下／左側）］をクリックし
ます。

⓫ 横（項目）軸が担当者名、解決と未解決が積み上げ縦棒、解決率が面で第2軸のグ
ラフが表示されます。

⓬ グラフ内の［グラフエリア］と表示される部分をポイントし、表の右にドラッグし
て移動します。

【操作2】

⓭ ［グラフタイトル］をクリックします。

⓮ 「グラフタイトル」の文字列をドラッグして選択します。

⓯ 「問い合わせ件数と解決率」と上書き入力します。

⑯ グラフの [縦（値）軸] をダブルクリックします。

⑰ [軸の書式設定] 作業ウィンドウが表示されるので、[軸のオプション] の [境界値]
の [最大値] ボックスの「140」をドラッグして「120」と上書き入力し、Enter キー
を押します。

⑱ グラフの [縦（値）軸] の最大値が「120」になります。

⑲ グラフの [第2軸 縦（値）軸] をクリックします。

⑳ [軸の書式設定] 作業ウィンドウが第2軸の内容に変わるので、[境界値] の [最小値]
ボックスの「0.0」をドラッグして「0.5」と上書き入力します。

㉑ [最大値] ボックスをクリックすると「1.1」に変わるのでドラッグして「1」と上
書き入力し、Enter キーを押します。

㉒ グラフの [第2軸 縦（値）軸] の最小値が「50.0％」、最大値が「100.0％」にな
ります。

㉓ [軸の書式設定] 作業ウィンドウを閉じるために、 ☒ 閉じるボタンをクリックしま
す。

## 練習問題

問題フォルダー
└問題 4-1-2.xlsx

解答フォルダー
└解答 4-1-2.xlsx

【操作 1】年齢の分布を表すヒストグラムを作成し、表の上部右に移動します。
【操作 2】グラフタイトルは「利用者年齢の分布」にし、ピンのアンダーフローを「20」、
オーバーフローを「80」、ピンの幅を「10」にします。

ヒストグラムを作成する

グラフタイトルを入力し、ピンのアンダーフロー、
オーバーフロー、幅を設定する

## 機能の解説

重要用語

□ ヒストグラム

□ パレート図

□ 箱ひげ図

□ ツリーマップ

□ サンバースト

□ ウォーターフォール

□ じょうご

□ マップ

□ [おすすめグラフ] ボタン

□ [グラフの挿入]
ダイアログボックスの
[すべてのグラフ] タブ

□ [挿入] タブの
[グラフ] グループのグ
ラフの種類のボタン

Excel には、縦棒、横棒、折れ線、円などの標準的なグラフのほかに、ヒストグラム、パ
レート図、箱ひげ図、ツリーマップ、サンバースト、ウォーターフォール、じょうご、マ
ップなどの表現ができるグラフが用意されています。

ヒストグラム / パレート図
データの分布状況を見る

箱ひげ図
データのばらつきを見る

ツリーマップ / サンバースト
各項目の割合を見る

ウォーターフォール
増減や構成を見る

**じょうご**
数値が減少する推移を見る

**マップ**
地図上に色分けされたデータを見る

これらのグラフも標準的なグラフと同様に、[挿入] タブの ![](おすすめ グラフ) [おすすめグラフ] ボタンをクリックして表示される [グラフの挿入] ダイアログボックスの [すべてのグラフ] タブ、または [挿入] タブの [グラフ] グループのグラフの種類のボタンを使用して作成できます。

[グラフの挿入] ダイアログボックスの [すべてのグラフ] タブで [ヒストグラム] を選択した状態

[挿入] タブの [グラフ] グループのグラフの種類のボタン

## 操作手順

【操作 1】

❶ セル C4 〜 C66 を範囲選択します。

その他の操作方法

ヒストグラムの作成

[挿入] タブの [おすすめグラフ] ボタンをクリックし、[グラフの挿入] ダイアログボックスの [すべてのグラフ] タブの左側の一覧から [ヒストグラム] をクリックしても作成できます。

[おすすめグラフ] ボタン

❷ [挿入] タブの [統計グラフの挿入] ボタンをクリックします。

❸ [ヒストグラム] の [ヒストグラム] をクリックします。

❹ 年齢の分布を表すヒストグラムが挿入されます。

❺ グラフ内の［グラフエリア］と表示される部分をポイントし、マウスポインターの形が  に変わったら、表の上部右にドラッグして移動します。

**【操作2】**

❻ ［グラフタイトル］をクリックします。

❼ ［グラフタイトル］の文字列をドラッグして選択します。

❽ 「利用者年齢の分布」と上書き入力します。

★ ヒント

**ピン**

棒グラフの棒の部分です。

★ ヒント

**ピンのアンダーフロー /
オーバーフロー**

［ピンのアンダーフロー］ボックスに数値を入力すると、その数値以下の値のデータを集計したピンが作成されます。［ピンのオーバーフロー］ボックスに数値を入力すると、その数値より上の値のデータを集計したピンが作成されます。アンダーフロー / オーバーフローをすることにより、横軸の最低値、最高値が変わり見やすくなります。

❾ 横軸をダブルクリックします。

❿ ［軸の書式設定］作業ウィンドウが表示されます。

⓫ ［軸のオプション］の［ピンのアンダーフロー］チェックボックスをオンにします。

⓬ 右側にボックスが表示されるので、「-13.0」をドラッグして「20」と上書き入力します。

⓭ ［ピンのオーバーフロー］チェックボックスをオンにします。

⓮ 右側にボックスが表示されるので、「109.0」をドラッグして「80」と上書き入力します。

⓯ ［ピンの幅］をクリックします。

⓰ 右側にボックスが表示されるので、「18.0」をドラッグして「10」と上書き入力します。

※ ［ピンの幅］ボックスを見えない場合は、［軸の書式設定］作業ウィンドウの下にあるスクロールバーを使用して表示します。

⓱ **Enter** キーを押します。

⓲ グラフの横軸に「<=20」と「>80」が追加され、20 以下のデータと 80 より大きいデータの集計をそれぞれまとめたピンが表示されます。

⓳ ピンの幅が「20,30」のように 10 単位になります。

# 4-2 ピボットテーブルを作成する、変更する

特定の条件で作成された表のデータは、ピボットテーブルにすることができます。ピボットテーブルでは縦項目、横項目、値欄を自由に入れ替えられるので、データの分析や再利用を柔軟に行うことが可能です。

## 4-2-1 ピボットテーブルを作成する

### 練習問題

問題フォルダー
└問題 4-2-1.xlsx

解答フォルダー
└解答 4-2-1.xlsx

【操作 1】セル範囲 A3:H116 を元にピボットテーブルを新規ワークシートに作成します。

【操作 2】行ラベルに「販売先」、列ラベルに「分類」、値に「売上金額」、フィルターに「売上日」を設定し、売上日が「9 月 10 日」のデータを集計します。

この表を元にピボットテーブルを作成し、「9 月 10 日」のデータだけを表示する

### 機能の解説

重要用語

- □ ピボットテーブル
- □ データベース
- □ フィールド
- □ [ピボットテーブル] ボタン
- □ [テーブルまたは範囲からのピボットテーブル] ダイアログボックス
- □ ピボットテーブルレポート
- □ [ピボットテーブルのフィールド] 作業ウィンドウ
- □ 行ラベル
- □ 列ラベル

ピボットテーブルは、データベースから特定のフィールド（項目）を、行と列に配置して、値を集計する機能です。作成後でも、フィールドや集計方法を簡単に変更でき、さまざまな角度からデータを分析することができます。

□ 値
□ フィルター
□ 特定のデータだけを
　絞り込んで集計

### ポイント
**データベース**

特定のルールで整理されたデータの集まりがデータベースです。同じ種類の項目が入力された列（フィールド）と1件分のデータが入力された行（レコード）で構成され、列見出しをフィールド名（項目）といいます。

### ポイント
**データの選択**

基本的に、データベース内の任意のセルをクリックして、［テーブルまたは範囲からのピボットテーブル］ダイアログボックスを表示すると、データベースのセル範囲が自動認識されて［表または範囲の選択］の［テーブル / 範囲］ボックスに表示されます。

### その他の操作方法
**レイアウトの設定**

ピボットテーブルのレイアウトは、［ピボットテーブルのフィールド］作業ウィンドウの［レポートに追加するフィールドを選択してください］の一覧のフィールド名を右クリックし、ショートカットメニューの［レポートフィルターに追加］、［列ラベルに追加］、［行ラベルに追加］、［値に追加］のいずれかをクリックしても指定できます。また、フィールド名の先頭にあるチェックボックスをオンにしても、各ボックスにフィールドを追加することができます（既定では、数値以外のフィールドは[行ラベル]ボックス、数値フィールドは［値］ボックスに追加されます）。

### ヒント
[ピボットテーブルのフィールド] 作業ウィンドウの表示/非表示

［ピボットテーブルのフィールド］作業ウィンドウは、×［閉じる］ボタンをクリックすると閉じます。再び表示するときは、［ピボットテーブル分析］タブの［フィールドリスト］ボタンをクリックします。

ピボットテーブルを作成するには、データベース内の任意のセルをクリックして、[挿入]タブの ［ピボットテーブル］ボタンをクリックします。[テーブルまたは範囲からのピボットテーブル]ダイアログボックスが表示されるので、テーブルやセル範囲を確認し、ピボットテーブルを配置するワークシートを指定します。

［テーブルまたは範囲からのピボットテーブル］ダイアログボックス

ピボットテーブルの元になるデータを選択する

ピボットテーブルを新規ワークシートに作成するか、既存のワークシートに作成するかを選択する

ピボットテーブルを作成すると、空白のピボットテーブルレポートが作成され、［ピボットテーブルのフィールド］作業ウィンドウが表示されます。ピボットテーブルのレイアウトを設定するには、［ピボットテーブルのフィールド］作業ウィンドウの［レポートに追加するフィールドを選択してください］の一覧からフィールドを、［フィルター］ボックス、［列］ボックス、［行］ボックス、［値］ボックスのいずれかにドラッグします。
［ピボットテーブルのフィールド］作業ウィンドウでレイアウトしたフィールドは、ワークシート上のピボットテーブルの各要素として表示されます。

ピボットテーブルの構成要素

④フィルターフィールド　②列ラベルフィールド　[ピボットテーブルのフィールド] 作業ウィンドウ

①行ラベルフィールド　③値フィールド

フィールド名をレイアウトする位置を示すボックスにドラッグする

ここで指定したフィールドがピボットテーブルの各要素として表示される

①行：行ラベル（縦項目）として表示したいデータのフィールドを指定します。
②列：列ラベル（横項目）として表示したいデータのフィールドを指定します。
③値：集計結果を表示したいフィールドを指定します。
④フィルター：フィールド内の特定の値だけを集計する場合に指定します。アイテムを選択すると、ピボットテーブルのデータが抽出され集計されます。

第**4**章

高度な機能を使用したグラフやテーブルの管理

### ●特定のデータだけを絞り込んで集計する

ピボットテーブルでは、行ラベルや列ラベル、フィルターのフィールドで特定のデータ（アイテム）を抽出して集計、表示することができます。

目的のラベルやフィールドの右側の▼をクリックして一覧を表示し、アイテムを指定して[OK]をクリックします。

**★ヒント**

**個々のアイテムを選択**

[(すべて選択)]チェックボックスをオフにすると、すべてのアイテムのチェックボックスがオフになります。その後で、目的のアイテムのチェックボックスをオンにすると、集計対象のアイテム数が少ない場合に効率よく選択できます。

列ラベルのフィールドでアイテムを絞り込む

**★ヒント**

**複数のアイテムを選択**

フィルターの一覧から複数のアイテムを選択する場合は、[複数のアイテムを選択]チェックボックスをオンにします。各アイテムにチェックボックスが表示され、オンにして選択することができます。

フィルターのフィールドでアイテムを絞り込む

---

## 操作手順

【操作1】

❶ ワークシート「売上表」のセルA3～H116の範囲内の任意のセルをクリックします。

❷ [挿入]タブの [ピボットテーブル]ボタンをクリックします。

**◆その他の操作方法**

**ピボットテーブルの作成**

[挿入]タブの[おすすめピボットテーブル]ボタンをクリックすると、[おすすめピボットテーブル]ダイアログボックスが表示され、列ラベル、行ラベル、値にデータベース内のフィールドが設定された状態のおすすめのピボットテーブルの一覧が表示されます。目的のレイアウトがある場合は選択し、[OK]をクリックすると、そのピボットテーブルが作成されます。

[おすすめピボットテーブル]ボタン

❸ ［テーブルまたは範囲からのピボットテーブル］ダイアログボックスが表示されるの
で［表または範囲の選択］の［テーブル／範囲］ボックスに「売上表!$A$3:$H$116」
と表示されていることを確認します。

❹ ［ピボットテーブルレポートを配置する場所を選択してください］の［新規ワーク
シート］が選択されていることを確認します。

❺ ［OK］をクリックします。

★ヒント

**自動認識された表の範囲**

［テーブルまたは範囲からのピボ
ットテーブル］ダイアログボック
スの［表または範囲の選択］の［テ
ーブル／範囲］ボックスに自動認
識された表の範囲は点線で囲ま
れた表示になります。

❻ 新規ワークシートに空白のピボットテーブルレポートが作成され、［ピボットテーブ
ルのフィールド］作業ウィンドウが表示されます。

【操作2】

❼ ［ピボットテーブルのフィールド］作業ウィンドウの［レポートに追加するフィール
ドを選択してください］の一覧の［販売先］を［行］ボックスにドラッグします。

❽ ［分類］を［列］ボックスにドラッグします。

❾ ［売上金額］を［値］ボックスにドラッグします。

❿ ［売上日］を［フィルター］ボックスにドラッグします。

⓫ ピボットテーブルの行ラベルに「販売先」、列ラベルに「分類」、値に「合計／売上
金額」、フィルターに「売上日」が表示されます。

！ポイント

**ピボットテーブルに
レイアウトされたフィールド**

［ピボットテーブルのフィールド］
作業ウィンドウの［レポートに追
加するフィールドを選択してくだ
さい］の一覧のフィールド名は、
ピボットテーブルにレイアウトさ
れるとチェックボックスがオンに
なります。クリックしてオフにす
るとピボットテーブルから削除さ
れます。

⑫ セル B1（［売上日］の「（すべて）」と表示されているフィルター）の▼をクリックし、
一覧から［9月10日］をクリックします。

⑬ ［OK］をクリックします。

## ★ヒント

**抽出の解除**

抽出処理がされているフィールドの▼は ![icon] に変わります（［ピボットテーブルのフィールド］作業ウィンドウの［レポートに追加するフィールドを選択してください］の一覧のフィールド名の右側には ▽ が表示されます）。解除するには、このボタンをクリックし、一覧から［（すべて）］を選択し、［OK］をクリックします。

⑭ 売上日が 9 月 10 日のデータが集計されます。

## ★ヒント

**ピボットテーブルのスタイル**

ピボットテーブル内のセルを選択すると、リボンにの［ピボットテーブル分析］タブと［デザイン］タブが表示されます。［デザイン］タブを使うと、ピボットテーブルのスタイルなどを設定することができます（「4-2-4」参照）。

---

## 4-2-2　ピボットテーブルのレイアウトを変更する、データをグループ化する

### 練習問題

**問題フォルダー**
└ 問題 4-2-2.xlsx

**解答フォルダー**
└ 解答 4-2-2.xlsx

【操作 1】ワークシート「集計」のピボットテーブルのフィルターの「売上日」と列ラベルの「分類」を入れ替えます。

【操作 2】列ラベルの日付をグループ化して、月単位で表示します。

ピボットテーブルを作成した後で、フィールドの追加や移動、削除などのレイアウトの変更を行うことができます。

また、フィールドのデータの種類に応じてグループ化し、データの概要を把握しやすくすることができます。

**重要用語**

☐ レイアウトの変更
☐ グループ化
☐ [フィールドのグループ化]
ボタン
☐ [グループ化] ダイアログ
ボックス

### ●レイアウトを変更する

ピボットテーブルのレイアウト変更は、[ピボットテーブルのフィールド] 作業ウィンドウ下部のエリアセクションで行います。フィールドの追加は、レイアウトの設定と同様の手順で行えます（「4-2-1」参照）。フィールドのレイアウトを変更する場合は、フィールドを [フィルター]、[列]、[行]、[値] の目的の位置のボックスにドラッグします。フィールドを削除する場合は、ボックス内のフィールドを作業ウィンドウの外側にドラッグします。[レポートに追加するフィールドを選択してください] の一覧でチェックボックスをオフにしても削除できます。

フィールドのレイアウトの変更

フィールドの削除

行ラベルや列ラベルのアイテムの表示順を変更する場合は、アイテム名のセルを選択し、枠線上をポイントしてマウスポインターの形が ✥ になったら、目的の位置までドラッグします（移動先には、行ラベルの場合はH型、列ラベルの場合はI型の太線が表示されます）。この操作によってアイテムの値のデータも移動します。

フィールドのアイテムの表示順の変更

### ●フィールドをグループ化する

フィールドのデータの種類に応じてグループ化することができます。たとえば、日付データが含まれるフィールドでは、月単位や年単位などにまとめることが可能です。

グループ化するには、対象となるフィールドのセルをクリックし、[ピボットテーブル分析] タブの 〖 フィールドのグループ化 〗 [フィールドのグループ化] ボタンをクリックします。[グループ化] ダイアログボックスが表示されるので、[単位] ボックスの一覧からグループ化する単位を指定します。

日付データの [グループ化] ダイアログボックス

グループ化する単位を選択する

なお、日付のフィールドは、［ピボットテーブルのフィールド］作業ウィンドウの［レポートに追加するフィールドを選択してください］の一覧から［行］ボックスや［列］ボックスにドラッグすると、自動的にグループ化されて、［月 (売上日)］と［売上日］のような階層構造で集計されます。行ラベルや列ラベルの ⊞ をクリックすると、詳細データが表示されます。

［売上日］のフィールドを［列］ボックスにドラッグして自動的にグループ化された状態

## 操作手順

### 【操作 1】

❶ ワークシートの「集計」の［ピボットテーブルのフィールド］作業ウィンドウの［フィルター］ボックスの［売上日］を［列］ボックスにドラッグします。

❷ ［列］ボックスの［分類］を［フィルター］ボックスにドラッグします。

❸ ピボットテーブルのフィルターに「分類」が、列ラベルに「売上日」の日付が表示されます。

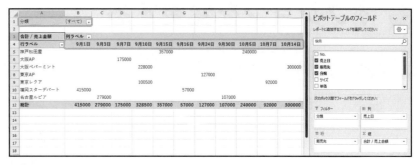

## 【操作 2】

❹ 列ラベルの任意の日付のセルをクリックします。

❺ [ピボットテーブル分析] タブの [フィールドのグループ化] [フィールドのグループ化] ボタンをクリックします。

❻ [グループ化] ダイアログボックスが表示されるので、[単位] ボックスの [月] が選択されていることを確認します。

❼ [OK] をクリックします。

❽ 列ラベルの日付がグループ化され、月単位で集計されます。

4-2 ピボットテーブルを作成する、変更する | **261**

---

その他の操作方法

フィールドのグループ化

[ピボットテーブル分析] タブの [→ グループの選択] [グループの選択] ボタンをクリックしても、[グループ化] ダイアログボックスが表示され、フィールドをグループ化することができます。

---

★ヒント

グループの解除

フィールドのグループ化を解除するには、グループ化されているフィールドのいずれかのセルをクリックし、[ピボットテーブル分析] タブの [グループ解除] [グループ解除] ボタンをクリックします。

---

第4章 高度な機能を使用したグラフやテーブルの管理

# フィールドの選択項目とオプションを変更する

## 練習問題

問題フォルダー
└問題 4-2-3.xlsx

解答フォルダー
└解答 4-2-3.xlsx

【操作 1】ワークシート「集計」のピボットテーブルの行ラベルの「福岡スターデパート」の内訳として「分類」の詳細データを表示します。

【操作 2】ワークシート「集計」のピボットテーブルの空白セルに「0」が表示され、ファイルを開いたときにデータが更新される設定にします。

「分類」別の詳細データを表示する

空白のセルに「0」を表示し、ファイルを開いたときにデータが更新される設定にする

## 機能の解説

### 重要用語

□ 詳細データを表示

□ エラー値や空白セルに表示する値を指定

□ ファイルを開くときにデータを更新する

□ [詳細データの表示]ダイアログボックス

□ [ピボットテーブル]ボタン

□ [オプション] ボタン

□ [ピボットテーブルオプション] ダイアログボックス

ピボットテーブルでは、行ラベルや列ラベルのフィールドに内訳のフィールドを追加し、詳細データを表示して分析することができます。また、オプションを変更して、エラー値や空白セルに表示する値を指定したり、ファイルを開くときにデータを更新する設定に変更したりすることができます。

## ●詳細データを表示する

現在表示されているフィールドに、内訳として表示したいフィールドを追加するには、行ラベルまたは列ラベルの任意のアイテムをダブルクリックします。[詳細データの表示]ダイアログボックスが表示されるので、詳細データを表示するフィールドを選択します。

[詳細データの表示]ダイアログボックスで内訳のフィールドを追加する

> アイテムをダブルクリックすると、このダイアログボックスが表示される

> 選択したフィールドで内訳が作成され、詳細が表示される

> ここをクリックすると、詳細データの表示/非表示が切り替えられる

行ラベルまたは列ラベルにフィールドが追加されると、アイテムの左側に ⊞ 展開ボタンと ⊟ 折りたたみボタンが表示され、クリックすると、詳細データの表示/非表示を切り替えることができます。

## ●ピボットテーブルのオプションを変更する

ピボットテーブルのオプションを変更するには、[ピボットテーブル分析]タブの[ピボットテーブル]ボタンをクリックし、[オプション]ボタンをクリックして表示される[ピボットテーブルオプション]ダイアログボックスを使用します。

[ピボットテーブルのオプション]ダイアログボックスの
[レイアウトと書式]タブ

[データ]タブ

---

### ポイント
**ドリルダウン**

概要データから詳細データへと対象を掘り下げていくことを「ドリルダウン」といいます。

### その他の操作方法
**内訳の追加**

内訳として表示したいフィールドを[ピボットテーブルのフィールド]作業ウィンドウの[レポートに追加するフィールドを選択してください]の一覧から[行]や[列]ボックスの現在のフィールドの下にドラッグしても内訳が追加されます。この方法で追加したフィールドはすべてのアイテムが展開されます。
なお、[詳細データの表示]ダイアログボックスで選択する方法で行った場合も、[行]や[列]ボックスにフィールドが追加されます。

### ヒント
**明細データを別のワークシートに表示**

ピボットテーブルの値をダブルクリックすると、新しいワークシートが作成され、集計元のデータの一覧が表示されます。

【操作1】

❶ ワークシート「集計」のピボットテーブルの行ラベルの「福岡スターデパート」の
セル（セルA10）をダブルクリックします。

❷ ［詳細データの表示］ダイアログボックスが表示されるので、［詳細データを表示す
るフィールドを選択してください］ボックスの一覧から［分類］をクリックします。

❸ ［OK］をクリックします。

❹ 「福岡スターデパート」の売上金額が「分類」別に表示されます。

【操作2】

❺ ［ピボットテーブル分析］タブの [ピボットテーブル] ボタンをクリックします。

❻ オプション ［オプション］をクリックします。

★ヒント

［ピボットテーブル］ボタン
環境によっては、［ピボットテー
ブル］ボタンは［ピボットテーブ
ル］グループとして表示される場
合があります。

❼ ［ピボットテーブルオプション］ダイアログボックスが表示されるので、［レイアウ
　トと書式］タブの［書式］の［空白セルに表示する値］ボックスにチェックが付い
　ていることを確認し、右側のボックスに「0」を入力します。

**ポイント**

**ピボットテーブルの更新**
ピボットテーブルの基になってい
るデータが更新されても、ピボッ
トテーブルのデータは自動的には
更新されません。❽の手順で、［フ
ァイルを開くときにデータを更新
する］チェックボックスをオンに
しておくと、次回ファイルを開い
たときに更新されます。
なお、ファイルを開いている状態
で、すぐに更新する場合は、［ピ
ボットテーブル分析］タブの［更
新］ボタンをクリックします。

［更新］ボタン

❽ ［データ］タブの［ファイルを開くときにデータを更新する］チェックボックスをオ
　ンにします。

❾ ［OK］をクリックします。

⑩ ピボットテーブルの空白だった値（セル B11、B13、C13、C15、C16、D15）に「0」が表示されます。

| | A | B | C | D | E |
|---|---|---|---|---|---|
| 3 | 合計 / 売上金額 | 列ラベル | | | |
| 4 | 行ラベル | 9月 | 10月 | 11月 | 総計 |
| 5 | ⊞神戸松田屋 | 357000 | 745000 | 418500 | 1520500 |
| 6 | ⊞大阪AP | 175000 | 202500 | 175000 | 552500 |
| 7 | ⊞大阪ペパーミント | 228000 | 420000 | 48000 | 696000 |
| 8 | ⊞東京AP | 127000 | 355000 | 391000 | 873000 |
| 9 | ⊞東京レクア | 100500 | 417000 | 235000 | 752500 |
| 10 | ⊟福岡スターデパート | 472000 | 614000 | 1528000 | 2614000 |
| 11 | コート | 0 | 350000 | 700000 | 1050000 |
| 12 | スカート | 156000 | 144000 | 240000 | 540000 |
| 13 | セーター | 0 | 0 | 300000 | 300000 |
| 14 | パンツ | 120000 | 120000 | 288000 | 528000 |
| 15 | ブラウス | 196000 | 0 | 0 | 196000 |
| 16 | ⊞名古屋ルピア | 386000 | 0 | 180000 | 566000 |
| 17 | 総計 | 1845500 | 2753500 | 2975500 | 7574500 |

集計　売上表　＋

準備完了　アクセシビリティ: 検討が必要です

## 4-2-4 集計の表示、表の形式やスタイルを変更する

### 練習問題

問題フォルダー
└問題 4-2-4.xlsx

解答フォルダー
└解答 4-2-4.xlsx

【操作 1】ワークシート「集計」のピボットテーブルを表形式で表示します。

【操作 2】ワークシート「集計」のピボットテーブルの各アイテムの後ろに空白行を入れます。

【操作 3】ワークシート「集計」のピボットテーブルの各列のみに総計を表示します。

表形式で表示し、各アイテムの後ろに空白行を入れる、各列のみに総計を表示する

**重要用語**

- ☐ 集計フィールドの表示 / 非表示
- ☐ 表の形式
- ☐ スタイル
- ☐ [小計] ボタン
- ☐ [総計] ボタン
- ☐ [レポートのレイアウト] ボタン
- ☐ [空白行] ボタン
- ☐ [ピボットテーブルスタイル] グループの [その他] ボタン
- ☐ [ピボットテーブルスタイルのオプション] グループの各チェックボックス

ピボットテーブルの任意のセルを選択して表示される [デザイン] タブのボタンを使うと、ピボットテーブルの集計フィールドの表示 / 非表示、表の形式、スタイルなどの書式設定をすることができます。

[デザイン] タブ

集計フィールドの表示 / 非表示や表の形式を変更できる

### ●集計フィールドの表示 / 非表示

[デザイン] タブの [小計] ボタン、 [総計] ボタンをクリックすると、小計、総計の表示 / 非表示を切り替えられます。

### ●表の形式の変更

[デザイン] タブの [レポートのレイアウト] ボタンをクリックすると、ピボットテーブルの表の形式を変更することができます。ピボットテーブルの形式は下記の 3 種類です。

**・コンパクト形式**

ピボットテーブルの既定の形式です。異なる行領域フィールドのアイテムを 1 つの列に表示し、異なるフィールドのアイテムを区別するためにインデントが設定されます。行ラベルで使用するスペースが小さいため、コンパクトな表になります。小計はグループの先頭に表示されます。

**・アウトライン形式**

1 つのフィールドを 1 つの列に表示し、フィールドの見出しが表示されます。小計はグループの先頭に表示されます。

**・表形式**

アウトライン形式と同様に、1 つのフィールドを 1 つの列に表示し、フィールドの見出しが表示されます。小計はグループの末尾に表示されます。

各アイテムの後ろに空白行を入れたり、削除したりするには、[デザイン] タブの [空白行] ボタンを使用します。

### ●スタイルの変更

[デザイン] タブの [ピボットテーブルスタイル] グループの ▼ [その他] ボタンをクリックすると、スタイルの一覧が表示され、選択して一括でスタイルを変更できます。設定されたスタイルの見出しと縞模様は、[ピボットテーブルスタイルのオプション] グループの各チェックボックスでオン / オフを切り替えられます。

[デザイン] タブ

見出しの書式や縞模様を付けるか付けないかを設定できる

ここをクリックすると、スタイルの一覧が表示される

---

## 操作手順

**【操作 1】**

❶ ワークシートの「集計」のピボットテーブル内の任意のセルをクリックします。

❷ [デザイン] タブの [レポートのレイアウト] ボタンをクリックします。

❸ [表形式で表示] をクリックします。

❹ フィールド名「販売先」「分類」「月（売上日）」が表示され、小計がグループの末尾に表示されます。

【操作 2】

❺ ［デザイン］タブの ［空白行］ボタンをクリックします。

❻ ［各アイテムの後ろに空行を入れる］をクリックします。

❼ 販売先の区切りに空白行が挿入されます。

| | A | B | C | D | E | F | G | H |
|---|---|---|---|---|---|---|---|---|
| 1 | | | | | | | | |
| 2 | | | | | | | | |
| 3 | 合計 / 売上金額 | | 月（売上日） | | | | | |
| 4 | 販売先 | 分類 | 9月 | 10月 | 11月 | 総計 | | |
| 5 | ⊟ 神戸松田屋 | カットソー | 0 | 45000 | 13500 | 58500 | | |
| 6 | | コート | 0 | 210000 | 0 | 210000 | | |
| 7 | | スカート | 182000 | 300000 | 0 | 482000 | | |
| 8 | | セーター | 75000 | 0 | 0 | 75000 | | |
| 9 | | パンツ | 0 | 120000 | 300000 | 420000 | | |
| 10 | | ブラウス | 100000 | 70000 | 105000 | 275000 | | |
| 11 | 神戸松田屋 集計 | | 357000 | 745000 | 418500 | 1520500 | | |
| 12 | | | | | | | | |
| 13 | ⊟ 大阪AP | カットソー | 45000 | 13500 | 9000 | 67500 | | |
| 14 | | コート | 0 | 0 | 70000 | 70000 | | |
| 15 | | スカート | 70000 | 0 | 48000 | 118000 | | |

**【操作 3】**

⑧ [デザイン] タブの  [総計] ボタンをクリックします。

⑨ [列のみ集計を行う] をクリックします。

⑩ F 列にあった各行の総計フィールドがなくなります。

⑪ 下方向にスクロールして、57 行目に各列の総計が表示されていることを確認します。

# 4-2-5 集計方法や表示形式を変更する

## 練習問題

問題フォルダー
└問題 4-2-5.xlsx

解答フォルダー
└解答 4-2-5.xlsx

ワークシート「集計」の売上金額の計算を変更し、各月の販売先ごとの売上金額の比率を計算します。なお、比率は小数点以第 1 位までのパーセントスタイルで表示します。

各月の売上金額の比率を計算し、表示形式を設定する

## 機能の解説

□ 集計方法
□ [アクティブなフィールド] ボックス
□ [フィールドの設定] ボタン
□ [値フィールドの設定] ダイアログボックス
□ [集計方法] タブ
□ [計算の種類] タブ
□ [表示形式]
□ [セルの書式設定] ダイアログボックスの [表示形式] タブ

ピボットテーブルの値に指定したフィールドの集計方法は、自由に変更できます。

合計を平均にするなど集計方法を変更する場合は、値の任意のセルまたは値のフィールド名のセルをクリックし、[ピボットテーブル分析] タブの [アクティブなフィールド] ボックスにそのフィールド名が表示されていることを確認し、[フィールドの設定] [フィールドの設定] ボタンをクリックします。[値フィールドの設定] ダイアログボックスが表示されるので、[集計方法] タブの [値フィールドの集計] の [選択したフィールドのデータ] ボックスから集計方法を選択します。

[フィールドの選択] ボタンをクリックして [値フィールドの設定] ダイアログボックスを開き [集計方法] タブを表示した状態

集計方法は、合計のほか、データの個数、平均、最大値、最小値などに変更できる

**その他の操作方法**

[値フィールドの設定]
ダイアログボックスの表示

[値フィールドの設定] ダイアログボックスは、[ピボットテーブルのフィールド] 作業ウィンドウの [値] ボックスのフィールドをクリックし、[値フィールドの設定] をクリックしても表示できます。

**ヒント**

値フィールドの名前

値フィールドには「合計 / 売上金額」のように「(集計方法) / (フィールド名)」が表示されます。この名前は [値フィールドの設定] ダイアログボックスの [名前の指定] ボックスで変更できます。
また、他のフィールドの名前も同様に、[ピボットテーブルのフィールド] 作業ウィンドウ下部の各エリアセクションのボックスのフィールドをクリックし、[フィールドの設定] をクリックして表示される [フィールドの設定] ダイアログボックスで変更できます。

**その他の操作方法**

集計方法の変更

値のフィールドの任意のセルを右クリックし、ショートカットメニューの [値の集計方法] または [計算の種類] をポイントすると、集計方法または計算の種類の一覧が表示され、クリックすると集計方法を変更することができます。

合計金額を売上比率にするなど計算の種類を変更する場合は、同様に [値フィールドの設定] ダイアログボックスを表示し、[計算の種類] タブの [計算の種類] ボックスの▼をクリックし、一覧から計算方法を選択します。

[値フィールドの設定] ダイアログボックスの [計算の種類] タブ

計算の種類を、総計に対する比率や列集計に対する比率、行集計に対する比率などに変更できる

ここをクリックすると、[セルの書式設定] ダイアログボックスが表示される

また、[値フィールドの設定] ダイアログボックスの [表示形式] をクリックすると、[セルの書式設定] ダイアログボックスの [表示形式] タブが表示され、値の表示形式を一括で設定することができます。

[セルの書式設定] ダイアログボックスの [表示形式] タブ

ピボットテーブル内の値の表示形式を一括で設定できる

❶ セル A3 の［合計 / 売上金額］をクリックします。

❷ ［ピボットテーブル分析］タブの［アクティブなフィールド］の［アクティブなフィールド］ボックスに「合計 / 売上金額」と表示されていることを確認し、[📰 フィールドの設定] ［フィールドの設定］ボタンをクリックします。

❸ ［値フィールドの設定］ダイアログボックスが表示されるので、［ソース名］が「売上金額」になっていることを確認し、［集計方法］タブの［値フィールドの集計］の［選択したフィールドのデータ］ボックスの［合計］が選択されていることを確認します。

❹ ［計算の種類］タブの［計算の種類］ボックスの▼をクリックし、一覧から［列集計に対する比率］をクリックします。

❺ ［表示形式］をクリックします。

❻ [セルの書式設定] ダイアログボックスが表示されるので、[表示形式] タブの [分類]
ボックスの一覧の [パーセンテージ] が選択されていることを確認し、[小数点以下
の桁数] ボックスを「1」にします。

❼ [OK] をクリックします。

❽ [値フィールドの設定] ダイアログボックスの [OK] をクリックします。

❾ 各月の販売先ごとの売上金額の比率が小数点以下第1位までのパーセントスタイル
で表示されます。

| | A | B | C | D | E | F | G | H |
|---|---|---|---|---|---|---|---|---|
| 1 | 分類 | (すべて) | | | | | | |
| 2 | | | | | | | | |
| 3 | 合計 / 売上金額 | 列ラベル | | | | | | |
| 4 | 行ラベル | 9月 | 10月 | 11月 | 総計 | | | |
| 5 | 神戸松田屋 | 19.3% | 27.1% | 14.1% | 20.1% | | | |
| 6 | 大阪AP | 9.5% | 7.4% | 5.9% | 7.3% | | | |
| 7 | 大阪ペパーミント | 12.4% | 15.3% | 1.6% | 9.2% | | | |
| 8 | 東京AP | 6.9% | 12.9% | 13.1% | 11.5% | | | |
| 9 | 東京レクア | 5.4% | 15.1% | 7.9% | 9.9% | | | |
| 10 | 福岡スターデパート | 25.6% | 22.3% | 51.4% | 34.5% | | | |
| 11 | 名古屋ルピア | 20.9% | 0.0% | 6.0% | 7.5% | | | |
| 12 | 総計 | 100.0% | 100.0% | 100.0% | 100.0% | | | |
| 13 | | | | | | | | |
| 14 | | | | | | | | |
| 15 | | | | | | | | |
| 16 | | | | | | | | |
| 17 | | | | | | | | |

# スライサーやタイムラインを使ってデータを抽出する

## 練習問題

問題フォルダー
└ 問題 4-2-6.xlsx

解答フォルダー
└ 解答 4-2-6.xlsx

【操作 1】 スライサーを使用して、分類が「カットソー」「セーター」「ブラウス」の売上金額を集計します。

【操作 2】 タイムラインを使用して、10 月の売上データを抽出、集計します。

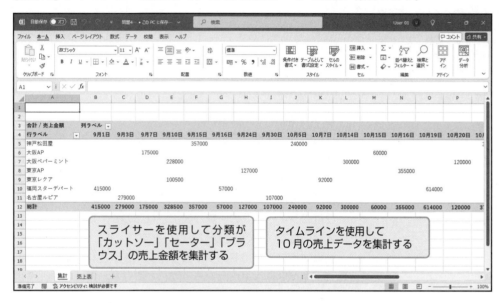

スライサーを使用して分類が「カットソー」「セーター」「ブラウス」の売上金額を集計する

タイムラインを使用して 10 月の売上データを集計する

## 機能の解説

重要用語

□ スライサー
□ タイムライン
□ [スライサーの挿入] ボタン
□ [スライサーの挿入] ダイアログボックス
□ [タイムラインの挿入] ボタン
□ [タイムラインの挿入] ダイアログボックス

スライサーやタイムラインを使用すると、アイテムや期間をクリックまたはドラッグするだけで、ピボットテーブルのデータを抽出して集計することができます。抽出は、各フィールドの▼をクリックして表示される一覧でも行えますが、抽出後に条件を確認するには、再び一覧を開く必要があります。スライサーやタイムラインを使用した場合は、抽出されているアイテムや期間の色を変えて表示されるので、抽出条件がひと目で確認できます。また、ピボットテーブルに表示されていないフィールドでもスライサーやタイムラインを表示して抽出、集計することが可能です。

### ●スライサーの使用

スライサーを表示するには、[ピボットテーブル分析] タブの ［スライサーの挿入］ ［スライサーの挿入］ ボタンをクリックします。[スライサーの挿入] ダイアログボックスにフィールドの一覧が表示されるので、抽出を行うフィールドのチェックボックスをオンにして [OK] をクリックします。

該当するフィールドごとにスライサーが表示され、アイテムをクリックすると、ピボットテーブルのデータが抽出され、集計されます。

第 4 章 高度な機能を使用したグラフやテーブルの管理

**抽出の解除**

スライサーやタイムラインの右上
の [フィルターのクリア] ボ
タンをクリックすると、抽出が解
除され、すべてのデータが表示さ
れます。

**スライサーやタイムラインの
削除**

スライサーやタイムラインをクリ
ックして **Delete** キーを押すと、
削除されます。削除によって抽出
が解除されるとは限らないので、
削除する前に抽出を解除（前述
の「ヒント」参照）した方がよい
でしょう。

[スライサーの挿入] ダイアログボックス　　スライサーで抽出した結果

チェックボックスを
オンにすると、その
項目のスライサーが
表示される

選択したアイテムの
データが集計される

## ●タイムラインの使用

日付のフィールドでデータを抽出する場合は、タイムラインが使えます。「年」「四半期」「月」
「日」の４つの期間のレベルで、期間を指定して簡単に抽出ができます。

タイムラインを表示するには、[ピボットテーブル分析] タブの [タイムラインの挿入] [タイム
ラインの挿入] ボタンをクリックします。[タイムラインの挿入] ダイアログボックスに
日付のフィールドの一覧が表示されるので、抽出を行うフィールドのチェックボックスを
オンにして [OK] をクリックします。

該当するフィールドのタイムラインが表示され、単位を選択し、タイムラインスクロール
バーをクリックまたはドラッグして期間を指定すると、その期間のデータが抽出され、集
計されます。

[タイムラインの挿入] ダイアログボックス　　タイムラインで抽出した結果

チェックボックスを
オンにすると、その項
目のタイムラインが表
示される

単位を選択できる

指定した期間の
データが抽出、
集計される

タイムラインスクロールバー

**【操作 1】**

❶ ワークシート「集計」のピボットテーブル内の任意のセルをクリックします。

❷ ［ピボットテーブル分析］タブの ⊞ スライサーの挿入 ［スライサーの挿入］ボタンをクリックします。

❸ ［スライサーの挿入］ダイアログボックスが表示されるので、［分類］チェックボックスをオンにします。

❹ ［OK］をクリックします。

❺ ［分類］のスライサーが表示されます。

❻ ［分類］スライサーの一覧から［カットソー］をクリックし、**Ctrl** キーを押しながら［セーター］、［ブラウス］をクリックします。

❼ ピボットテーブルに、分類が「カットソー」「セーター」「ブラウス」の売上金額が集計されます。

**🌟ヒント**

**スライサーやタイムラインの移動**

スライサーやタイムラインはタイトル部分（この場合は「分類」のところ）をドラッグすると移動できます。

**🌟ヒント**

**スライサーやタイムラインの書式設定**

スライサーやタイムラインを選択すると、リボンに［スライサー］タブや［タイムライン］タブが表示されます。これを使って、スライサーやタイムラインのスタイルやサイズなどを設定することができます。

【操作2】

⑧ ピボットテーブル内の任意のセルをクリックします。

⑨ [ピボットテーブル分析] タブの 🔲 タイムラインの挿入 ［タイムラインの挿入］ボタンを
クリックします。

⑩ [タイムラインの挿入] ダイアログボックスが表示されるので、［売上日］チェック
ボックスをオンにします。

⑪ [OK] をクリックします。

[タイムラインの挿入]
ダイアログボックスに
表示される項目
[タイムラインの挿入] ダイアロ
グボックスには、日付や時刻のデ
ータのフィールドのみが表示され
ます。

⑫ [売上日] のタイムラインが表示されます。

⑬ [すべての期間]、［月］と表示されていることを確認し、タイムラインスクロールバー
の「10」の部分をクリックします。

⑭ 「2023 年 10 月」に表示が変わり、列ラベルに 10 月の日付だけが表示され、集計
されます。

# 4-2-7 集計フィールドを追加する

問題フォルダー
└ 問題 4-2-7.xlsx

解答フォルダー
└ 解答 4-2-7.xlsx

## 練習問題

ワークシート「最寄り駅」のピボットテーブルに集計フィールド「初期費用」を追加し、家賃に礼金と敷金の月数の合計を掛けた金額を求めます。なお、礼金と敷金のフィールドは月数を表しています。

集計フィールドを追加して、礼金と敷金から初期費用を求める

## 機能の解説

### 重要用語

□ 集計フィールドを追加

□ [フィールド / アイテム / セット] ボタン

□ [集計フィールド]

□ [集計フィールドの挿入] ダイアログボックス

ピボットテーブルでは、値フィールドで、ピボットテーブル内のフィールドを使用した独自の数式を作成して、集計フィールドを追加することができます。たとえば売上金額に消費税を加えた税込金額の集計フィールドを追加することなどが可能です。

集計フィールドを追加するには、ピボットテーブル内の任意のセルをクリックして、[ピボットテーブル分析] タブの 📊 フィールド/アイテム/セット ▾ [フィールド / アイテム / セット] ボタンをクリックします。一覧から [集計フィールド] をクリックすると、[集計フィールドの挿入] ダイアログボックスが表示されるので、[名前] ボックスに任意のフィールド名を入力します。[フィールド] ボックスにピボットテーブルのフィールドの一覧が表示されるので、数式に使用するフィールドを選択し、[フィールドの挿入] をクリックします。[数式] ボックスに選択したフィールドが表示されるので、それをもとに数式を作成します。[OK] をクリックすると、ピボットテーブルに集計フィールドが追加され、計算結果が表示されます。

★ヒント
**集計フィールドの編集と削除**
[集計フィールドの挿入]ダイアログボックスの[名前]ボックスの▼をクリックし、一覧から集計フィールド名を選択すると、[数式]ボックスに設定した数式が表示されるので編集します。[削除]をクリックすると集計フィールドが削除されます。

★ヒント
**集計フィールドの表示形式**
集計フィールドの表示形式は、数式に使われたフィールドと同じになります。この例では売上金額のフィールドが通貨表示形式だったため、税込金額の集計フィールドも通貨表示形式になります。

★ヒント
**集計フィールドの非表示**
[ピボットテーブルのフィールド]作業ウィンドウの[レポートに追加するフィールドを選択してください]の一覧の集計フィールドのチェックボックスをオフにするか、[値]ボックスの集計フィールドをクリックし、一覧から[フィールドの削除]をクリックするとピボットテーブル内の集計フィールドが非表示になります。

売上金額に消費税を加えた集計フィールド「税込金額」を作成する場合

## 操作手順

【操作1】

❶ ワークシート「最寄り駅」のピボットテーブル内のセルがアクティブになっていることを確認します。

❷ [ピボットテーブル分析]タブの [フィールド/アイテム/セット ▾] [フィールド / アイテム / セット]ボタンをクリックします。

❸ 一覧から[集計フィールド]をクリックします。

④［集計フィールドの挿入］ダイアログボックスが表示されるので、［名前］ボックスの「フィールド1」が選択されている状態で「初期費用」と上書き入力します。

⑤［フィールド］ボックスの一覧から［家賃］をクリックします。

⑥［フィールドの挿入］をクリックします。

**🔷 その他の操作方法 〉**

フィールドの挿入

［フィールドの挿入］ボタンを使わず、［フィールド］ボックスのフィールド名をダブルクリックしても、［数式］ボックスにフィールドが挿入されます。

⑦［数式］ボックスに「＝家賃」と表示されます。

⑧続けて「*（」を入力します。

⑨［フィールド］ボックスの一覧から［礼金］をクリックします。

⑩［フィールドの挿入］をクリックします。

⑪［数式］ボックスに「＝家賃 *（礼金」と表示されます。

⑫続けて「＋」を入力します。

⑬［フィールド］ボックスの一覧から［敷金］をクリックします。

⑭［フィールドの挿入］をクリックします。

⑮ [数式] ボックスに「＝家賃 *（礼金＋敷金」と表示されます。

⑯ 続けて「)」を入力します。

⑰ [数式] ボックスに「＝家賃 *（礼金＋敷金）」と表示されていることを確認し、[OK]
をクリックします。

⑱ ピボットテーブルに「合計 / 初期費用」の集計フィールドが追加され、家賃に礼金
と敷金の月数の合計を掛けた金額が表示されます。

# 4-3 ピボットグラフを作成する、変更する

ピボットテーブルのデータを基に作成したグラフをピボットグラフといいます。ピボットグラフを使うと集計したデータを視覚的に分析することができます。

## 4-3-1 ピボットグラフを作成する

### 練習問題

問題フォルダー
└問題 4-3-1.xlsx

解答フォルダー
└解答 4-3-1.xlsx

【操作 1】ワークシート「売上表」のセル範囲 A3:H116 を基にピボットグラフを新規ワークシートに作成します。

【操作 2】軸（分類項目）に「分類」、凡例（系列）に「サイズ」、値に「数量」、フィルターに「販売先」を設定します。

【操作 3】ピボットグラフのグラフの種類を「積み上げ縦棒」に変更し、セル範囲 G1:M13 に配置します。

### 機能の解説

【重要用語】

□ ピボットグラフ

□ ［ピボットグラフ］ボタン

□ ［ピボットグラフの作成］ダイアログボックス

□ ピボットテーブルレポート

□ ［ピボットグラフのフィールド］作業ウィンドウ

□ 軸（分類項目）

□ 凡例（系列）

ピボットグラフは、ピボットテーブルをグラフにしたもので、データベースを多角的かつ視覚的に分析することができます。ピボットグラフはピボットテーブルと同様、作成後でもフィールドや集計方法を簡単に変更できます。また、ピボットテーブルとリンクしているので、ピボットテーブルかピボットグラフの一方を変更すると、他方に変更が反映されます。

ピボットグラフを作成するには、ピボットテーブルと同時にピボットグラフを作成する方法と既存のピボットテーブルから作成する方法があります。

□ 値
□ フィルター
□ ［グラフの種類の変更］
　ボタン
□ ［グラフの種類の変更］
　ダイアログボックス
□ ［グラフの挿入］
　ダイアログボックス

●ピボットテーブルとピボットグラフを同時に作成する

データベースからピボットテーブルとピボットグラフを同時に作成するには、データベース内の任意のセルをクリックして、［挿入］タブの  ［ピボットグラフ］ボタンをクリックします。［ピボットグラフの作成］ダイアログボックスが表示されるので、テーブルやセル範囲を確認し、ピボットテーブルとピボットグラフを配置するワークシートを指定します。

［ピボットグラフの作成］ダイアログボックス

ピボットグラフを作成すると、空白のピボットテーブルレポートとピボットグラフが作成され、［ピボットグラフのフィールド］作業ウィンドウが表示されます。ピボットグラフのレイアウトを設定するには、［ピボットグラフのフィールド］作業ウィンドウの［レポートに追加するフィールドを選択してください］の一覧からフィールドを、［フィルター］ボックス、［凡例（系列）］ボックス、［軸（分類項目）］ボックス、［値］ボックスのいずれかにドラッグします。

［ピボットグラフのフィールド］作業ウィンドウでレイアウトしたフィールドは、ピボットグラフおよびピボットテーブルの各要素として表示されます。

ピボットグラフの構成要素

① 軸（分類項目）：グラフの横（項目）軸として表示したいデータのフィールドを指定します。

指定したフィールドはピボットテーブルでは行ラベルに表示されます。

② 凡例（系列）　：グラフの系列として表示したいデータのフィールドを指定します。

指定したフィールドはピボットテーブルでは列ラベルに表示されます。

③　　　値　　：集計する値のフィールドを指定します。
　　　　　　　　指定したフィールドはピボットテーブルでも値に表示されます。
④　フィルター：フィールド内の特定の値だけを集計する場合に指定します。アイテムを
　　　　　　　　選択すると、ピボットグラフに、選択したアイテムの集計データを表示
　　　　　　　　することができます。
　　　　　　　　ピボットテーブルでも［フィルター］に表示されます。

この操作で作成されるのは集合縦棒グラフです。グラフの種類を変更するには、ピボットグラフをクリックし、［デザイン］タブの 🔲 ［グラフの種類の変更］ボタンをクリックします。［グラフの種類の変更］ダイアログボックス（下図［グラフの挿入］ダイアログボックスと同じ）が表示されるので、グラフの種類を選択します。

### ●既存のピボットテーブルからピボットグラフを作成する

既存のピボットテーブルを基にピボットテーブルを作成するには、ピボットテーブル内の任意のセルをクリックして、［挿入］タブの 🔲 ［ピボットグラフ］ボタンまたは［ピボットテーブル分析］タブの 🔲 ［ピボットグラフ］ボタンをクリックします。［グラフの挿入］ダイアログボックスが表示されるので、グラフの種類を選択します。

［ピボットグラフ］ボタンをクリックして、［グラフの挿入］ダイアログボックスが表示された状態

---

### その他の操作方法〉
**レイアウトの設定**

ピボットグラフのレイアウトは、［ピボットグラフのフィールド］作業ウィンドウの「レポートに追加するフィールドを選択してください」の一覧のフィールド名を右クリックし、ショートカットメニューの［レポートフィルターに追加］、［軸フィールド（項目）に追加］、［凡例フィールド（系列）に追加］、［値に追加］のいずれかをクリックしても指定できます。また、フィールド名の先頭にあるチェックボックスをオンにしても、各ボックスにフィールドを追加できます（既定では、数値以外のフィールドは［軸（分類項目）］ボックス、数値フィールドは［値］ボックスに追加されます）。

### ポイント
**ピボットグラフの移動、書式設定など**

ピボットグラフの移動やサイズ変更、書式設定などの操作方法は通常のグラフと同様です。マウス操作や、ピボットグラフを選択して表示される［ピボットグラフ分析］タブ、［デザイン］タブ、［書式］タブの各ボタンで行います。

### ヒント
**変更できないグラフの種類**

ピボットグラフは、散布図、株価チャートなどには変更できません。

【操作1】

❶ ワークシート「売上表」のセル A3 〜 H116 の範囲内の任意のセルをクリックします。

❷ [挿入] タブの  [ピボットグラフ] ボタンをクリックします。

**★ヒント**

**自動認識された表の範囲**

[ピボットグラフの作成] ダイアログボックスの [テーブルまたは範囲を選択] の [テーブル / 範囲] ボックスに自動認識された表の範囲は点線で囲まれた表示になります。

❸ [ピボットグラフの作成] ダイアログボックスが表示されるので、[分析するデータを選択してください。] の [テーブルまたは範囲を選択] が選択され、[テーブル / 範囲] ボックスに「売上表 !$A$3:$H$116」と表示されていることを確認します。

❹ [ピボットグラフの配置先を選択してください] の [新規ワークシート] が選択されていることを確認します。

❺ [OK] をクリックします。

❻ 新規ワークシート「Sheet1」が挿入され、空白のピボットテーブルレポートとピボットグラフが作成され、[ピボットグラフのフィールド] 作業ウィンドウが表示されます。

【操作 2】

❼ ［ピボットグラフのフィールド］作業ウィンドウの［レポートに追加するフィールドを
選択してください]の一覧の[分類]を[軸（分類項目）]ボックスにドラッグします。

❽ ［サイズ］を［凡例（系列）］ボックスにドラッグします。

❾ ［数量］を［値］ボックスにドラッグします。

❿ ［販売先］を［フィルター］ボックスにドラッグします。

⓫ ピボットグラフの軸（項目）に「分類」、凡例（系列）に「サイズ」、値に「合計／
数量」、フィルターに「販売先」が表示されます。

**ヒント**
集計方法の変更
値に指定したフィールドの集計
方法を変更する場合は、［値］ボ
ックスのフィールドをクリックし、
［値フィールドの設定］をクリッ
クします。［値フィールドの設定］
ダイアログボックスが表示される
ので、［集計方法］タブで合計、
データの個数、平均などの集計
方法を、［計算の種類］タブで総
計に対する比率、列集計に対す
る比率、行集計に対する比率な
どの計算の種類を変更できます。

**ヒント**
ピボットテーブルと
ピボットグラフ
ピボットテーブルとピボットグラフ
はリンクしています。ピボット
グラフでレイアウトしたフィール
ドは、ピボットテーブルにも自動
的に表示されます。ピボットグラ
フの軸（分類項目）は行ラベル、
凡例（系列）は列ラベル、値は値、
フィルターはフィルターに表示さ
れます。

**ヒント**
グラフ名の変更
作成したピボットグラフには、通
常のグラフと同様に自動的に「グ
ラフ 1」「グラフ 2」…という名前
が付きます。この名前を変更する
には、グラフを選択し、名前ボッ
クスに名前を入力します。

【操作 3】

⓬ ピボットグラフが選択された状態で、［デザイン］タブの [グラフの種類の変更]
ボタンをクリックします。

第 **4** 章

高度な機能を使用したグラフやテーブルの管理

⓭ ［グラフの種類の変更］ダイアログボックスが表示されるので、［縦棒］の一覧から［積み上げ縦棒］（左から2番目）をクリックします。

⓮ ［OK］をクリックします。

⓯ グラフの種類が「積み上げ縦棒」に変更されます。

⓰ ピボットグラフ内の［グラフエリア］と表示される部分をポイントし、マウスポインターの形が ⛭ に変わったら、グラフの左上がセル G1 になるようにドラッグして移動します。

⓱ グラフの右下のサイズ変更ハンドル（ O ）をポイントし、マウスポインターの形が ⤢ に変わったら、M13 の方向にドラッグして拡大します。

## 4-3-2 既存のピボットグラフのオプションを操作する

### 練習問題

問題フォルダー
└問題 4-3-2.xlsx

解答フォルダー
└解答 4-3-2.xlsx

【操作 1】ワークシート「トップス売上」のピボットグラフの横軸に「カットソー」「セーター」「ブラウス」のみが表示されるようにします。

【操作 2】ピボットグラフの系列が下から「S」「M」「L」になるように変更します。

【操作 3】ピボットグラフにグラフタイトル「トップス売上数量」を追加し、値フィールドボタンを非表示にします。

グラフタイトルを追加し、値フィールドボタンを非表示にする

ピボットグラフの横軸に「カットソー」「セーター」「ブラウス」のみ表示する

系列が下から「S」「M」「L」になるようにする

### 機能の解説

#### 重要用語

☐ レイアウトの変更

☐ 特定のデータだけに絞り込んで集計、表示

☐ [ピボットグラフのフィールド]作業ウィンドウ

☐ [行 / 列の切り替え]ボタン

☐ フィールドボタン

☐ [フィールドボタン]ボタン

#### ★ヒント

マウスポインターの形

フィールドを各ボックスにドラッグする際に、移動先によってマウスポインターの形状が変わります。

ピボットグラフを作成した後で、フィールドの追加や削除、移動などのレイアウトの変更を行ったり、特定のデータだけに絞り込んで集計、表示したりできます。

#### ●レイアウトを変更する

ピボットグラフのレイアウトを変更するには、ピボットテーブルと同様に、[ピボットグラフのフィールド]作業ウィンドウのフィールドを [フィルター]、[凡例（系列）]、[軸（分類項目）]、[値] の目的の位置のボックスにドラッグします。フィールドを削除する場合は、ボックス内のフィールドを作業ウィンドウの外側にドラッグします。

フィールドの追加

フィールドの削除

4-3 ピボットグラフを作成する、変更する **289**

ピボットグラフの横軸や凡例（系列）の表示順を変更する場合は、ピボットテーブルの行もしくは列を操作します（「4-2-2」参照）。

通常のグラフと同様に［デザイン］タブの ![行/列の切り替え] ［行／列の切り替え］ボタンをクリックして、軸（項目）と凡例（系列）を入れ替えることも可能です。

### ●特定のデータだけを絞り込んで集計する

ピボットグラフでは、ピボットテーブルと同様に、軸や凡例、フィルターのフィールドの特定のデータ（アイテム）を抽出して集計、表示することができます。
グラフ内の目的のフィールドボタンをクリックして一覧を表示し、アイテムを指定して［OK］をクリックします。

★ヒント

**個々のアイテムを選択**
［(すべて選択)］チェックボックスをオフにすると、すべてのアイテムのチェックボックスがオフになります。その後で、目的のアイテムのチェックボックスをオンにするとアイテム数が少ない場合に効率よく選択できます。

★ヒント

**複数のアイテムを選択**
フィルターの一覧から複数のアイテムを選択する場合は、［複数のアイテムを選択］チェックボックスをオンにします。各アイテムにチェックボックスが表示されるので、これをオンにして選択することができます。

軸（分類項目）のアイテムを絞り込む

フィルターのフィールドのアイテムを絞り込む

### ●フィールドボタンを非表示にする

ピボットグラフ内のフィールドボタンは非表示にできます。［ピボットグラフ分析］タブの ![フィールドボタン] ［フィールドボタン］ボタンの▼をクリックし、軸、凡例、値、レポートの各フィールドボタンの表示をクリックしてオフにします。すべてのフィールドボタンを非表示にする場合は、![フィールドボタン] ［フィールドボタン］ボタンの上部をクリックします。

［ピボットグラフ分析］タブの［フィールドボタン］ボタンの▼をクリックした状態

【操作 1】

❶ ワークシート「トップス売上」のピボットグラフの［分類］ボタンをクリックします。

❷ ［（すべて選択）］チェックボックスをオフにします。

❸ ［カットソー］、［セーター］、［ブラウス］の各チェックボックスをオンにします。

❹ ［OK］をクリックします。

❺ ピボットグラフの横軸とピボットテーブルの行ラベルに「カットソー」「セーター」
「ブラウス」のみが表示されます。

★ヒント
抽出の確認
抽出が行われているフィールドの
ピボットグラフのボタンは右側に
▼ が表示されます。

**【操作 2】**

⑥ ピボットテーブルの列ラベルの［L］のセル B4 をクリックします。

⑦ 枠線上をポイントし、マウスポインターの形が  になったら［M］のセル C4 の
右側にドラッグし、C 列と D 列の間に I 型の太線が表示されたら、マウスのボタン
から指を離します。

⑧ ［L］のアイテムの値が［M］の右側に移動します。

⑨ 同様に列ラベルの［S］を［M］の左側に移動します。

⑩ ピボットグラフの凡例の順序が変更され、グラフの系列が下から「S」「M」「L」に
なります。

**【操作 3】**

⑪ ピボットグラフをクリックします。

⑫ 右上に表示される［グラフ要素］ボタンをクリックします。

⑬ ［グラフ要素］の［グラフタイトル］チェックボックスをオンにします。

⑭ ［グラフタイトル］が追加されます。

⑮ 「グラフタイトル」の文字列をドラッグして選択します。

⑯ 「トップス売上数量」と上書き入力します。

⑰ グラフタイトル以外の場所をクリックして、グラフタイトルの選択を解除します。

⑱ ［ピボットグラフ分析］タブの ［フィールドボタン］ボタンの▼をクリックします。

⑲ 一覧から［値フィールドボタンの表示］をクリックしてオフにします。

⑳ ピボットグラフの値フィールドボタン［合計 / 数量］が非表示になります。

# ピボットグラフにスタイルを適用する

## 練習問題

問題フォルダー
└問題 4-3-3.xlsx

解答フォルダー
└解答 4-3-3.xlsx

ワークシート「トップス売上」のピボットグラフのスタイルを「スタイル 2」、色を「カラフルなパレット 4」に変更します。

ピボットグラフのスタイルと色を変更する

## 機能の解説

□ スタイル
□ [グラフスタイル] ボタン
□ [書式] タブ

**重要用語**

スタイルを設定すると、グラフの構成要素の配置や書式などをまとめて変更できます。通常のグラフと同様に、ピボットグラフを選択して右上に表示される ✎ [グラフスタイル] ボタンをクリックすると一覧が表示され、選択したスタイルがグラフに適用されます。
グラフの要素の書式を個別に変更する場合は、目的の要素を選択し、[書式] タブのボタンなどを使って設定します。

[書式] タブ

[グラフスタイル] ボタン

❶ ワークシート「トップス売上」のピボットグラフをクリックします。

❷ 右上に表示される  ［グラフスタイル］ボタンをクリックします。

❸ ［スタイル］タブの［スタイル］の一覧から［スタイル2］をクリックします。

❹ ピボットグラフのスタイルが変更されます。

❺ ［色］タブの［カラフル］の一覧から［カラフルなパレット4］をクリックします。

❻ ピボットグラフの色が変更されます。

# ピボットグラフを使って
# ドリルダウン分析をする

## 練習問題

問題フォルダー
└問題 4-3-4.xlsx

解答フォルダー
└解答 4-3-4.xlsx

【操作 1】ワークシート「トップス売上」のピボットグラフの横軸に月別の明細を追加します。

【操作 2】スライサーを使用して、単価が 1 万円以上の商品の数量を集計します。

## 機能の解説

### 重要用語

□ ドリルダウン
□ フィールドの追加
□ スライサー
□ タイムライン

概要データから詳細データへと対象を掘り下げていくことを「ドリルダウン」といいます。ピボットグラフに詳細データを表示する場合は、軸（分類項目）や凡例（系列）に、内訳のフィールドを追加します（「4-3-1」参照）。詳細フィールドがあるグラフには ➕ ［フィールド全体の展開］ボタンと ➖ ［フィールド全体の折りたたみ］ボタンが表示され、クリックして詳細フィールドの表示 / 非表示を切り替えられます。

ピボットグラフの横軸に月別の明細を追加

### その他の操作方法
詳細データの表示
フィールドの追加はピボットテーブルの行ラベルまたは列ラベルの任意のアイテムをダブルクリックして表示される ［詳細データの表示］ ダイアログボックスでも行えます（「4-2-3」参照）。この方法で追加したフィールドはそのアイテムだけ展開され、他のアイテムは折りたたまれた状態になります。

ピボットグラフでも、ピボットテーブルと同様にスライサーやタイムラインを使用することができます。スライサーを使用すると、ボタンをクリックするだけで、ピボットグラフに目的のデータだけを抽出して集計、表示することができます（「4-2-6」参照）。

**【操作 1】**

❶ ワークシート「トップス売上」のピボットグラフをクリックします。

❷ [ピボットグラフのフィールド] 作業ウィンドウの [レポートに追加するフィールド
を選択してください] の一覧の [売上日] を [軸（分類項目）] ボックスの [分類]
の下にドラッグします。

❸ [軸（分類項目）] ボックスに [月（売上日）] が表示されます。

❹ ピボットグラフの横軸とピボットテーブルの行ラベルに、分類により分けられた月
別の明細が表示されます。

**【操作 2】**

⑤ [ピボットグラフ分析] タブの  [スライサーの挿入] ボタンをクリックします。

⑥ [スライサーの挿入] ダイアログボックスが表示されるので、[単価] チェックボックスをオンにします。

⑦ [OK] をクリックします。

⑧ [単価] スライサーが表示されるので、[10,000] から [15,000] までをドラッグします。

⑨ ピボットグラフとピボットテーブルに単価が 1 万円以上の商品の数量が集計されます。

★ ヒント

**分類の表示**

「カットソー」は単価が 4500 円でスライサーで抽出されないため、表示されません。

# 索引

# 模擬練習問題

マルチプロジェクトという試験形式に慣れるための模擬問題です。プロジェクト単位で解答が終了したらファイルを保存し、解答（PDF ファイル）および完成例ファイルと比較し、答え合わせを行ってください。
解答に必要なファイル、解答（PDF ファイル）、完成例ファイルは、［ドキュメント］フォルダーの［Excel365 エキスパート_2023年版（実習用）］フォルダーにある［模擬練習問題］フォルダーに入っています。もしファイルがない場合は、「実習用データ」のインストールを行ってください。解答（PDF ファイル）およびそれを印刷したものは、本書を購入したお客様だけがご利用いただけます。第三者への貸与、賃貸、販売、譲渡は禁止します。

## ● 模擬練習問題 1

### プロジェクト 1　模擬 1-1_ ツアー申込

バスツアーの申込状況を分析し、目標人数を試算しましょう。

【1】アクティブシートのフッターの左側に「リオン観光バス」と表示するマクロ「社名フッター」を作成し、作業中のブックに保存します。

【2】ウォッチウィンドウに、ワークシート「申込」の「人数」の列と「金額」の列の合計の値を表示します。表示後、ウォッチウィンドウを閉じます。

【3】ワークシート「申込状況」のピボットテーブルを基に、「合計 / 人数」を集合縦棒、「合計 / 金額」を面、第 2 軸で表すピボットグラフを作成します。

【4】ワークシート「申込金額」のピボットテーブルに、「合計金額」に10％の消費税を加えた「税込金額」という名前の集計フィールドを作成します。

【5】予測機能を使用して、ワークシート「目標人数試算」の目標売上が 300,000 になるように、セル B6 の目標人数を設定します。

【6】ワークシート「前月アンケート」のセル範囲 A4:F6 に、ブック「アンケート結果 _bp」のワークシート「6 月」のセル範囲 A4:F6 のデータを貼り付けます。元データが更新されたときは自動的に反映されるようにします。

### プロジェクト 2　模擬 1-2_ ローン計算

自動車の使用年数が長い顧客に対して新車購入時のローン返済額をシミュレーションします。

【1】フラッシュフィルを使って、ワークシート「購入者一覧」のテーブルの「購入年」の列に、「前回購入日」の年を表示します。

【2】関数を使用して、ワークシート「ローン計算」のセル B4 に、セル B3 の購入者番号に基づき、ワークシート「購入者一覧」の表から、対応する顧客名を表示します。

【3】関数を使用して、ワークシート「ローン計算」のセル範囲 B11:B19 に、自動車のローンの返済月額を求めます。返済額は価格から頭金を引いた金額で、毎月 1 回の月末払いの元利均等返済、返済期間中に利率の変動はないものとします。

【4】データが変更されたときに手動で再計算する設定にし、ブックを保存するときに再計算が行われる設定にします。

### プロジェクト 3　模擬 1-3_ 請求書

請求書のエラーを修正して完成させ、商品在庫を管理しましょう。

【1】ワークシート「請求書」のセル F13 のエラー値「#VALUE!」のエラーの原因を数式の検証機能を使用して分析し、セル範囲 F9:F13 の数式を IF 関数を使って修正して、エラー値が表示されないようにします。

【2】ワークシート「商品在庫」の条件付き書式を変更し、「合計 / 在庫」の値が 500 以上の場合に赤の十字、300 以上の場合に黄色の感嘆符を表示します。また、総計には条件付き書式が適用されないようにします。

### プロジェクト 4　模擬 1-4_ お取り寄せギフト

お取り寄せギフトの売上を集計しています。注文日と発送期限を管理し、ピボットグラフを編集して商品区分ごとの商品の売上金額を比較しましょう。

【1】マクロ有効ブック「注文一覧 _bp.xlsm」に登録されているマクロ「印刷」を作業中のブックにコピーします。

【2】関数を使用して、ワークシート「売上一覧」のセル範囲 I4:I441 に、注文日から土日を除いた 5 日後の日付を「○月○日」の形式で表示します。なお、週末の曜日を指定できる関数は使用しません。

【3】ワークシート「商品一覧」のセル範囲 C4:C22 に範囲のタイトル「単価入力」、パスワード「Tanka」を設定し、パスワードを入力したときにしか編集できない設定にします。他のセルは常に編集できないようにします。なお、セルの選択は常にできるようにします。

【4】ワークシート「商品別集計」のピボットグラフに「商品名」のフィールドを追加し、商品区分ごとの商品の売上金額を表示します。

### プロジェクト 5　模擬 1-5_ パン教室

パン教室の 1 日体験講習会の申込状況の集計をしています。セミナー名順の表を作成し、ピボットテーブルを月別に集計するように変更しましょう。

【1】エラーチェック機能を使用して、ワークシート「申込状況」の数式のエラーを修正します。

【2】ワークシート「申込状況」の申込人数の値に、セル F2 に入力されている値より大きい整数を入力すると、スタイルが「停止」、タイトルが「入力エラー」、「定員以下の整数を入力してください。」というエラーメッセージが表示されるようにします。ただし、行が追加された場合もメッセージが表示されるようにします。

【3】ワークシート「予約状況」のセル範囲 F5:F45 の数式を修正して、残席が 0 で、かつ開催地が有楽町または新宿の場合に「★」を表示します。

【4】ワークシート「申込状況」のセル H5 に関数を設定し、左の表の「開催日」～「残数」のデータをセミナー名の昇順に並べ替え、セミナー名が同じ場合は申込人数の多い順に並べ替えて表示します。数式には登録されている名前付き範囲を使用します。

【5】ワークシート「月別集計」のピボットテーブルの日付をグループ化して年単位と月単位で表示します。

### プロジェクト 6　模擬 1-6_ 食器売上記録

食器の売上を集計しています。集計表を完成させ、売上を分析するピボットテーブルを作成しましょう。

【1】ワークシート「商品一覧」のセル C4 から、影響を受ける同じシート内のセルをすべてトレースします。

【2】ワークシート「売上記録」の「売上 No.」の列の値が「R606001」のように「R606」と 3 桁の数値で表示されるようにユーザー定義の表示形式を設定します。

【3】SWITCH 関数を使用して、ワークシート「売上記録」のテーブルの「分類名」の列に、分類コードが「A」の場合は「グラス」、「B」の場合は「カップ」、「C」の場合は「洋皿」と表示します。

【4】ワークシート「売上記録」のテーブルを基に、ワークシート「売上分析」のセル A1 を基点とする位置に、ピボットテーブルを作成します。行に「商品名」、列に「性別」、値に「購入金額」、フィルターに「年代」を設定します。年代が 20 ～ 30 代のデータを集計します。

# ●模擬練習問題 2

## プロジェクト1　模擬 2-1_ 担当者別売上

担当者別の売上を集計しています。重複データを削除し、ピボットテーブルを更新しましょう。

【1】ワークシート「担当者別売上」のテーブルのすべての項目が重複しているデータを削除し、ブック内のピボットテーブルのデータをすべて更新します。

【2】ワークシート「売上トップ 10」の 4 月売上から 6 月売上の上位 10 位のセルの塗りつぶしの色が RGB の赤「200」、緑「255」、青「50」、フォントの色が「標準の色」の「紫」になるように条件付き書式を設定します。

【3】ワークシート「海外営業部売上」のセル A3 に関数を設定し、ワークシート「担当者別売上」のテーブルから海外営業部のデータを抽出して表示します。

【4】ワークシート「国内売上」のピボットグラフで支店別部署別の売り上げを比較します。ただし、海外営業部は除きます。フィールドボタンはすべて非表示にします。

【5】ワークシート「国内売上」のピボットグラフのスタイルを「スタイル 3」にします。

## プロジェクト2　模擬 2-2_ ジューススタンド集計

ジューススタンドの全店舗の売上数を集計し、目標数を設定しましょう。

【1】ワークシート「藤沢店」「大船店」「橋本店」の売上表を、上端行と左端列を基準にワークシート「売上平均」のセル A3 を基点とする位置に統合し、売上数の平均を表示します。"

【2】ワークシート「売上目標」のセル範囲 E4:J6 に、連続データの作成機能を使用して、前月から 50 ずつ増える値を入力します。

【3】ワークシート「売上目標」の列のグループ化を解除し、実績の列のみグループ化します。

【4】ワークシート「アンケート集計」のツリーマップをパレート図に変更し、系列の要素の間隔を 0%、色を「モノクロパレット 4」にします。

【5】ワークシート借入金返済」のセル B7 に、支払月数を求めます。毎月 1 回の月末払いの元利均等返済で、返済期間中に利率の変動はないものとします。

## プロジェクト3　模擬 2-3_ スタッフ検索

派遣スタッフの検索表を作成しています。都道府県別のリストを作成し、職種構成を分析しましょう。

【1】ワークシート「スタッフ一覧」のセル G4 に、テーブル「スタッフ一覧」で、セル E3 の年齢以上、セル E4 の年齢以下、「該当」の列が「○」になっている人数を求める数式を入力します。

【2】ワークシート「スタッフ一覧（都道府県別）」の表を都道府県名の降順で並べ替え、小計機能を使用して、ID の個数を基に都道府県別の人数を求めます。東京都の詳細データの行と小計と総計の行のみ表示します。

【3】ワークシート「ID 検索」をセル B3 以外の編集ができないように保護します。セルの選択はできるようにして、パスワードは設定しません。

【4】ワークシート「職種構成」のピボットテーブルの値を ID の個数に変更します。

【5】警告せずに VBA マクロを無効にする設定にします。

## プロジェクト4　模擬 2-4_ 勤務管理

勤務管理表を作成しています。累計勤務時間から時給を求めたり、土日の行にパターンの色を設定したりしましょう。

【1】関数を使用して、ワークシート「勤務管理」のセル G3 に、セル C4（結合セル）の累計勤務時間に基づき、ワークシート「時給」の表から対応する時給を表示します。

【2】ワークシート「勤務管理」の日付が土日の行に、WEEKDAY 関数を使って、パターンの色「標準の色」の「オレンジ」、パターンの種類「実線 左下がり斜線 縞」を設定します。なお、WEEKDAY 関数は月曜日の戻り値が「1」、日曜日が「7」になる種類を使用します。

【3】ワークシートの移動やコピー、ワークシート名の変更などができないように、パスワード「kinmu」を設定してブックを保護します。

【4】3 分ごとに自動回復用データが保存されるように設定を変更します。また、保存しないで終了した場合に最後に自動保存されたデータを残す設定にします。

## プロジェクト5　模擬 2-5_ 宅配サービス

宅配サービスの注文一覧を集計しています。会員種別と注文セットからポイントを表示し、「ファミリーセット」と「定番セット」の売上金額を集計しましょう。

【1】現在のブックに登録されているマクロ「集計行」の「金額」の合計を表示するコードをコピーして、「注文数」の合計も表示されるようにします。また、「ShowTabelStyleLastColumn」プロパティを編集して最後の列が強調されないようにします。なお、このブックのマクロは無効になっていますが、「Visual Basic」エディターで編集できます。

【2】ワークシート「注文一覧」の「ポイント」の列に各行の会員種別と注文セットに対応したポイントを表示します。ポイントは INDEX 関数と MATCH 関数を使用して、ワークシート「ポイント表」を参照します。

【3】関数を使用して、ワークシート「価格表」のセル D1 に本日の日付を表示し、「2012 年 3 月」の形式にします。

【4】ワークシート「セット別集計」のテーブルにスライサーを挿入し、「ファミリーセット」と「定番セット」の売上金額を集計します。

## プロジェクト6　模擬 2-6_ イベント収支表

イベントの収支表と参加者リストを作成しています。コース別のシナリオを作成したり、参加者をランダムにチーム分けしたりしましょう。

【1】ワークシート「収支表」に次の 2 つのシナリオを作成し、シナリオ「軽食コース」を表示します。
・シナリオ「軽食コース」開始時間：19:00、終了時間：21:00、料理：1500 円、会費：4000 円
・シナリオ「宴会コース」開始時間：19:00、終了時間：22:00、料理：2500 円、会費：5000 円

【2】イベント内でゲームを 3 回行うため、そのつど参加者を 4 チームに分けます。ワークシート「参加者リスト」のセル F9 に RANDARRAY 関数を設定し、「ゲーム 1」～「ゲーム 3」の列に 1 ～ 4 のランダムな整数を生成します。なお、行数はセル D6 の値を使用します。また各チームの人数は均等でなくてかまいません。

# 模擬テストプログラムの使い方

## 1. 模擬テスト実施前に必ずお読みください

模擬テストプログラム「MOS 模擬テスト Excel365 エキスパート（2023 年版）」（以下、本プログラム）をご利用の際は、以下を必ずご確認ください。

### ● Microsoft Office のインストールを確認する

本プログラムは、Microsoft 365 および Office 2021 日本語版以外のバージョンや Microsoft 以外の互換 Office では動作いたしません。また、複数の Office が混在した環境では、本プログラムの動作を保証しておりません。なお、日本語版 Office であってもストアアプリ版では動作しないことがあります。その場合は、デスクトップアプリ版に入れ替えてご利用ください。くわしくは本書のウェブページ（https://nkbp.jp/050628）を参照してください。

### ●インストールが進行しない場合

「インストールしています」の画面が表示されてからインストールが開始されるまで、かなり長い時間がかかる場合があります。インストールの進行を示すバーが変化しなくても、そのまましばらくお待ちください。

### ●起動前に Excel を終了する

Excel が起動していると、本プログラムを起動できません。事前に Excel を終了させてください。

### ●ダイアログボックスのサイズが大きいとき

Windows で［ディスプレイ］の設定を 100%より大きくしていると、一部の項目や文字が表示されなくなることが あります。その場合は表示の設定を 100%にしてください。

### ●文字や数値の入力

文字や数値を入力する場合は、問題文の該当する文字（リンクになっています）をクリックすると、クリップボードにコピーできます。自分で入力する場合、特別な指示がなければ、英数字は半角で入力します。入力する文字列が「」で囲む形式で指示されている問題では、「」内の文字だけを入力します。

### ●ダイアログボックスは閉じる

Excel のダイアログボックスを開いたまま、［採点］、［次のプロジェクト］、［レビューページ］、［リセット］、［テスト中止］をクリックすると、正しく動作しないことがあります。ダイアログボックスを閉じてからボタンをクリックしてください。

### ●保存したファイルが残る場合

ファイルやテンプレートに名前を付けて保存する問題で、問題の指示と異なる名前で保存したり、異なるフォルダーに保存したりすると、テスト終了後にファイルが残ってしまう場合があります。その場合は、該当の保存先を開いて、作成したファイルを削除してください。［ドキュメント］フォルダーに保存する指示がある場合、OneDrive の［ドキュメント］ではなくコンピューターの［ドキュメント］に保存するよう気をつけてください。

### ●ディスクの空き容量が少ない場合

本番モードで模擬テストを実施し、[テスト終了] ボタンをクリックすると、「保存先のディスクに十分な空き容量がないか、準備ができていません。」というメッセージが表示されることがあります。成績ファイルを保存するフォルダーの変更は [オプション] ダイアログボックスで行います。

### ●判定基準

正誤判定は弊社独自の基準で行っています。MOS 試験の判定基準と同じであるという保証はしておりません。

### ●正しい操作をしているのに不正解と判定される場合

主に Office の更新などに伴い、環境によっては正解操作をしても本プログラムが不正解と判定することがあります。その場合は、正しい操作で解答していることを確認したうえで、判定は不正解でも実際には正解であると判断して学習を進めてください。

### ●利用環境による影響

本プログラムの正解判定は、利用環境によって変わる可能性があります。Office の各種設定を既定以外にしている場合や、Office が更新された場合などに、正解操作をしても不正解と判定されることや正解操作ができないことがあります。正解操作と思われる場合はご自分で正解と判断し学習を進めてください。

### ●複数の操作がある場合の判定

解答操作の方法が複数ある場合は、実行した結果が同じであればどの方法で解答しても同じ判定結果になります。[解答を見る] および後ろのページにある「模擬テストプログラム　問題と解答」ではそのうちの一つの操作方法を解答の例として記述しているので、ほかの操作方法で解答しても正解と判定されることがあります。

※このほか、模擬テストプログラムの最新情報は本書のウェブページ（https://nkbp. jp/050628）を参照してください。

## 2. 利用環境

本プログラムを利用するには、次の環境が必要です。以下の条件を満たしていても、コンピューターの個別の状態などにより利用できない場合があります。

| | |
|---|---|
| OS | Windows 10 および 11（ただし S モードを除く） |
| アプリケーションソフト | Microsoft 365 または Office 2021。いずれも日本語版、32 ビットおよび 64 ビット）をインストールし、ライセンス認証を完了させた状態。ただし上記の Office であっても、環境によってストアアプリ版では動作しないことがあります。その場合はデスクトップ版に入れ替える必要があります。くわしくは本書のウェブページ（https://nkbp.jp/050628）をご覧ください。 |

| インターネット | 本プログラムの実行にインターネット接続は不要ですが、本プログラムのダウンロードおよび更新プログラムの適用にはインターネット接続が必要です。 |
| ハードディスク | 300MB 以上の空き容量が必要です。 |
| 画面解像度 | 横 1920 ピクセル以上を推奨します。 |

※本プログラムは、Microsoft 365 または Office 2021 以外のバージョンや Microsoft 以外の互換 Office では動作しません。また、複数の Office が混在した環境では、本プログラムの動作を保証しておりません。

※ Office のインストールは、本プログラムのインストールより先に行ってください。本プログラムのインストール後に Office のインストールや再インストールを行う場合は、いったん本プログラムをアンインストールしてください。

## 3. 初回起動時のライセンス認証

本プログラムを利用するには、ライセンス認証が必要です。初めて本プログラムを起動する際、ライセンスキーを入力するよう求められます。画面の質問に従って、ライセンスキーを「答え」の欄に入力し、「次へ」ボタンをクリックしてください。正しいライセンスキーが入力されていれば、本プログラムが起動します。誤った入力をした場合には、起動を中止し、本プログラムは終了します。その場合は本プログラムを再度起動し、ライセンス認証を行ってください。

ライセンス認証には本書が必要です。認証時はお手元にご用意ください。

## 4. プログラムの更新

本プログラムは、問題の正解判定に影響があるような Office の更新が行われた場合や、データの誤りが判明した場合などに、更新プログラムを提供することがあります。コンピューターがインターネットに接続されている場合、更新プログラムがあるとその数を以下のようにかっこで表示します。

［更新プログラムの確認］をクリックすると、更新内容が確認できますので、必要に応じて［インストール］ボタンをクリックしてください。あとは自動でプログラムが更新されます。その際、Windows の管理者のパスワードを求められることがあります。

## 5. 模擬テストの実施

① Excel が起動している場合は終了します。

②デスクトップの [MOS 模擬テスト Excel365 エキスパート（2023 年版）］のショートカットアイコンをダブルクリックします。

③［テスト実施］画面が表示されます。

### ●［テスト実施］画面

ほかの画面から
この画面に戻る

過去の成績の確認や
復習をする

成績の保存場所や印刷
時の名前を指定する

模擬テストプログラムを
終了する

## ●練習モードで模擬テストを実施

一つのタスクごとに採点するモードです。

① 模擬テストのいずれ
　かをクリック

② [練習モード] を
　クリック

出題するタスクを選択する画面が表示されます。チェックボックスを使って出題されるタスクを選択します。

[テスト実施] 画面
に戻る

チェックを付けたら
[実行] をクリック

すべてをチェックま
たはすべてのチェッ
クを外す

本誌の各章に該当す
るタスクだけをまと
めて出題

問題文に従って解答操作を行い、[採点] をクリックします。

各ウィンドウを初期の表示に戻す

現在のプロジェクトを初期状態に戻す

現在の問題を採点する

模擬テストを中止して、タスク選択の画面に戻る

現在の問題の解答例を表示する

解答を閉じる

タスクの問題文

現在のプロジェクトの番号とプロジェクト名が表示される

## ●本番モードで模擬テストを実施

MOS 試験と同様、50 分で 1 回分のテストを行い最後に採点するモードです。制限時間は 50 分で、制限時間を過ぎると自動的に終了します。

①模擬テストのいずれかをクリック

②[本番モード]をクリック

プロジェクト中の全部のタスクを解答またはスキップしたら次のプロジェクトに移行します。

全部のプロジェクトが終了したら、レビューページが表示されます。タスク番号をクリックすると試験の操作画面に戻ります。レビューページは、操作画面からいつでも呼び出すことができます。

## ●［結果レポート］画面

本番モードを終了すると、合否と得点、各問題の正解 / 不正解を示す［結果レポート］画面が表示されます。

［セクション分析］画面を表示する

結果レポートを印刷する

不正解だった問題を再度実行する

合否と得点が表示される

採点したプロジェクトのファイルを開く

再挑戦または解答を見たい問題をクリックして選択する

選択している問題に再挑戦する　　選択している問題の解答例を見る

## ［採点したプロジェクトを開く］

模擬テスト終了時のブックの Excel 画面が表示され、確認することができます（ブックに保存されないオプション設定は反映されません）。ここで開いたブックを保存したい場合は、Excel で［名前を付けて保存］を実行し、適当なフォルダーに適当なファイル名で保存してください。Excel 画面を閉じると、［結果レポート］画面に戻ります。

## ［セクション分析］

本誌のどの章（セクション）で説明されている機能を使うかでタスクを分類し、セクションごとの正答率を示します。

表示を終了し、［結果レポート］画面に戻る

模擬テスト

使い方

## [印刷]

模擬テストの結果レポートを印刷できます。

印刷を終了し、[結果レポート]画面に戻る

印刷を開始する

## ●[成績の確認と復習]画面

これまでに実施した模擬テストの成績の一覧です。問題ごとに正解 / 不正解を確認したり復習したりするときは、各行をクリックして[結果レポート]画面を表示します。成績は新しいものから 20 回分が保存されます。

成績は Windows にサインイン / ログオンしたアカウントごとに記録されます。別のアカウントで模擬テストを実施した場合、それまでの成績は参照できないのでご注意ください。

各行の成績を削除する

各行をクリックするとその模擬テストの[結果レポート]画面が表示される

## ●［オプション］ダイアログボックス

成績ファイルを保存するフォルダーと、成績を印刷する場合の既定のお名前を指定できます。

成績ファイルを保存するフォルダーには、現在のユーザーの書き込み権限と、約20MB以上の空き容量が必要です。［保存先フォルダー］ボックスを空白にして［OK］ボタンをクリックすると、既定のフォルダーに戻ります。

成績を他のフォルダーやUSBメモリーなどに保存したい場合は、［参照］をクリックして場所を指定する

成績の印刷時の既定のお名前を入力する（印刷のつど入力することも可能）

## ●終了

［テスト実施］画面で［終了］をクリックすると、模擬テストプログラムが終了します。

# 模擬テストプログラム 問題と解答

## ●模擬テスト1

### プロジェクト1　チケット予約

**【タスク1】** 小計機能を使用して、ワークシート「9月公演チケット集計」の表の公演名ごとの枚数と料金の合計と総計を求めます。なお、データを並べ替える場合は昇順にします。

① ワークシート「9月公演チケット集計」のシート見出しをクリックします。
② 表の「公演名」の列の任意のセルをクリックします。
③ [データ] タブの [昇順] ボタンをクリックします。
④ 表が公演名の昇順に並び替わります。
⑤ [データ] タブの [小計] ボタンをクリックします。
※ [データ] タブに [小計] ボタンがない場合は、先に [データ] タブの [アウトライン] ボタンをクリックします。
⑥ [集計の設定] ダイアログボックスが表示されるので、[グループの基準] ボックスの▼をクリックし、一覧から [公演名] をクリックします。
⑦ [集計の方法] ボックスに [合計] が表示されていることを確認します。
⑧ [集計するフィールド] ボックスの一覧から、[枚数] [料金] チェックボックスをオンにし、それ以外はオフにします。
⑨ [現在の小計をすべて置き換える] チェックボックスと [集計をデータの下に挿入する] チェックボックスがオンになっていることを確認します。
⑩ [OK] をクリックします。
⑪ 集計行が挿入され、枚数、料金の公演名ごとの合計と総計が表示されます。

**【タスク2】** ワークシート「予約月別集計」のピボットグラフの凡例フィールドボタンを非表示にします。

① ワークシート「予約月別集計」のシート見出しをクリックします。
② ピボットグラフをクリックします。
③ [ピボットグラフ分析] タブの [フィールドボタン] ボタンの▼をクリックします。
④ 一覧から [凡例フィールドボタンの表示] をクリックしてオフにします。
⑤ ピボットグラフの凡例フィールドボタンが非表示になります。

**【タスク3】** ワークシート「実績_目標」のセル範囲 C7:C9 に、連続データの作成機能を使用して、前年度から2割ずつ増える値を入力します。

① ワークシート「実績_目標」のシート見出しをクリックします。
② セル C6 ～ C9 を範囲選択します。
③ [ホーム] タブの [フィル] ボタンをクリックします。
④ 一覧から [連続データの作成] をクリックします。
⑤ [連続データの作成] ダイアログボックスが表示されるので、[範囲] が [列] になっていることを確認します。
⑥ [種類] の [乗算] をクリックします。
⑦ [増分値] ボックスの「1」の後ろをクリックし、「.2」を入力して「1.2」にします。
⑧ [OK] をクリックします。
⑨ セル C7 ～ C9 に前年度から2割ずつ増える値が入力されます。

**【タスク4】** ワークシート「友の会名簿」のテーブルのメールアドレスと職業を除くすべての項目が重複しているデータを削除します。

① ワークシート「友の会名簿」のシート見出しをクリックします。
② テーブル内の任意のセルをクリックします。
③ [データ] タブ（または [テーブルデザイン] タブ）の [重複の削除] ボタンをクリックします。
④ [重複の削除] ダイアログボックスが表示されるので、[列] ボックスのすべての項目のチェックボックスがオンになっていることを確認します。
⑤ [メールアドレス] と [職業] チェックボックスをクリックしてオフにします。
⑥ [OK] をクリックします。
⑦ 「4個の重複する値が見つかり、削除されました。83個の一意の値が残ります。カウントには…」と表示されるので、[OK] をクリックします。

**【タスク5】** 警告して、VBA マクロを無効にする設定に変更します。

① [ファイル] タブをクリックします。
② [ホーム] 画面が表示されるので、左側の一覧から [その他] をクリックします。
③ [オプション] をクリックします。
④ [Excel のオプション] ダイアログボックスが表示されるので、左側の一覧から [トラストセンター] をクリックします。
⑤ [トラストセンターの設定] をクリックします。
⑥ [トラストセンター] ダイアログボックスが表示されるので、左側の一覧から [マクロの設定] をクリックします。
⑦ [マクロの設定] の [警告して、VBA マクロを無効にする] をクリックします。
⑧ [OK] をクリックします。
⑨ [Excel のオプション] ダイアログボックスの [OK] をクリックします。

### プロジェクト2　カラオケ料金

**【タスク1】** ワークシート「料金計算」のセル G1（結合セル）に現在の日付と時刻を、「2012/3/14 1:30 PM」の形式で表示します。

① ワークシート「料金計算」のセル G1（結合セル）をクリックします。
② [数式] タブの [日付/時刻] ボタンをクリックします。
③ 一覧から [NOW] をクリックします。
④ TODAY 関数の[関数の引数]ダイアログボックスが表示されるので、「この関数には引数は必要ありません。」と表示されていることを確認し、[OK] をクリックします。
⑤ 数式バーに「=NOW()」と表示されたことを確認します。
※ [日付/時刻] ボタンを使わずに、この数式を直接セルに入力してもかまいません。
⑥ セル G1 に現在の日付と時刻が「2012/3/14 13:30」の形式で表示されます。
⑦ セル G1 がアクティブな状態のまま、[ホーム] タブの [数値] グループ右下の [表示形式] ボタンをクリックします。
⑧ [セルの書式設定] ダイアログボックスの [表示形式] タブが表示されるので、[分類] ボックスの [日付] または [時刻] をクリックします。
⑨ [種類] ボックスの [2012/3/14 1:30 PM] をクリックします。
⑩ [サンプル] に現在の日付と時刻が「2012/3/14 1:30 PM」の形式で表示されたことを確認し、[OK] をクリックします。
⑪ セル G1 の日付と時刻が「2012/3/14 1:30 PM」の形式で表示されます。

**【タスク2】** SWITCH 関数を使用して、ワークシート「料金計算」のセル D4 に、セル C4 の会員種類が「一般」のときは「1」、「会員」のときは「2」、「学生」のときは「3」と表示する数式を入力します。

① ワークシート「料金計算」のセル D4 をクリックします。
② ［数式］タブの［論理］ボタンをクリックします。
③ 一覧から［SWITCH］をクリックします。
④ SWITCH 関数の［関数の引数］ダイアログボックスが表示されるので、［式］ボックスにカーソルがあることを確認し、セル C4 をクリックします。
⑤ ［式］ボックスに「C4」と表示されます。
⑥ 問題文の「一般」をクリックしてコピーします。
⑦ ［値 1］ボックスをクリックし、Ctrl ＋ V キーを押します。
⑧ ［値 1］ボックスに「一般」が貼り付けられます。
⑨ 問題文の「1」をクリックしてコピーします。
⑩ ［結果 1］ボックスをクリックし、Ctrl ＋ V キーを押します。
⑪ ［結果 1］ボックスに「1」が貼り付けられます。
⑫ 問題文の「会員」をクリックしてコピーします。
⑬ ［既定または値 2］ボックスをクリックし、Ctrl ＋ V キーを押します。
⑭ ［既定または値 2］ボックスに「会員」が貼り付けられます。
⑮ 問題文の「2」をクリックしてコピーします。
⑯ ［結果 2］ボックスをクリックし、Ctrl ＋ V キーを押します。
⑰ ［結果 2］ボックスに「2」が貼り付けられます。
⑱ 問題文の「学生」をクリックしてコピーします。
⑲ ［既定または値 3］ボックスをクリックし、Ctrl ＋ V キーを押します。
※ ［既定または値 3］ボックスが表示されていない場合は、［関数の引数］ボックス内のスクロールバーを使用して表示します。
⑳ ［既定または値 3］ボックスに「学生」が貼り付けられます。
㉑ 問題文の「3」をクリックしてコピーします。
㉒ ［結果 3］ボックスをクリックし、Ctrl ＋ V キーを押します。
㉓ ［結果 3］ボックスに「3」が貼り付けられます。
㉔ ［数式の結果 =］にセル C4 の会員種類「一般」に対応する値「1」が表示されます。
㉕ ［OK］をクリックします。
㉖ 数式バーに「=SWITCH(C4," 一般 ",1," 会員 ",2," 学生 ",3)」と表示されます。
※ ［関数の引数］ダイアログボックスを使わずに、この数式を直接セルに入力してもかまいません。
㉗ セル D7 にセル C4 の会員種類「一般」に対応する値「1」が表示されます。

**【タスク3】** ワークシート「料金表」をセルの選択はできるようにして、パスワードを設定せずに保護します。なお、セル範囲 C4:D6 にタイトル「料金入力」、範囲パスワード「kararyo」を設定し、パスワードが入力されたときだけ編集できるようにします。

① ワークシート「料金表」のシート見出しをクリックします。
② セル C4 ～ D6 を範囲選択します。
③ ［校閲］タブの［範囲の編集を許可する］ボタンをクリックします。
④ ［範囲の編集の許可］ダイアログボックスが表示されるので、［新規］をクリックします。
⑤ ［新しい範囲］ダイアログボックスが表示されます。
⑥ 問題文の「料金入力」をクリックしてコピーします。
⑦ ［タイトル］ボックスの「範囲 1」が選択されていることを確認し、Ctrl ＋ V キーを押します。
⑧ ［タイトル］ボックスが「料金入力」で上書きされます。
⑨ ［セル参照］ボックスに「=$C$4: $D$6」と表示されていることを確認します。
⑩ 問題文の「kararyo」をクリックしてコピーします。
⑪ ［範囲パスワード］ボックスをクリックし、Ctrl ＋ V キーを押します。
⑫ ［範囲パスワード］ボックスに「kararyo」が貼り付けられ、「*******」

---

と表示されます。
⑬ ［OK］をクリックします。
⑭ ［パスワードの確認］ダイアログボックスが表示されるので、［パスワードをもう一度入力してください。］ボックスにカーソルが表示されていることを確認し、Ctrl ＋ V キーを押します。
⑮ ［パスワードをもう一度入力してください。］ボックスに「kararyo」が貼り付けられ、「*******」と表示されます。
⑯ ［OK］をクリックします。
⑰ ［範囲の編集を許可］ダイアログボックスの［シートが保護されているときにパスワードでロックを解除する範囲］ボックスの［タイトル］に「料金入力」、［セルの参照］に「$C$4:$D$6」と表示されていることを確認します。
⑱ ［シートの保護］をクリックします。
⑲ ［シートの保護］ダイアログボックスが表示されるので、［シートの保護を解除するためのパスワード］ボックスには入力せずに、［シートとロックされたセルの内容を保護する］チェックボックスがオンになっていることを確認します。
⑳ ［このシートのすべてのユーザーに以下を許可します。］ボックスの［ロックされたセル範囲の選択］と［ロックされていないセル範囲の選択］チェックボックスがオンになっていることを確認します。
㉑ ［OK］をクリックします。

**【タスク4】** ワークシート「都内店舗」に設定されている条件付き書式を変更し、塗りつぶしの色が青の書式が、部屋数が「50」以上の店舗の行に設定されるようにします。

① ワークシート「都内店舗」のシート見出しをクリックします。
② ［ホーム］タブの［条件付き書式］ボタンをクリックします。
③ 一覧から［ルールの管理］をクリックします。
④ ［条件付き書式ルールの管理］ダイアログボックスが表示されるので、［書式ルールの表示］ボックスの▼をクリックし、一覧から［このワークシート］をクリックします。
⑤ ［ルール］の 2 番目の［数式 :=$F4>=40］の［書式］が、塗りつぶしの色の青になっていることを確認し、クリックします。
⑥ ［ルールの編集］をクリックします。
⑦ ［書式ルールの編集］ダイアログボックスが表示されます。
⑧ 問題文の「50」をクリックしてコピーします。
⑨ ［ルールの内容を編集してください］の［次の数式を満たす場合に値を書式設定］ボックスの「=$F4>=40」の「40」をドラッグして選択し、Ctrl ＋ V キーを押します。
⑩ 「50」で上書きされ、「=$F4>=50」になります。
⑪ ［OK］をクリックします。
⑫ ［条件付き書式ルールの管理］ダイアログボックスの［OK］をクリックします。
⑬ 部屋数が 50 以上の店舗の行に塗りつぶしの色の青の書式が設定されます。

**【タスク5】** ワークシート「都内店舗」のテーブルを基に、ワークシート「都内部屋数」のセル B3 を基点とする位置に、行に部屋数、値に店舗名の個数を集計するピボットテーブルを作成します。部屋数は「1-10」「11-20」…「51-60」となるようにグループ化します。

① ワークシート「都内店舗」のテーブル内の任意のセルをクリックします。
② ［挿入］タブの［ピボットテーブル］ボタンをクリックします。
③ ［テーブルまたは範囲からのピボットテーブル］ダイアログボックスが表示されるので、［表または範囲の選択］の［テーブル / 範囲］ボックスに「店舗一覧」と表示されていることを確認します。
④ ［ピボットテーブルを配置する場所を指定してください］の［既存のワークシート］をクリックします。

⑤ ［場所］ボックスにカーソルが表示されていることを確認し、ワークシート「都内部屋数」のシート見出しをクリックして、セル B3 をクリックします。

⑥ ［場所］ボックスに「都内部屋数 !$B$3」と表示されたことを確認し、［OK］をクリックします。

⑦ ワークシート「都内部屋数」のセル B3 を基点とする位置に空白のピボットテーブルが表示されます。

⑧ ［ピボットテーブルのフィールド］作業ウィンドウの［レポートに追加するフィールドを選択してください]の一覧の[部屋数]を[行]ボックスにドラッグします。

⑨ ［行］ボックスに「部屋数」が表示されます。

⑩ 同様に「店舗名」を［値］ボックスにドラッグします。

⑪ ［値］ボックスに「個数 / 店舗名」と表示されます。

⑫ ピボットテーブルの行ラベルの任意の数値のセルをクリックします。

⑬ ［ピボットテーブル分析］タブの［フィールドのグループ化］ボタンをクリックします。

⑭ ［グループ化］ダイアログボックスが表示されるので、［先頭の値］ボックスの「7」が選択されていることを確認し、「1」と上書き入力します。

⑮ ［末尾の値］ボックスの「57」をドラッグして選択し、「60」と上書き入力します。

⑯ ［単位］ボックスが「10」になっていることを確認します。

⑰ ［OK］をクリックします。

⑱ 部屋数が「1-10」「11-20」…「51-60」とう 10 の単位でグループ化され、店舗名の個数が集計されます。

### プロジェクト 3　マンション情報

**【タスク 1】** フラッシュフィルを使って、ワークシート「物件一覧」の「契約区分」の列に、物件番号の末尾の英字を表示します。

① ワークシート「物件一覧」のセル K6 をクリックします。

② セル A6 の物件番号の末尾の英字「U」を入力します。

③ セル K7 がアクティブセルの状態で、［ホーム］タブの［フィル］ボタンをクリックします。

④ 一覧から［フラッシュフィル］をクリックします。

⑤ セル K7 ～ K48 に各行の物件番号の末尾の英字が表示されます。

**【タスク 2】** ワークシート「物件分析」に、間取り別の平均価格を縦棒、物件数を面の第 2 軸で表すグラフを作成します。グラフタイトルを「間取り別平均価格と物件数」にします。

① ワークシート「物件分析」のシート見出しをクリックします。

② セル A5 ～ C11 を範囲選択します。

③ ［挿入］タブの［おすすめグラフ］ボタンをクリックします。

④ ［グラフの挿入］ダイアログボックスが表示されるので、［すべてのグラフ］タブの左側の一覧から［組み合わせ］をクリックします。

⑤ ［平均価格］の系列のグラフの種類が［集合縦棒］になっていることを確認します。

⑥ ［物件数］の系列の［グラフの種類］ボックスの▼をクリックし、［面］の［面］をクリックします。

⑦ ［物件数］の系列の［第 2 軸］チェックボックスをオンにします。

⑧ グラフのプレビューで、平均価格が集合縦棒、物件数が面、第 2 軸で表示されていることを確認します。

⑨ ［OK］をクリックします。

⑩ 間取り別の平均価格が縦棒、物件数が面、第 2 軸のグラフが表示されます。

⑪ 問題文の「間取り別平均価格と物件数」をクリックしてコピーします。

⑫ ［グラフタイトル］をクリックします。

⑬ 「グラフタイトル」の文字列をドラッグして選択し、Ctrl ＋ V キーを押します。

⑭ 「グラフタイトル」が「間取り別平均価格と物件数」で上書きされます。

⑮ グラフタイトル以外の場所をクリックして、グラフタイトルの選択を解除します。

**【タスク 3】** ワークシート「間取り別物件数」のピボットグラフに、3LDK のエリア別物件数を表示します。

① ワークシート「間取り別物件数」のシート見出しをクリックします。

② ピボットテーブルの行ラベルの［3LDK］をダブルクリックします。

③ ［詳細データの表示］ダイアログボックスが表示されるので、［詳細データを表示するフィールドを選択してください］の一覧から［エリア］をクリックします。

④ ［OK］をクリックします。

⑤ ピボットグラフとピボットテーブルに 3LDK のエリア別物件数が表示されます。

**【タスク 4】** ワークシート「ローン計算」のセル C9 に、支払月数を求めます。毎月 1 回の月末払いの元利均等返済で、返済期間中に利率の変動はないものとします。

① ワークシート「ローン計算」のシート見出しをクリックします。

② セル C9 をクリックします。

③ ［数式］タブの［財務］ボタンをクリックします。

④ 一覧から［NPER］をクリックします。

⑤ NPER 関数の［関数の引数］ダイアログボックスが表示されるので、［利率］ボックスにカーソルが表示されていることを確認し、セル C5 をクリックします。

⑥ ［利率］ボックスに「C5」と表示されます。

⑦ 月単位の利率にするため、続けて「/12」と入力します。

⑧ ［定期支払額］ボックスをクリックし、セル C7 をクリックします。

⑨ ［定期支払額］ボックスに「C7」と表示さます。

⑩ ［現在価値］ボックスをクリックし、セル C3 をクリックします。

⑪ ［現在価値］ボックスに「C3」と表示されます。

⑫ ［将来価値］ボックスと［支払期日］ボックスには何も入力しません。

⑬ ［数式の結果 =］に「188」が表示されていることを確認します。

⑭ ［OK］をクリックします。

⑮ 数式バーに「=NPER(C5/12,C7,C3)」と表示されたことを確認します。

※ ［関数の引数］ダイアログボックスを使わずに、この数式を直接セルに入力してもかまいません。

⑯ セル C9 に「188」と表示されます。

### プロジェクト 4　ラーニングカフェ

**【タスク 1】** ワークシート「会員利用記録」のセル D4 の数式の参照元をすべてトレースします。

① ワークシート「会員利用記録」のシート見出しをクリックします。

② セル D4 をクリックします。

③ ［数式］タブの［参照元のトレース］ボタンをクリックします。

④ セル C4 とセル G1 から、セル D4 に向かうトレース矢印が表示されます。

⑤ 再び［参照元のトレース］ボタンをクリックします。

⑥ 新たなトレース矢印は表示されないので、参照先のすべてのセルがトレースされたことがわかります。

**【タスク 2】** ワークシート「利用状況分析」のピボットテーブルで、利用時間の平均が「h:mm」の形式で集計されるようにします。

① ワークシート「利用状況分析」のピボットテーブルの任意の値をクリックします。

② ［ピボットテーブル分析］タブの［アクティブなフィールド］が［個数 / 利用時間］になっていることを確認し、［フィールドの設定］ボタンをクリックします。

③ [値フィールドの設定] ダイアログボックスが表示されるので、[集計方法] タブの [選択したフィールドのデータ] ボックスの [平均] をクリックします。

④ [表示形式] ボタンをクリックします。

⑤ [セルの書式設定] ダイアログボックスが表示されるので、[表示形式] タブの [分類] ボックスの [時刻] をクリックします。

⑥ [種類] ボックスの [13:30] をクリックします。

⑦ [OK] をクリックします。

⑧ [値フィールドの設定] ダイアログボックスの [OK] をクリックします。

⑨ ピボットテーブルに利用時間の平均が「h:mm」の形式で表示されます。

---

**【タスク3】** ワークシート「利用状況分析」のピボットグラフのスタイルを「スタイル8」にし、データラベルを表示します。

① ワークシート「利用状況分析」のピボットグラフをクリックします。

② グラフの右上の [グラフスタイル] ボタンをクリックします。

③ [スタイル] の一覧から [スタイル8] をクリックします。

④ グラフのスタイルが変更されます。

⑤ グラフの右上の [グラフ要素] ボタンをクリックします。

⑥ [データラベル] チェックボックスをオンにします。

⑦ グラフにデータラベルが表示されます。

---

**【タスク4】** 会員に今月と来月、ドリンクパスをランダムに発行します。ワークシート「ドリンクパス」のセルF4にIF関数とRANDARRAY関数を組み合わせて、1～10のランダムな整数を生成し、7以上なら「発行」と表示します。

① ワークシート「ドリンクパス」のシート見出しをクリックします。

② セルF4をクリックします。

③ [数式] タブの [論理] ボタンをクリックします。

④ 一覧から [IF] をクリックします。

⑤ IF関数の [関数の引数] ダイアログボックスが表示されるので、[論理式] ボックスにカーソルが表示されていることを確認し、名前ボックスの▼をクリックします。

⑥ 一覧から [RANDARRAY] をクリックします。

※ 名前ボックスの一覧に [RANDARRAY] がない場合は、[その他の関数] をクリックし、表示される [関数の挿入] ダイアログボックスの [関数の分類] ボックスの▼をクリックして [数学／三角] または [すべて表示] をクリックし、[関数名] ボックスの一覧から [RANDARRAY] をクリックし、[OK] をクリックします。

⑦ RANDARRAY関数の [関数の引数] ダイアログボックスが表示されるので、[行] ボックスにカーソルが表示されていることを確認し、「30」と入力します。

⑧ [列] ボックスをクリックし、「2」と入力します。

⑨ [最小] ボックスをクリックし、「1」と入力します。

⑩ [最大] ボックスをクリックし、「10」と入力します。

⑪ [整数] ボックスをクリックし、「TRUE」と入力します。

⑫ 数式バーの「IF」の文字列上をクリックします。

⑬ IF関数の [関数の引数] ダイアログボックスが、[論理式] ボックスにRANDARRAY関数の式が設定された状態で再び表示されるので、式の最後をクリックし、「>=7」と入力します。

⑭ [値が真の場合] ボックスをクリックし、「発行」と入力します。

⑮ [値が偽の場合] ボックスをクリックし、「""」（半角のダブルクォーテーション2つ）を入力します。

⑯ [数式の結果] に「可変」が表示されていることを確認します。

⑰ [OK] をクリックします。

⑱ 数式バーに「=IF(RANDARRAY(30,2,1,10,TRUE)>=7," 発行 ","")」と表示されたことを確認します。

※ [関数の引数] ダイアログボックスを使わずに、この数式を直接セルに入力してもかまいません。

---

⑲ セルF4に、「発行」か空白（何も表示されない）が表示されます。

⑳ スピル機能により、セルF5～G33に「発行」か空白（何も表示されない）が表示されます。

---

**【タスク5】** ワークシートの移動やコピー、ワークシート名の変更などができないように、パスワード「Cafe」を設定してブックを保護します。

① [校閲] タブの [ブックの保護] をクリックします。

② [シート構成とウィンドウの保護] ダイアログボックスが表示されます。

③ 問題文の「Cafe」をクリックしてコピーします。

④ [パスワード（省略可）] ボックスにカーソルが表示されていることを確認し、Ctrl + Vキーを押します。

⑤ [パスワード（省略可）] ボックスに「Cafe」が貼り付けられ、「****」と表示されます。

⑥ [保護対象] の [シート構成] チェックボックスがオンになっていることを確認します。

⑦ [OK] をクリックします。

⑧ [パスワードの確認] ダイアログボックスが表示されるので、[パスワードをもう一度入力してください。] ボックスにカーソルが表示されていることを確認し、Ctrl + Vキーを押します。

⑨ [パスワードをもう一度入力してください。] ボックスに「Cafe」が貼り付けられ、「****」と表示されます。

⑩ [OK] をクリックします。

---

### プロジェクト5　外注管理

**【タスク1】** 「3」分ごとに自動回復用データが保存されるように設定を変更します。また、保存しないで終了した場合に最後に自動保存されたデータを残す設定にします。

① [ファイル] タブをクリックします。

② [ホーム] 画面が表示されるので、左側の一覧から [その他] をクリックします。

③ [オプション] をクリックします。

④ [Excelのオプション] ダイアログボックスが表示されるので、左側の一覧から [保存] をクリックします。

⑤ [ブックの保存] の [次の間隔で自動回復用データを保存する] チェックボックスがオンになっていることを確認します。

⑥ 問題文の「3」をクリックしてコピーします。

⑦ [次の間隔で自動回復用データを保存する] の右側のボックス内の数値をドラッグして選択し、Ctrl + Vキーを押します。

⑧ 「3」で上書きされます。

⑨ [保存しないで終了する場合、最後に自動回復されたバージョンを残す] チェックボックスがオンになっていることを確認します。

⑩ [OK] をクリックします。

---

**【タスク2】** 関数を使用して、ワークシート「プロジェクト」のセル範囲H4：M12に、左のリストのタイトルと入稿予定日を、入稿予定日の昇順に並べ替えて表示します。

① ワークシート「プロジェクト」のセルH4をクリックします。

② [数式] タブの [検索／行列] ボタンをクリックします。

③ 一覧から [SORT] をクリックします。

④ SORT関数の [関数の引数] ダイアログボックスが表示されるので、[配列] ボックスにカーソルが表示されていることを確認し、セルC4～D12を範囲選択します。

⑤ [配列] ボックスに「C4:D12」と表示されます。

⑥ [並べ替えインデックス] ボックスをクリックし、「2」と入力します。

⑦ [並べ替え順序] ボックスをクリックし、「1」と入力します。

⑧ [並べ替え基準] ボックスには何も入力しません。

⑨ [数式の結果 =] に入稿予定日が一番早いタイトル「PowerPointプレゼン術」が表示されます。

⑩ ［OK］をクリックします。
⑪ 数式バーに「=SORT(C4:D12,2,1)」が表示されます。
※ ［関数の引数］ダイアログボックスを使わずに、この数式を直接セルに入力してもかまいません。
⑫ セルH4に入稿予定日が一番早いタイトル「PowerPointプレゼン術」が表示されます。
⑬ スピル機能により、入稿予定日が早い順に、セルH5～H12にタイトル、I4～I12に入稿予定日が表示されます。

【タスク3】 現在のブックに登録されているマクロ「表詳細行」の「LineStyle」プロパティを「xlDot」、「RowHeigt」を「25」に変更し、選択している行の内側の横線が点線、行の高さが「25」になるようにします。なお、このブックのマクロは無効になっていますが、「Visual Basic」エディターで編集できます。

① Alt ＋ F11 キーを押します。
※ ［開発］タブの［Visual Basic］ボタンをクリックしてもかまいません。
② VBE（Microsoft Visual Basic for Applications の編集ウィンドウ）が起動します。
③ 問題文の「xlDot」をクリックしてコピーします。
④ コードウィンドウの「LineStyle=」の後ろの「xlContinuous」をドラッグして選択し、Ctrl ＋ V キーを押します。
⑤ 「xlDot」で上書きされます。
⑥ 問題文の「25」をクリックしてコピーします。
⑦ コードウィンドウの「RowHeigt =」の後ろの「30」をドラッグして選択し、Ctrl ＋ V キーを押します。
⑧ 「25」で上書きされます。
⑨ VBE の閉じるボタンをクリックして、VBE を閉じます。

【タスク4】 関数を使用して、ワークシート「外注管理」のセル範囲B4:B18に、業務IDに対応したワークシート「プロジェクト」のタイトルを表示します。

① ワークシート「外注管理」のシート見出しをクリックします。
② セル B4 をクリックします。
③ ［数式］タブの［検索 / 行列］ボタンをクリックします。
④ 一覧から［VLOOKUP］をクリックします。
⑤ VLOOKUP 関数の［関数の引数］ダイアログボックスが表示されるので、［検索値］ボックスにカーソルが表示されていることを確認し、セル A4 をクリックします。
⑥ ［検索値］ボックスに「A4」と表示されます。
⑦ ［範囲］ボックスをクリックし、ワークシート「プロジェクト」のシート見出しをクリックします。
⑧ セル A4 ～ F12 を範囲選択し、F4 キーを押します。
⑨ ［範囲］ボックスに「プロジェクト !$A$4 ～ $F$12」と表示されます。
⑩ ［列番号］ボックスをクリックし、「3」と入力します。
⑪ ［検索方法］ボックスをクリックし、「FALSE」を入力します。
⑫ ［数式の結果 =］にセル A4 の業務 ID「M0045」のタイトル「Windows11 スーパー入門」が表示されていることを確認します。
⑬ ［OK］をクリックします。
⑭ 数式バーに「=VLOOKUP(A4, プロジェクト !$A$4:$F$12,3,FALSE)」と表示されたことを確認します。
※ ［関数の引数］ダイアログボックスを使わずに、この数式を直接セルに入力してもかまいません。
⑮ セル B4 に、セル A4 の業務 ID「M0045」のタイトル「Windows11 スーパー入門」が表示されていることを確認します。
⑯ セル B4 の右下のフィルハンドルをポイントし、マウスポインターの形が＋に変わったダブルクリックします。
⑰ セル B4 の数式がセル B5 ～ B18 にコピーされ、各行の業務 ID に対応するタイトルが表示されます。

【タスク1】 ワークシート「個人成績」のセル K6 の数式を変更し、筆記、実技ともに平均点以上の人数を求めます。

① ワークシート「個人成績」のセル K6 をクリックします。
② 数式バーに「=COUNTIF(E4:E104,">=L2",G4:G104,">=M2")」と表示されていることを確認します。
③ 数式バーの［関数の挿入］ボタンをクリックします。
④ COUNTIFS 関数の［関数の引数］ダイアログボックスが表示されるので、［検索条件 1］ボックスをクリックします。
⑤ 「">=L2"」を「">="&L2」に書き換えます。
⑥ 同様に、［検索条件 2］ボックスをクリックし、「">=M2"」を「">="&M2」に書き換えます。
⑦ ［数式の結果 =］に「45」と表示されたことを確認します。
⑧ ［OK］をクリックします。
⑨ 数式バーの数式が「COUNTIFS(E4:E104,">="&L2,G4:G104,">="&M2)」に変更されたことを確認します。
⑩ セル K6 に「45」と表示されます。

【タスク2】 ワークシート「クラス別平均」のピボットテーブルの「平均 / 合計」の列と総計の行を非表示にします。

① ワークシート「クラス別平均」のシート見出しをクリックします。
② ピボットテーブル内にアクティブセルがある状態のまま、［デザイン］タブの［総計］ボタンをクリックします。
③ 一覧から［行と列の集計を行わない］をクリックします。
④ ピボットテーブルの「総計」の行がなくなります。
⑤ ［ピボットテーブルのフィールド］作業ウィンドウの［合計］チェックボックスをオフにします。
⑥ ピボットテーブルの「平均 / 合計」列がなくなります。

# ●模擬テスト2

【タスク1】 マクロ有効ブック「アンケート _bp.xlsm」に登録されているマクロ「印刷 _ 横幅調整」を作業中のブックにコピーします。

① ［表示］タブの［マクロ］ボタンをクリックします。
② ［マクロ］ダイアログボックスが表示されるので、［マクロ名］の一覧に［アンケート _bp.xlsm! 印刷 _ 横幅調整］が表示されていることを確認し、［編集］をクリックします。
※ 手順①～②は、Alt ＋ F11 キーを押すか、［開発］タブの［Visual Basic］ボタンをクリックしてもかまいません。
③ VBE（Microsoft Visual Basic for Applications の編集ウィンドウ）が起動します。
④ ［プロジェクト］作業ウィンドウの［VBAProject（アンケート _bp.xlsm）］の［標準モジュール］の［Module1］を［VBAProject（プロジェクト1　食べ歩き記録 _bp.xlsm）］（練習モードでは「ex2-1-1.xlsm」）にドラッグします。
※ ドラッグしている間はマウスポインターが＋の付いた形になり、マクロのコピーであることがわかります 。
⑤ マウスボタンから指を離すと、［VBAProject（プロジェクト1　食べ歩き記録 .xlsm）］の下に［標準モジュール］がコピーされます。
⑥ VBE の閉じるボタンをクリックして、VBE を閉じます。

【タスク2】 ワークシート「ジャンル別店名」のセル A3 に関数を設定し、ワークシート「記録」のテーブルから和食の店の最寄り駅と店名を抽出して表示します。

① ワークシート「ジャンル別店名」のシート見出しをクリックします。

② セル A3 をクリックします。

③ [数式] タブの [検索／行列] ボタンをクリックします。

④ 一覧から [FILTER] をクリックします。

⑤ FILTER 関数の [関数の引数] ダイアログボックスが表示されるので、[配列] ボックスにカーソルが表示されていることを確認し、ワークシート「記録」のシート見出しをクリックします。

⑥ セル C4 ～ D50 を範囲選択します。

⑦ [検索条件範囲 1] ボックスに「ランチ記録 [ 最寄り駅 ]:[ 店名 ]」と表示されます。

⑧ [含む] ボックスをクリックし、ワークシート「記録」のシート見出しをクリックします。

⑨ セル E4 ～ E50 を範囲選択します。

⑩ [含む] ボックスに「ランチ記録 [ ジャンル ]」と表示されるので、続けて「=" 和食 "」を入力します。

⑪ [含む] ボックスに「ランチ記録 [ ジャンル ]=" 和食"」と表示されます。

⑫ [空の場合] ボックスには何も入力しません。

⑬ [OK] をクリックします。

⑭ 数式バーに「=FILTER( ランチ記録 [[ 最寄り駅 ]:[ 店名 ]], ランチ記録 [ ジャンル ])=" 和食 ")」と表示されたことを確認します。

※ [関数の引数] ダイアログボックスを使わずに、この数式を直接セルに入力してもかまいません。

⑮ セル A3 に和食の店の最寄り駅「渋谷」が表示されます。

⑯ スピル機能により、A 列に和食の店の最寄り駅、B 列に和食の店名が表示されます。

【タスク3】ワークシート「集計」のピボットテーブルの空白セルに「0」が表示され、ファイルを開いたときにデータが更新される設定にします。

① ワークシート「集計」のシート見出しをクリックします。

② ピボットテーブル内の任意のセルをクリックします。

③ [ピボットテーブル分析] タブの [オプション] をクリックします。

※ [ピボットテーブル分析] タブに [オプション] ボタンがない場合は、先に [ピボットテーブル分析] タブの [ピボットテーブル] ボタンをクリックします。

④ [ピボットテーブルオプション] ダイアログボックスが表示されます。

⑤ 問題文の「0」をクリックしてコピーします。

⑥ [レイアウトと書式] タブの [書式] の [空白セルに表示する値] チェックボックスがオンになっていることを確認し、右側のボックスをクリックして、Ctrl ＋ V キーを押します。

⑦ 「0」が貼り付けられます。

⑧ [データ] タブの [ピボットテーブルのデータ] の [ファイルを開くときにデータを更新する] チェックボックスをオンにします。

⑨ [OK] をクリックします。

⑩ 「[開くときに更新する] オプションを変更すると、同じデータを基にしたピボットテーブルレポートのオプションも変更されます。今後は…」というメッセージが表示されるので、[OK] をクリックします。

⑪ ワークシート「集計」のピボットテーブルの空白だったセルに「0」が表示されます。

【タスク4】ワークシート「集計（割合）」のピボットテーブルを総計に対する比率に変更します。

① ワークシート「集計（割合）」シート見出しをクリックします。

② セル A3（[合計／価格] のセル）をクリックします。

③ [ピボットテーブル分析] タブの [アクティブなフィールド] が [合計／価格] になっていることを確認し、[フィールドの設定] ボタンをクリックします。

④ [値フィールドの設定] ダイアログボックスが表示されるので、[計算の種類] タブの [計算の種類] ボックスの▼をクリックし、一覧から [総計に対する比率] をクリックします。

⑤ [OK] をクリックします。

⑥ ピボットテーブルの値が総計に対する比率になり、パーセント表示になります。

【タスク5】ワークシート「高評価」のピボットグラフの横軸に、ジャンル別の明細を追加し、スライサーを使用して評価が 7 以上の店舗数を表示します。

① ワークシート「高評価」のシート見出しをクリックします。

② ピボットグラフをクリックします。

③ [ピボットグラフのフィールド] 作業ウィンドウの [レポートに追加するフィールドを選択してください] の一覧の [ジャンル] を [軸（分類項目）] ボックスの [最寄り駅] の下にドラッグします。

④ ピボットグラフの横（項目）軸に最寄り駅とジャンル別の明細が表示されます。

⑤ [ピボットグラフ分析] タブの [スライサーの挿入] ボタンをクリックします。

⑥ [スライサーの挿入] ダイアログボックスが表示されるので、[評価] チェックボックスをオンにします。

⑦ [OK] をクリックします。

⑧ [評価] スライサーが表示されるので、[7] から [10] までをドラッグします。

⑨ ピボットグラフとピボットテーブルに評価が 7 以上の店舗数が集計されます。

### プロジェクト2　見積・請求書

【タスク1】ワークシート「見積書」の注文番号を、ワークシート「商品一覧」の商品番号のリストから選択して入力できるようにします。それ以外のデータを入力した場合は、スタイルが「停止」、タイトルが「入力エラー」の「リストから選択してください。」というエラーメッセージが表示されるようにします

① ワークシート「見積書」のセル A9 ～ A13 を範囲選択します。

② [データ] タブの [データの入力規則] ボタンをクリックします。

③ [データの入力規則] ダイアログボックスの [設定] タブが表示されるので、[条件の設定] の [入力値の種類] ボックスの▼をクリックし、一覧から [リスト] をクリックします。

④ [ドロップダウンリストから選択する] チェックボックスがオンになっていることを確認します。

⑤ [元の値] ボックスをクリックします。

⑥ ワークシート「商品一覧」のシート見出しをクリックし、セル D5 ～ D45 を選択します。

⑦ [元の値] ボックスに「= 商品一覧 !$D$5:$D$45」と表示されたことを確認します。

⑧ [エラーメッセージ] タブの [無効なデータが入力されたらエラーメッセージを表示する] チェックボックスがオンになっていることを確認します。

⑨ [無効なデータが入力されたときに表示するエラーメッセージ] の [スタイル] ボックスに [停止] と表示されていることを確認します。

⑩ 問題文の「入力エラー」をクリックしてコピーします。

⑪ [タイトル] ボックスをクリックし、Ctrl ＋ V キーを押します。

⑫ [タイトル] ボックスに「入力エラー」が貼り付けられます。

⑬ 問題文の「リストから選択してください。」をクリックしてコピーします。

⑭ [エラーメッセージ] ボックスをクリックし、Ctrl ＋ V キーを押します。

⑮ [エラーメッセージ] ボックスに「リストから選択してください。」が貼り付けられます。

⑯ [OK] をクリックします。

⑰ セル A9 の右側にリストを表示するための▼が表示されます。

【タスク2】ワークシート「見積書」のセル D9 から影響を受けるセルをすべてトレースします。

① ワークシート「見積書」のセル D9 をクリックします。
② ［数式］タブの［参照先のトレース］ボタンをクリックします。
③ セル D9 からとセル F9 に向かうトレース矢印が表示されます。
④ 再び［参照先のトレース］ボタンをクリックします。
⑤ セル F9 からとセル F14 に向かうトレース矢印が新たに表示されます。
⑥ 再び［参照先のトレース］ボタンをクリックします。
⑦ セル F14 からセル F15、F16、F17 に向かうトレース矢印が新たに表示されます。
⑧ 再び［参照先のトレース］ボタンをクリックします。
⑨ セル F17 からセル B6 に向かうトレース矢印が新たに表示されます。
⑩ 再び［参照先のトレース］ボタンをクリックします。
⑪ 新たなトレース矢印は表示されないので、参照先のすべてのセルがトレースされたことがわかります。

**【タスク3】** ワークシート「請求書」の日付のセル F1、氏名のセル A4、注文番号のセル範囲 A9:A13、数量のセル範囲 E9:E13 以外の編集ができないようにワークシートを保護します。ただし、セルの選択と行の挿入はできるようにします。パスワードは設定しません。

① ワークシート「請求書」のシート見出しをクリックします。
② セル F1 をクリックします。
③ Ctrl キーを押しながら、セル A4 をクリックします。
④ Ctrl キーを押しながら、セル A9 〜 A13、セル E9 〜 E13 をドラッグします。
⑤ ［ホーム］タブの［書式］ボタンをクリックします。
⑥ ［保護］の［セルのロック］をクリックしてオフにします。
⑦ 再び［書式］ボタンをクリックします。
⑧ ［保護］の［シートの保護］をクリックします。
⑨ ［シートの保護］ダイアログボックスが表示されるので、［シートの保護を解除するためのパスワード］ボックスには入力せずに、［シートとロックされたセルの内容を保護する］チェックボックスがオンになっていることを確認します。
⑩ ［このシートのすべてのユーザーに以下を許可します。］の［ロックされたセル範囲の選択］と［ロックされていないセル範囲の選択］チェックボックスがオンになっていることを確認します。
⑪ ［行の挿入］チェックボックスをオンにします。
⑫ ［OK］をクリックします。

**【タスク4】** ワークシート「商品一覧」の「価格」の値が「20000」以上の場合はフォントの色が「テーマの色」の「青、アクセント 1、黒 + 基本色 50%」、「10000」未満の場合はフォントの色が「テーマの色」の「オレンジ、アクセント 2、黒 + 基本色 50%」、斜体になるように条件付き書式を設定します。

① ワークシート「商品一覧」のシート見出しをクリックします。
② セル J5 〜 J45 を範囲選択します。
③ ［ホーム］タブの［条件付き書式］ボタンをクリックします。
④ ［新しいルール］をクリックします。
⑤ ［新しい書式ルール］ダイアログボックスが表示されるので、［ルールの種類を選択してください］ボックスの一覧から［指定の値を含むセルだけを書式設定］をクリックします。
⑥ ［ルールの内容を編集してください］の［次のセルのみを書式設定］の左端のボックスが「セルの値」になっていることを確認します。
⑦ 2 番目の「次の値の間」と表示されているボックスの▼をクリックして、一覧から［次の値以上］をクリックします。
⑧ 問題文の「20000」をクリックしてコピーします。
⑨ 右端のボックスをクリックし、Ctrl + V キーを押します。
⑩ 右端のボックスに「20000」が貼り付けられます。
⑪ ［書式］をクリックします。
⑫ ［セルの書式設定］ダイアログボックスが表示されるので、［フォ

ント］タブの［色］ボックスの▼をクリックし、［テーマの色］の一覧から［青、アクセント 1、黒 + 基本色 50%］をクリックします。
⑬ ［プレビュー］でフォントの色が青になったことを確認します。
⑭ ［OK］をクリックします。
⑮ ［新しい書式ルール］ダイアログボックスの［プレビュー］でフォントの色が青になったことを確認します。
⑯ ［OK］をクリックします。
⑰ セル J5 〜 J45 を範囲選択した状態のまま、再び［ホーム］タブの［条件付き書式］ボタンをクリックします。
⑱ ［新しいルール］をクリックします。
⑲ ［新しい書式ルール］ダイアログボックスが表示されるので、［ルールの種類を選択してください］ボックスの一覧から［指定の値を含むセルだけを書式設定］をクリックします。
⑳ ［ルールの内容を編集してください］の［次のセルのみを書式設定］の左端のボックスが「セルの値」になっていることを確認します。
㉑ 2 番目の「次の値の間」と表示されているボックスの▼をクリックして、一覧から［次の値より小さい］をクリックします。
㉒ 問題文の「10000」をクリックしてコピーします。
㉓ 右端のボックスをクリックし、Ctrl + V キーを押します。
㉔ 右端のボックスに「10000」が貼り付けられます。
㉕ ［書式］をクリックします。
㉖ ［セルの書式設定］ダイアログボックスが表示されるので、［フォント］タブの［スタイル］ボックスの［斜体］をクリックします。
㉗ ［色］ボックスの▼をクリックし、［テーマの色］の一覧から［オレンジ、アクセント 2、黒 + 基本色 50%］をクリックします。
㉘ ［プレビュー］でフォントの色がオレンジ、斜体になったことを確認します。
㉙ ［OK］をクリックします。
㉚ ［新しい書式ルール］ダイアログボックスの［プレビュー］でフォントの色がオレンジ、斜体になったことを確認します。
㉛ ［OK］をクリックします。
㉜ 任意のセルをクリックして、範囲選択を解除します。
㉝ 価格が 20000 以上のセルのフォントの色が青、10000 未満のセルがフォントの色がオレンジ、斜体になったことを確認します。

**【タスク5】** ワークシート「商品一覧」の「色番号」の列にエラーインジケーターが表示されていることを確認し、文字列形式の数値がエラーとしてチェックされないようにエラーチェックルールを変更します。

① ワークシート「商品一覧」の「色番号」の列（セル F5 〜 F45）にエラーインジケーターが表示されていることを確認します。
② 「色番号」の列のいずれかのセルをクリックします。
③ ［エラーチェックオプション］ボタンが表示されるのでポイントすると「このセルにある数値が、テキスト形式か、またはアポストロフィで始まっています。」と表示されるので、クリックします。
④ 一覧から［エラーチェックオプション］をクリックします。
⑤ ［Excel のオプション］ダイアログボックスの［数式］が表示されるので、［エラーチェックルール］の［文字列形式の数値、またはアポストロフィで始まる数値］チェックボックスをオフにします。
⑥ ［OK］をクリックします。
⑦ 「色番号」の列のエラーインジケーターがなくなります。

## プロジェクト3　コンドミニアム予約

**【タスク1】** VLOOKUP 関数を使用して、ワークシート「部屋一覧」の「ランク」の列に、同じ行の 1 泊料金（ドル）からランクを表示します。なお、あらかじめ設定されている書式は変更しません。

① ワークシート「部屋一覧」のセル E4 をクリックします。
② ［数式］タブの［検索 / 行列］ボタンをクリックします。
③ 一覧から［VLOOKUP］をクリックします。
④ VLOOKUP 関数の［関数の引数］ダイアログボックスが表示されるので、［検索値］ボックスにカーソルが表示されていることを確認

し、セル C4 をクリックします。
⑤ [検索値] ボックスに「C4」と表示されます。
⑥ [範囲] ボックスをクリックし、セル G9 〜 H12 を範囲選択し、F4 キーを 1 回押します。
⑦ [範囲] ボックスに「$G$9:$H$12」と表示されます。
⑧ [列番号] ボックスをクリックし、「2」と入力します。
⑨ [検索方法] ボックスをクリックし、「TRUE」と入力します。
※ [検索方法] ボックスの入力は省略してもかまいません。
⑩ [数式の結果 =] に、セル C4 の 1 泊料金 (ドル) に対応するランク「スタンダード」が表示されていることを確認します。
⑪ [OK] をクリックします。
⑫ 数式バーに「=VLOOKUP(C4,$G$9:$H$12,2,TRUE)」と表示されたことを確認します。
※ [関数の引数] ダイアログボックスを使わずに、この数式を直接セルに入力してもかまいません。
⑬ セル E4 に、セル C4 の 1 泊料金 (ドル) に対応するランク「スタンダード」が表示されていることを確認します。
⑭ セル E4 の右下のフィルハンドルをポイントし、マウスポインターの形が＋に変わったら、ダブルクリックします。
⑮ セル E4 の数式がセル E5 〜 E24 にコピーされ、同じ行の 1 泊料金 (ドル) に対応するランクが表示されます。
⑯ E 列の右に表示された [オートフィルオプション] ボタンをクリックし、一覧から [書式なしコピー (フィル)] をクリックします。
⑰ セル E5 〜 E24 の塗りつぶしの色と罫線が元に戻ります。

【タスク 2】 ワークシート「集計 (部屋別)」のピボットテーブルの列の「1 泊料金 (円)」フィールドを削除し、フィルターに「間取り」を設定して、「2BR」のみを集計します。

① ワークシート「集計 (部屋別)」のシート見出しをクリックします。
② ピボットテーブル内の任意のセルをクリックします。
③ [ピボットテーブルのフィールド] 作業ウィンドウの [レポートに追加するフィールドを選択してください] の一覧の [1 泊料金 (円)] チェックボックスをオフにします。
④ ピボットテーブルの「合計 / 1 泊料金 (円)」フィールドがなくなります。
⑤ [ピボットテーブルのフィールド] 作業ウィンドウの [レポートに追加するフィールドを選択してください] の一覧の [間取り] を [フィルター] ボックスにドラッグします。
⑥ ピボットテーブルのフィルターに「間取り」が表示されます。
⑦ セル B1 ([間取り] の「(すべて)」と表示されているフィルター) の▼をクリックし、一覧から [2BR] をクリックし、[OK] をクリックします。
⑧ 間取りが「2BR」の部屋の平均宿泊日数と合計金額のみが集計されます。

【タスク 3】 ワークシート「集計 (4 〜 7 月)」のグループを解除します。

① ワークシート「集計 (4 〜 7 月)」のシート見出しをクリックします。
② 4 〜 14 の行番号の左にアウトライン記号が表示されていることを確認します。
③ 行番号 4 〜 14 をドラッグして、4 〜 14 行目を選択します。
④ [データ] タブの [グループ解除] ボタンをクリックします。
※ [データ] タブに [グループ解除] ボタンがない場合は、先に [データ] タブの [アウトライン] ボタンをクリックします。
⑤ 4 〜 14 の行番号の左のアウトライン記号がなくなり、グループが解除されます。

【タスク 4】 関数を使用して、ワークシート「リフォーム」の「返済月額」の列に、リフォーム資金の返済月額を求めます。毎月 1 回の月末払いの元利均等返済で、返済期間中に利率の変動はないものとします。

① ワークシート「リフォーム」のシート見出しをクリックします。
② セル H3 をクリックします。
③ [数式] タブの [財務] ボタンをクリックします。
④ 一覧から [PMT] をクリックします。
⑤ PMT 関数の [関数の引数] ダイアログボックスが表示されるので、[利率] ボックスにカーソルが表示されていることを確認し、セル E3 をクリックします。
⑥ [利率] ボックスに「E3」と表示されるので、F4 キーを押して、「$E$3」にします。
⑦ 月単位の利率にするため、続けて「/12」と入力します。
⑧ [期間] ボックスをクリックし、セル G3 をクリックします。
⑨ [期間] ボックスに「G3」と表示されるので、月単位の期間にするため、続けて「*12」と入力します。
⑩ [現在価値] ボックスをクリックし、セル E2 をクリックし、F4 キーを押して、「$E$2」にします。
⑪ [将来価値] ボックスと [支払期日] ボックスには何も入力しません。
⑫ [数式の結果 =] に「¥-1,347,319」が表示されていることを確認します。
⑬ [OK] をクリックします。
⑭ 数式バーに「=PMT($E$3/12,G3*12,$E$2)」と表示されたことを確認します。
※ [関数の引数] ダイアログボックスを使わずに、この数式を直接セルに入力してもかまいません。
⑮ セル H3 に、「¥-1,347,319」と赤字で表示されていることを確認します。
⑯ セル H3 の右下のフィルハンドルをポイントし、マウスポインターの形が＋に変わったら、ダブルクリックします。
⑰ セル H3 の数式がセル H4 〜 H8 にコピーされ、同じ行の年数に応じた返済月額が表示されます。

プロジェクト 4　契約履歴

【タスク 1】 ワークシート「契約履歴 _1 月」の契約日を「01/08 (月)」のような形式で表示します。曜日のかっこは半角で、日付と曜日の「(」の間は半角スペースを空けます。

① ワークシート「契約履歴 _1 月」のセル A5 〜 A79 を範囲選択します。
② [ホーム] タブの [数値] グループ右下の [表示形式] ボタンをクリックします。
③ [セルの書式設定] ダイアログボックスの [表示形式] タブが表示されるので、[分類] ボックスの [ユーザー定義] をクリックします。
④ [種類] ボックスの一覧から [yyyy/m/d] をクリックします。
⑤ [種類] ボックスに「yyyy/m/d」と表示されるので、「yyyy/」を削除して、「m」と「d」を追加して「mm/dd」とし、「dd」の後ろに半角スペースと「(aaa)」を入力します。
⑥ [サンプル] に「01/08 (月)」と表示されたことを確認します。
⑦ [OK] をクリックします。
⑧ セル A4 〜 A79 の日付が「01/08 (月)」の形式で表示されます。

【タスク 2】 ワークシート「契約履歴 _1 月」のテーブルの「月額料金」の列にタイプと通信データ量に対応した月額料金を表示します。月額料金は、INDEX 関数と MATCH 関数を使用して、ワークシート「月額料金表」を参照します。

① ワークシート「契約履歴 _1 月」のセル D5 をクリックします。
② [数式] タブの [検索 / 行列] ボタンをクリックします。
③ 一覧から [INDEX] をクリックします。
④ INDEX 関数の [引数の選択] ダイアログボックスが表示されるので、[引数] ボックスの [配列, 行番号, 列番号] が選ばれていることを確認して、[OK] をクリックします。
⑤ INDEX 関数の [関数の引数] ダイアログボックスが表示されるので、[配列] ボックスにカーソルが表示されていることを確認し、ワークシート「月額料金表」のシート見出しをクリックします。

⑥ セル C4 ～ E5 を範囲選択し、F4 キーを押します。

⑦ [配列] ボックスに「月額料金表 !$C$4:$E$5」と表示されたことを確認します。

⑧ [行番号] ボックスをクリックし、名前ボックスの▼をクリックして、一覧から [MATCH] をクリックします。

※ 名前ボックスの一覧に [MATCH] がない場合は、[その他の関数] をクリックし、表示される [関数の挿入] ダイアログボックスの [関数の分類] ボックスの▼をクリックして [検索 / 行列] または [すべて表示] をクリックし、[関数名] ボックスの一覧から [MATCH] をクリックし、[OK] をクリックします。

⑨ MATCH 関数の [関数の引数] ダイアログボックスが表示されるので、[検査値] ボックスにカーソルが表示されていることを確認し、セル B5 をクリックします。

⑩ [検査値] ボックスに「[@ タイプ]」と表示されます。

⑪ [検査範囲] ボックスをクリックし、「月額料金表」のシート見出しをクリックします。

⑫ セル B4 ～ B5 を範囲選択し、F4 キーを押します。

⑬ [検査範囲] ボックスに「月額料金表 !$B$4:$B$5」と表示されます。

⑭ [照合の種類] ボックスをクリックし、「0」を入力します。

⑮ 数式バーの「INDEX」の文字列上をクリックします。

⑯ INDEX 関数の [引数の選択] ダイアログボックスが表示されるので、[引数] ボックスの [配列, 行番号, 列番号] が選ばれていること確認して、[OK] をクリックします。

※ この画面が表示されず、直接、手順 17 の画面が表示されることがあります。

⑰ INDEX 関数の [関数の引数] ダイアログボックスが、[行番号] ボックスに MATCH 関数の式が設定された状態で再び表示されるので、[列番号] ボックスをクリックし、名前ボックスの▼をクリックして、一覧から [MATCH] をクリックします。

⑱ MATCH 関数の [関数の引数] ダイアログボックスが表示されるので、[検査値] ボックスにカーソルが表示されていることを確認し、セル C5 をクリックします。

⑲ [検査値] ボックスに「[@ 通信データ量]」と表示されます。

⑳ [検査範囲] ボックスをクリックし、「月額料金表」のシート見出しをクリックします。

㉑ セル C3 ～ E3 を範囲選択し、F4 キーを押します。

㉒ [検査範囲] ボックスに「月額料金表 !$C$3:$E$3」と表示されます。

㉓ [照合の種類] ボックスをクリックし、「0」を入力します。

㉔ [数式の結果 =] に「900」が表示されていることを確認します。

㉕ [OK] をクリックします。

㉖ 数式バーに「=INDEX( 月額料金表 !$C$4:$E$5,MATCH([@ タイプ], 月額料金表 !$B$4:$B$5,0),MATCH([@ 通信データ量], 月額料金表 !$C$3:$E$3,0))」と表示されたことを確認します。

※ [関数の引数] ダイアログボックスを使わずに、この数式を直接セルに入力してもかまいません。

㉗ セル D5 に、セル B5 の「Single」とセル C5 の「3GB」の月額料金「900」が表示されます。

㉘ 「月額料金」の列全体に数式が自動的に設定され、同じ行のタイプと通信データ量に対応する月額料金が表示されます。

【タスク3】 ワークシート「契約履歴 _1 月」のセル J3 に、タイプが「Dual」で通信データ量が「5」GB 以上の契約件数の合計を求めます。

① ワークシート「契約履歴 _1 月」のセル I3 をクリックします。

② [数式] タブの [数学 / 三角] ボタンをクリックします。

③ 一覧から [SUMIFS] をクリックします。

④ SUMIFS 関数の [関数の引数] ダイアログボックスが表示されるので、[合計対象範囲] ボックスにカーソルが表示されていることを確認し、セル E5 ～ E79 を範囲選択します。

⑤ [合計対象範囲] ボックスに「契約 1 月 [ 件数 ]」と表示されます。

⑥ [条件範囲 1] ボックスをクリックし、セル B5 ～ B79 を範囲選択します。

⑦ [条件範囲 1] ボックスに「契約 1 月 [ タイプ ]」と表示されます。

⑧ 問題文の「Dual」をクリックしてコピーします。

⑨ [条件 1] ボックスをクリックし、Ctrl + V キーを押します。

⑩ [条件 1] ボックスに「Dual」の文字列が貼り付けられます。

⑪ [条件範囲 2] ボックスをクリックし、セル C5 ～ C79 をドラッグします。

⑫ [条件範囲 2] ボックスに「契約 1 月 [ 通信データ量 ]」と表示されます。

⑬ [条件 2] ボックスをクリックし、「>=」と入力します。

⑭ 問題文の「5」をクリックしてコピーします。

⑮ Ctrl + V キーを押します。

⑯ [条件 2] ボックスに「5」が貼り付けられ、「>=5」になります。

※ 契約件数はユーザー定義の表示形式で数値に容量の単位「GB」を付けて表示するよう設定されているため、条件では数値のみを指定します。

⑰ [OK] をクリックします。

⑱ 数式バーに「=SUMIFS( 契約 1 月 [ 件数 ], 契約 1 月 [ タイプ ],"Dual", 契約 1 月 [ 通信データ量 ], ">=5")」と表示されたことを確認します。

※ [関数の引数] ダイアログボックスを使わずに、この数式を直接セルに入力してもかまいません。

⑲ セル I3 に、タイプが「Dual」で通信データ量が 5GB 以上の契約件数の合計「47」が表示されます。

【タスク4】 ワークシート「契約履歴 _1 月」のテーブルを基に、ワークシート「担当者別契約件数」のセル A1 を基点とする位置に、担当者ごとにタイプ別の通信データ量の契約件数を集計するピボットテーブルと、積み上げ縦棒のピボットグラフを作成します。

① ワークシート「契約履歴 _1 月」のテーブル内の任意のセルをクリックします。

② [挿入] タブの [ピボットグラフ] ボタンをクリックします。

③ [ピボットグラフの作成] ダイアログボックスが表示されるので、[分析するデータを選択してください。] の [テーブルまたは範囲を選択] が選択されていて、[テーブル / 範囲] ボックスに「契約 1 月」と表示されていることを確認します。

④ [ピボットグラフの配置先を選択してください] の [既存のワークシート] をクリックします。

⑤ [場所] ボックスをクリックし、ワークシート「担当者別契約件数」のシート見出しをクリックして、セル A1 をクリックします。

⑥ [場所] ボックスに「担当者別契約件数 !$A$1」と表示されたことを確認し、[OK] をクリックします。

⑦ ワークシート「担当者別契約件数」のセル A1 を基点とする位置に空白のピボットテーブルと、ピボットグラフが表示されます。

⑧ [ピボットグラフのフィールド] 作業ウィンドウの [レポートに追加するフィールドを選択してください] の一覧の [担当者] を [軸 (分類項目)] ボックスにドラッグします。

⑨ [タイプ] を [軸 (分類項目)] ボックスの [担当者] の下にドラッグします。

⑩ [通信データ量] を [凡例 (系列)] ボックスにドラッグします。

⑪ [件数] を [値] ボックスにドラッグします。

⑫ [値] ボックスに「合計 / 件数」と表示されます。

⑬ ピボットグラフの横 (項目) 軸に「担当者」と「タイプ」、凡例 (系列) に「通信データ量」、値に「合計 / 件数」が表示されます。

⑭ ピボットテーブルの行ラベルに「担当者」と「タイプ」、列ラベルに「通信データ量」、値に「合計 / 件数」が表示されます。

⑮ ピボットグラフが選択された状態で、[デザイン] タブの [グラフの種類の変更] ボタンをクリックします。

⑯ [グラフの種類の変更] ダイアログボックスが表示されるので、[すべてのグラフ] タブの左側の一覧の [縦棒] が選択されていることを確認し、右上の一覧から [積み上げ縦棒] をクリックします。

⑰ 右下に積み上げ縦棒グラフが表示されます。

⑱ [OK] をクリックします。

⑲ グラフの種類が積み上げ縦棒に変更されます。

① グラフが選択されている場合は任意のセルをクリックして選択を解除します。
② [表示] タブの [マクロ] ボタンの▼をクリックします。
③ [マクロの記録] をクリックします。
※ 手順②～③は、[開発] タブの [マクロの記録] ボタンをクリックしてもかまいません。
④ [マクロの記録] ダイアログボックスが表示されます。
⑤ 問題文の「店名フッター」をクリックしてコピーします。
⑥ [マクロの記録] ダイアログボックスの [マクロ名] ボックスの「Macro1」が選択されていることを確認し、Ctrl + V キーを押します。
⑦ [マクロ名] ボックスが「店名フッター」で上書きされます。
⑧ [マクロの保存先] ボックスが [作業中のブック] になっていることを確認します。
⑨ [OK] をクリックします。
⑩ [挿入] タブの [ヘッダーとフッター] ボタンをクリックします。
※ [挿入] タブに [ヘッダーとフッター] ボタンがない場合は、先に [挿入] タブの [テキスト] ボタンをクリックします。
⑪ ページレイアウトに切り替わり、ヘッダー / フッター領域が表示され、カーソルがヘッダーの中央に表示されます。
⑫ [ヘッダーとフッター] タブの [フッターに移動] ボタンをクリックします。
⑬ フッターの中央にカーソルが表示されるので、フッターの右側部分をクリックします。
⑭ 「新宿店」と入力します。
※ 問題文からのコピーではなく、文字を直接入力します。
⑮ 任意のセルをクリックして、フッターの選択を解除します。
⑯ [表示] タブの [マクロ] ボタンの▼をクリックします。
⑰ [記録終了] をクリックします。
※ 手順⑯～⑰は、[開発] タブの [記録終了] ボタンをクリックしてもかまいません。

① ワークシート「入会者数」のセル B6 をクリックします。
② [数式] タブの [論理] ボタンをクリックします。
③ 一覧から [IF] をクリックします。
④ IF 関数の [関数の引数] ダイアログボックスが表示されるので、[論理式] ボックスにカーソルが表示されていることを確認し、名前ボックスの▼をクリックし、一覧から [NOT] をクリックします。
※ 名前ボックスの一覧に [NOT] がない場合は、[その他の関数] をクリックし、表示される [関数の挿入] ダイアログボックスの [関数の分類] ボックスの▼をクリックして [論理] または [すべて表示] をクリックし、[関数名] ボックスの一覧から [NOT] をクリックし、[OK] をクリックします。
⑤ NOT 関数の [関数の引数] ダイアログボックスが表示されるので、[論理式] ボックスにカーソルが表示されていることを確認し、セル A6 をクリックします。
⑥ [論理式] ボックスに「A6」と表示されるので、続いて「=""」(「""」は半角のダブルクォーテーション2つ)と入力します。
⑦ 数式バーの「IF」の文字列上をクリックします。
⑧ IF 関数の [関数の引数] ダイアログボックスが、[論理式] ボックスに NOT 関数の式が設定された状態で再び表示されるので、[値

が真の場合] ボックスをクリックし、セル A6 をクリックします。
⑨ [値が真の場合] ボックスに「A6」と表示されます。
⑩ [値が偽の場合] ボックスをクリックし、セル B5 をクリックします。
⑪ [値が偽の場合] ボックスに「B5」と表示されます。
⑫ [数式の結果 =] に「関東」が表示されていることを確認します。
⑬ [OK] をクリックします。
⑭ 数式バーに「=IF(NOT(A6=""),A6,B5)」と表示されたことを確認します。
※ [関数の引数] ダイアログボックスを使わずに、この数式を直接セルに入力してもかまいません。
⑮ セル B6 に、セル A6 と同じエリア「関東」が表示されます。
⑯ セル B6 の右下のフィルハンドルをポイントし、マウスポインターの形が+に変わったら、ダブルクリックします。
⑰ セル B6 の数式がセル B7 ～ B42 にコピーされ、同じ行にエリアが入力されている場合はそのエリア、空白の場合は1つ上の行と同じエリアが表示されます。

① ワークシート「入会者数」のセル C6 ～ C42 を範囲選択します。
② [ホーム] タブの [条件付き書式] ボタンをクリックします。
③ [新しいルール] をクリックします。
④ [新しい書式ルール] ダイアログボックスが表示されるので、[ルールの種類を選択してください] の一覧から [数式を使用して、書式設定するセルを決定] をクリックします。
⑤ [ルールの内容を編集してください] の [次の数式を満たす場合に値を書式設定] ボックスをクリックし、「=P6>Q6」と入力します。
⑥ [書式] をクリックします。
⑦ [セルの書式設定] ダイアログボックスが表示されるので、[塗りつぶし] タブの [パターンの色] ボックスの▼をクリックし、[標準の色] の一覧から [オレンジ] をクリックします。
⑧ [パターンの種類] ボックスの▼をクリックし、一覧から [25%灰色] をクリックします。
⑨ [セルの書式設定] ダイアログボックスの [プレビュー] にオレンジ色のパターンが表示されていることを確認し、[OK] をクリックします。
⑩ [新しい書式ルール] ダイアログボックスの [プレビュー] にオレンジ色のパターンが表示されていることを確認し、[OK] をクリックします。
⑪ キャンペーン入会者数合計が前回キャンペーン入会者数を上回る店舗名のセルにオレンジ色のパターンが設定されます。

① ワークシート「入会者数集計」のシート見出しをクリックします。
② セル A3 ～ B40 を範囲選択します。
③ Ctrl キーを押しながら、セル I3 ～ I40 を範囲選択します。
④ [挿入] タブの [階層構造グラフの挿入] ボタンをクリックします。
⑤ [サンバースト] の [サンバースト] をクリックします。
⑥ サンバーストグラフが作成されます。
⑦ グラフの右上の [グラフ要素] ボタンをクリックします。
⑧ [グラフタイトル] チェックボックスをオフにします。
⑨ グラフタイトルがなくなります。
⑩ グラフが選択されている状態のまま、[グラフのデザイン] タブの [グラフの移動] ボタンをクリックします。
⑪ [グラフの移動] ダイアログボックスが表示されます。

⑫ 問題文の「入会者数集計グラフ」をクリックしてコピーします。
⑬ ［グラフの移動］ダイアログボックスの［新しいシート］をクリックし、「グラフ1」の文字列が選択されている状態で、Ctrl ＋ V キーを押します。
⑭ 「入会者数集計グラフ」で上書きされます。
⑮ ［OK］をクリックします。
⑯ グラフシート「入会者数集計グラフ」が作成され、サンバーストグラフが移動します。

【タスク4】 ワークシート「入会率」のピボットテーブルに集計フィールド「キャンペーン入会率」を追加し、入会者数合計を W ゼロ _ 体験チケットと手ぶら体験チケットの和で除算し、パーセント表示にします。

① ワークシート「入会率」のシート見出しをクリックします。
② ピボットテーブル内の任意のセルをクリックします。
③ ［ピボットテーブル分析］タブの［フィールド / アイテム / セット］ボタンをクリックします。
④ 一覧から［集計フィールド］をクリックします。
⑤ ［集計フィールドの挿入］ダイアログボックスが表示されます。
⑥ 問題文の「キャンペーン入会率」をクリックしてコピーします。
⑦ ［名前］ボックスの「フィールド 2」が選択されていることを確認し、Ctrl ＋ V キーを押します。
⑧ 「名前」ボックスが「キャンペーン入会率」で上書きされます。
⑨ ［フィールド］ボックスの一覧から［入会者数合計］をクリックします。
⑩ ［フィールドの挿入］をクリックします。
⑪ ［数式］ボックスに「= 入会者数合計」と表示されます。
⑫ 続けて「/(」を入力します。
⑬ ［フィールド］ボックスの一覧から［W ゼロ _ 体験チケット］をクリックします。
⑭ ［フィールドの挿入］をクリックします。
⑮ ［数式］ボックスに「= 入会者数合計 /( W ゼロ _ 体験チケット」と表示されます。
⑯ 続けて「+」を入力します。
⑰ ［フィールド］ボックスの一覧から［手ぶら _ 体験チケット］をクリックします。
⑱ ［数式］ボックスに「= 入会者数合計 /( W ゼロ _ 体験チケット + 手ぶら _ 体験チケット」と表示されます。
⑲ 続けて「)」を入力します。
⑳ ［数式］ボックスに「= 入会者数合計 /( W ゼロ _ 体験チケット + 手ぶら _ 体験チケット )」と表示されていることを確認し、［OK］をクリックします。
㉑ ピボットテーブルに「合計 / キャンペーン入会率」の集計フィールドが追加され、入会者数合計を W ゼロ _ 体験チケットと手ぶら _ 体験チケットの和で除算した値が表示されます。
㉒ セル C3 をクリックします。
㉓ ［ピボットテーブル分析］タブの［アクティブなフィールド］ボックスに「合計 / キャンペーン入会率」と表示されていることを確認し、［フィールドの設定］ボタンをクリックします。
㉔ ［値フィールドの設定］ダイアログボックスが表示されるので、［表示形式］をクリックします。
㉕ ［セルの書式設定］ダイアログボックスの［表示形式］タブが表示されるので、［分類］ボックスの［パーセンテージ］をクリックします。
㉖ ［OK］をクリックします。
㉗ ［値フィールドの設定］ダイアログボックスの［OK］をクリックします。
㉘ キャンペーン入会率がパーセント表示になります。

【タスク5】 ワークシート「西日本分析」のピボットテーブルにフィルターを設定し、「近畿」「中国」「四国」「九州」「沖縄」のデータだけを表示します。なお、エリア名はこの順に並ぶようにします。

① ワークシート「西日本分析」のシート見出しをクリックします。
② ピボットテーブルの行ラベルの▼をクリックし、一覧から［すべて選択］をクリックしてオフにします。
③ すべてのチェックボックスがオフになります。
④ ［近畿］［中国］［四国］［九州］［沖縄］チェックボックスをオンにします。
⑤ ［OK］をクリックします。
⑥ 行ラベルに［近畿］［九州］［四国］［中国］［沖縄］のみがこの順で表示され、集計されます。
⑦ セル A5（「中国」のセル）をクリックします。
⑧ 枠線をポイントし、マウスポインターの形が四方向矢印になったら、「近畿」の下にドラッグします。
⑨ 「中国」のデータが「近畿」の下に移動します。
⑩ 同様にセルの枠線上をドラッグして、「近畿」「中国」「四国」「九州」「沖縄」の順に並べます。

【タスク6】 ワークシート「入会者数」の「店舗名」の列に入力されている店舗名を、ユーザー設定リストに追加します。続いてワークシート「西日本報告」のセル範囲 B5:B10、B14:B16、B20:B22 に、範囲の先頭のセルに入力されている店舗名を基にオートフィルを使用して店舗名を連続入力します。

① ワークシート「入会者数」のシート見出しをクリックします。
② セル C6 ～ C42 を範囲選択します。
③ ［ファイル］タブをクリックします。
④ ［ホーム］画面が表示されるので、左側の一覧から［その他］をクリックします。
⑤ ［オプション］をクリックします。
⑥ ［Excel のオプション］ダイアログボックスが表示されるので、左側の一覧から［詳細設定］をクリックします。
⑦ ［全般］の［ユーザー設定リストの編集］をクリックします。
⑧ ［ユーザー設定リスト］ダイアログボックスが表示されるので、［ユーザー設定リスト］タブの［リストの取り込み元範囲］ボックスに「$C$6:$C$42」と表示されていることを確認し、［インポート］をクリックします。
⑨ ［リストの項目］ボックスと［ユーザー設定リスト］ボックスに、店舗名がセル C6 ～ C42 に入力されている順序で表示されます。
⑩ ［OK］をクリックします。
⑪ ［Excel のオプション］ダイアログボックスの［OK］をクリックします。
⑫ ワークシート「西日本報告」のシート見出しをクリックします。
⑬ セル B5 をクリックし、セルの右下のフィルハンドルをポイントし、マウスポインターの形が＋に変わったら、ダブルクリックします。
⑭ セル B6 ～ B10 に「千里店」～「伊丹店」までの店舗名が入力されます。
⑮ セル B14 をクリックし、セルの右下のフィルハンドルをポイントし、マウスポインターの形が＋に変わったら、ダブルクリックします。
⑯ セル B15、B16 に「東広島店」、「松山店」の店舗名が入力されます。
⑰ セル B20 をクリックし、セルの右下のフィルハンドルをポイントし、マウスポインターの形が＋に変わったら、ダブルクリックします。
⑱ セル B21、B22 に「長崎店」、「那覇店」の店舗名が入力されます。

# ● 模擬テスト3

## プロジェクト1　セミナー管理（9-10月）

**【タスク1】**関数を使用して、ワークシート「申込状況」のテーブルの「申込締切日」の列に、土日と祭日を除いた開催日から3日前の日付を表示します。祭日は登録されている名前付き範囲「祭日8_10月」を指定します。なお、週末の曜日を指定できる関数は使用しません。

① ワークシート「申込状況」のセルB4をクリックします。
② ［数式］タブの［日付 / 時刻］ボタンをクリックします。
③ 一覧から［WORKDAY］をクリックします。
④ WORKDAY関数の［関数の引数］ダイアログボックスが表示されるので、［開始日］ボックスにカーソルが表示されていることを確認し、セルA4をクリックします。
⑤ ［開始日］ボックスに「[@ 開催日]」と表示されます。
⑥ ［日数］ボックスをクリックし、「-3」と入力します。
⑦ ［祭日］ボックスをクリックし、［数式］タブの［数式で使用］ボタンをクリックします。
⑧ 一覧から［祭日8_10月］をクリックします。
⑨ ［祭日］ボックスに「祭日8_10月」と表示されます。
⑩ ［数式の結果 =］に「8月29日 ( 火 )」が表示されていることを確認します。
⑪ ［OK］をクリックします。
⑫ 数式バーに「=WORKDAY([@ 開始日 ],-3, 祭日8_10月 )」と表示されたことを確認します。
※ ［関数の引数］ダイアログボックスを使わずに、この数式を直接セルに入力してもかまいません。
⑬ セルB4に、セルA4の開催日から3日前の日付「8月29日 ( 火 )」が表示されます。
⑭ 「申込締切日」の列全体に数式が自動的に設定され、各行の開催日の、土日と祭日を除いた3日前の日付が表示されます。

**【タスク2】**ワークシート「申込状況」の集客率が「60%」未満の場合に、塗りつぶしの色RGBの赤「255」、緑「0」、青「0」、フォントの色を「テーマの色」の「白、背景1」になるように条件付き書式を設定します。

① ワークシート「申込状況」のセルJ4～J43を範囲選択します。
② ［ホーム］タブの［条件付き書式］ボタンをクリックします。
③ ［セルの強調表示ルール］の［指定の値より小さい］をクリックします。
④ ［指定の値より小さい］ダイアログボックスが表示されます。
⑤ 問題文の「60%」をクリックしてコピーします。
⑥ ［次の値より小さいセルを書式設定］ボックスの数値が選択されていることを確認し、Ctrl ＋ Vキーを押します。
⑦ ［次の値より小さいセルを書式設定］ボックスが「60%」で上書きされます。
⑧ ［書式］ボックスの▼をクリックし、一覧から［ユーザー設定の書式］をクリックします。
⑨ ［セルの書式設定］ダイアログボックスが表示されるので、［塗りつぶし］タブの［その他の色］をクリックします。
⑩ ［色の設定］ダイアログボックスが表示されるので、［ユーザー設定］タブの［赤］ボックスが「255」になっていることを確認します。
⑪ 問題文の「0」をクリックしてコピーします。
⑫ ［緑］ボックスの「255」をドラッグして選択し、Ctrl ＋ Vキーを押します。
⑬ ［緑］ボックスが「0」で上書きされます。
⑭ 同様に、［青］ボックスを「0」で上書きします。
⑮ ［新規］に赤色が表示されます。
⑯ ［OK］をクリックします。
⑰ ［セルの書式設定］ダイアログボックスの［塗りつぶし］タブの［サ

ンプル］に赤色が表示されます。
⑱ ［フォント］タブの［色］ボックスの▼をクリックし、［テーマの色］の一覧から［白、背景1］をクリックします。
⑲ ［OK］をクリックします。
⑳ 集客率が60%未満の場合に、塗りつぶしの色の赤、フォントの色が白の書式が設定されます。

**【タスク3】**ワークシート「申込人数集計」のセル範囲B3:D7に、位置を基準として、ワークシート「銀座」「池袋」「秋葉原」のセル範囲B3:D7を統合し、合計を求めます。

① ワークシート「申込人数集計」のシート見出しをクリックします。
② セルB3をクリックします。
③ ［データ］タブの［統合］ボタンをクリックします。
④ ［統合の設定］ダイアログボックスが表示されるので、［集計の方法］ボックスが［合計］になっていることを確認します。
⑤ ［統合元範囲］ボックスにカーソルが表示されていることを確認し、ワークシートの「銀座」のシート見出しをクリックして、セルB3～D7を範囲選択します。
⑥ ［統合元範囲］ボックスに「銀座 !$B$3:$D$7」と表示されます。
⑦ ［追加］をクリックします。
⑧ ［統合元］ボックスに「銀座 !$B$3:$D$7」が追加されます。
⑨ ワークシート「池袋」のシート見出しをクリックします。
⑩ ［統合元範囲］ボックスに「池袋 !$B$3:$D$7」と表示されます。
⑪ ［追加］をクリックします。
⑫ ［統合元］ボックスに「池袋 !$B$3:$D$7」が追加されます。
⑬ ワークシート「秋葉原」のシート見出しをクリックします。
⑭ ［統合元範囲］ボックスに「秋葉原 !$B$3:$D$7」と表示されます。
⑮ ［追加］をクリックします。
⑯ ［統合元］ボックスに「秋葉原 !$B$3:$D$7」が追加されます。
⑰ ［統合の基準］の［上端行］と［左端列］の各チェックボックスはオフのままにします。
⑱ ［OK］をクリックします。
⑲ ワークシート「申込人数集計」のセルB3～D7に、ワークシート「銀座」「池袋」「秋葉原」のセルB3～D7のデータが統合され、数値の合計が表示されます。

**【タスク4】**ワークシート「申込人数集計」のセルF2を基点とする位置に、ブック「セミナー集計（7-8月）_bp.xlsx」のワークシート「申込人数集計」のセル範囲A2:D7を図として貼り付けます。元データが更新されたときは自動的に反映されるようにします。

① ［表示］タブの［ウィンドウの切り替え］ボタンをクリックします。
② 一覧から［セミナー集計（7-8月）_bp］をクリックします。
③ ブック「セミナー集計（7-8月）_bp」のワークシート「申込人数集計」が表示されるので、セルA2～D7を範囲選択します。
④ Ctrl ＋ Cキーを押します。
⑤ ［表示］タブの［ウィンドウの切り替え］ボタンをクリックします。
⑥ 一覧から［プロジェクト1　セミナー集計 _bp］（練習モードでは「ex3-1-4」）をクリックします。
⑦ ブック「プロジェクト1　セミナー集計 _bp」が表示されるので、ワークシート「申込人数集計」のセルF2をクリックします。
⑧ ［ホーム］タブの［貼り付け］ボタンの▼をクリックします。
⑨ ［その他の貼り付けオプション］の一覧から［リンクされた図］をクリックします。
⑩ セルF4を基点とする位置に、ブック「セミナー集計（7-8月）_bp.xlsx」のワークシート「申込状況」のセル範囲A2:D7の表が図として貼り付けられます。数式バーには対応するセル参照の数式が表示されます。

**【タスク5】**ワークシート「売上集計」のピボットテーブルの計算を変更し、各教室の総計を100%としたときのセミナー別の比率を求めます。

① ワークシート「売上集計」シート見出しをクリックします。
② セル A3（[合計 / 売上金額] のセル）をクリックします。
③ [ピボットテーブル分析] タブの [アクティブなフィールド] が [合計 / 売上金額] になっていることを確認し、[フィールドの設定] ボタンをクリックします。
④ [値フィールドの設定] ダイアログボックスが表示されるので、[計算の種類] タブの [計算の種類] ボックスの▼をクリックし、一覧から [行集計に対する比率] をクリックします。
⑤ [OK] をクリックします。
⑥ ピボットテーブルの値が各教室の総計を 100% としたときのセミナー別の比率になります。

【タスク6】 ワークシート「売上集計（9月）」のピボットテーブルにタイムラインを挿入し、開催日が 9 月のデータを集計します。

① ワークシート「売上集計（9月）」のシート見出しをクリックします。
② ピボットテーブル内の任意のセルをクリックします。
③ [ピボットテーブル分析] タブの [タイムラインの挿入] ボタンをクリックします。
④ [タイムラインの挿入] ダイアログボックスが表示されるので、[開催日] チェックボックスをオンにします。
⑤ [OK] をクリックします。
⑥ [開催日] タイムラインが表示されます。
⑦ [開催日] の下に「すべての期間」、右端に「月」と表示されていることを確認し、タイムラインの 9 をクリックします。
⑧ [開催日] の下に「2023 年 9 月」と表示されます。
⑨ ピボットテーブルとピボットグラフのデータが 9 月の集計になります。

## プロジェクト 2　宅配サービス

【タスク1】 マクロ有効ブック「宅配フォーマット _bp.xlsm」に登録されているマクロ「割引対象」を作業中のブックにコピーしてワークシート「注文一覧」でマクロ「割引対象」を実行します。

① [表示] タブの [マクロ] ボタンをクリックします。
② [マクロ] ダイアログボックスが表示されるので、[マクロ名] の一覧に [宅配フォーマット _bp.xlsm! 割引対象] が表示されていることを確認し、[編集] をクリックします。
※ 手順①～②は、Alt+F11 キーを押すか、[開発] タブの [Visual Basic] ボタンをクリックしてもかまいません。
③ VBE（Microsoft Visual Basic for Applications の編集ウィンドウ）が起動します。
④ [プロジェクト] 作業ウィンドウの [VBAProject（宅配フォーマット _bp.xlsm)] の [標準モジュール] の [Module1] を [VBAProject（プロジェクト 2　宅配サービス .xlsm)]（練習モードでは「ex3-2-1. xlsm」）にドラッグします
※ ドラッグしている間はマウスポインターが＋の付いた形になり、マクロのコピーであることがわかります。
⑤ マウスボタンから指を離すと、[VBAProject（プロジェクト 2　宅配サービス .xlsm)] の下に [標準モジュール] がコピーされます。
⑥ VBE の閉じるボタンをクリックして、VBE を閉じます。
⑦ 作業中のブック「プロジェクト 2　宅配サービス」（練習モードの場合は「ex3-2-1」）のワークシート「注文一覧」が表示されていることを確認します。
⑧ [表示] タブ（または [開発] タブ）の [マクロ] ボタンをクリックします。
⑨ [マクロ] ダイアログボックスが表示されるので、[マクロ] ボックスの [割引対象] が選択されていることを確認し、[実行] をクリックします。
⑩ マクロ「割引対象」が実行され、会員種別が「VIP 会員」または金額が 10,000 以上の行の塗りつぶしの色がピンクに設定されます。

【タスク2】 ワークシート「注文一覧（会員種別）」のセル A6 に関数を設定し、ワークシート「注文一覧」の表のデータを、会員種別の昇順に並べ替え、会員種別が同じ場合は注文セットの昇順に並べ替えて表示します。

① ワークシート「注文一覧（会員種別）」のシート見出しをクリックします。
② セル A6 をクリックします。
③ [数式] タブの [検索 / 行列] ボタンをクリックします。
④ 一覧から [SORTBY] をクリックします。
⑤ SORTBY 関数の [関数の引数] ダイアログボックスが表示されるので、[配列] ボックスにカーソルが表示されていることを確認し、ワークシート「注文一覧」のシート見出しをクリックします。
⑥ セル A6 ～ I77 を範囲選択します。
⑦ [配列] ボックスに「注文一覧 !A6:I77」と表示されます。
⑧ [基準配列 1] ボックスをクリックします。
⑨ ワークシート「注文一覧」のシート見出しをクリックします。
⑩ セル C6 ～ C77 を範囲選択します。
⑪ [基準配列 1] ボックスに「注文一覧 !C6:C77」と表示されます。
⑫ [並べ替え順序 1] ボックスをクリックし、「1」と入力します。
⑬ [基準配列 2] ボックスをクリックします。
⑭ ワークシート「注文一覧」のシート見出しをクリックします。
⑮ セル E6 ～ E77 を範囲選択します。
⑯ [基準配列 2] ボックスに「注文一覧 !E6:E77」と表示されます。
⑰ [並べ替え順序 2] ボックスをクリックし、「1」と入力します。
⑱ [数式の結果 =] に「7/6」と表示されます。
⑲ [OK] をクリックします。
⑳ 数式バーに「=SORTBY( 注文一覧 !A6:I77, 注文一覧 !C6:C77,1, 注文一覧 !E6:E77,1)」が表示されます。
※ [関数の引数] ダイアログボックスを使わずに、この数式を直接セルに入力してもかまいません。
㉑ セル A6 に会員種類が「VIP 会員」で注文セットが「ファミリーセット」の一番早い日付「7/6」が表示されます。
㉒ スピル機能により、会員種別の昇順、会員種別が同じ場合は注文セットの昇順に並べ替えた表が表示されます。

【タスク3】 ワークシート「価格表」を保護し、パスワード「kakaku」を入力しないと解除できないようにします。なお、セルの選択は常にできるようにします。

① ワークシート「価格表」のシート見出しをクリックします。
② [ホーム] タブの [書式] ボタンをクリックします。
③ [保護] の [シートの保護] をクリックします。
④ [シートの保護] ダイアログボックスが表示されるので、問題文の「kakaku」をクリックしてコピーします。
⑤ [シートの保護を解除するためのパスワード] ボックスをクリックし、Ctrl + V キーを押します。
⑥ [シートの保護を解除するためのパスワード] ボックスに「kakaku」が貼り付けられ、「●●●●●」と表示されます。
⑦ [シートとロックされたセルの内容を保護する] チェックボックスがオンになっていることを確認します。
⑧ [このシートのすべてのユーザーに以下を許可します。] の [ロックされたセル範囲の選択] と [ロックされていないセル範囲の選択] チェックボックスがオンになっていることを確認します。
⑨ [OK] をクリックします。
⑩ [パスワードの確認] ダイアログボックスが表示されるので、[パスワードをもう一度入力してください。] ボックスをクリックし、Ctrl + V キーを押します。
⑪ [パスワードをもう一度入力してください。] ボックスに「kakaku」が貼り付けられ、「●●●●●」と表示されます。
⑫ [OK] をクリックします。

## 【タスク4】 ワークシート「会員種別注文数」のピボットテーブルのレポートのレイアウトを表形式にします。

① ワークシート「会員種別注文数」のシート見出しをクリックします。
② ピボットテーブル内の任意のセルをクリックします。
③ ［デザイン］タブの［レポートのレイアウト］ボタンをクリックします。
④ 一覧から［表形式で表示］をクリックします。
⑤ ピボットテーブルのレイアウトが表形式に変更されます。

## 【タスク5】 ワークシート「会員種別売上合計」のピボットテーブルの請求金額（税別）に10%の消費税を加えた「請求金額（税込）」という名前の集計フィールドを作成します。

① ワークシート「会員種別売上合計」のシート見出しをクリックします。
② ピボットテーブル内の任意のセルをクリックします。
③ ［ピボットテーブル分析］タブの［フィールド / アイテム / セット］ボタンをクリックします。
④ 一覧から［集計フィールド］をクリックします。
⑤ ［集計フィールドの挿入］ダイアログボックスが表示されるので、問題文の「請求金額（税込）」をクリックしてコピーします。
⑥ ［名前］ボックスの「フィールド1」が選択されていることを確認し、Ctrl + V キーを押します。
⑦ ［名前］ボックスが「請求金額（税込）」で上書きされます。
⑧ ［フィールド］ボックスの一覧から［請求金額（税別）］をクリックします。
⑨ ［フィールドの挿入］をクリックします。
⑩ ［数式］ボックスに「=' 請求金額（税別）'」と表示されます。
⑪ 続けて「*1.1」と入力します。
⑫ ［OK］をクリックします。
⑬ ピボットテーブルに「合計 / 請求金額（税込）」の集計フィールドが追加され、請求金額（税別）に10%の消費税を加えた金額が表示されます。

## 【タスク6】 ワークシート「来月目標」のセル範囲 D13:D17 に来月の注文数として、プレミアムセット「17」、ファミリーセット「33」、わくわくセット「18」、定番セット「15」、お試しセット「15」とした場合のシナリオ「来月目標注文数」を登録し、結果を表示します。

① ワークシート「来月目標」のシート見出しをクリックします。
② セル D13 ～ D17 を範囲選択します。
③ ［データ］タブの［What-If 分析］ボタンをクリックします。
④ ［シナリオの登録と管理］をクリックします。
⑤ ［シナリオの登録と管理］ダイアログボックスが表示されるので、［追加］をクリックします。
⑥ ［シナリオの追加］ダイアログボックスが表示されます。
⑦ 問題文の「来月目標注文数」をクリックしてコピーします。
⑧ ［シナリオ名］ボックスにカーソルが表示されていることを確認し、Ctrl + V キーを押します。
⑨ ［シナリオ名］ボックスに「来月目標注文数」が貼り付けられます。
⑩ ［変化させるセル］ボックスに「D13:D17」と表示されていることを確認します。
⑪ ［OK］をクリックします。
⑫ ［シナリオの値］ダイアログボックスが表示されます。
⑬ 問題文の「17」をクリックしてコピーします。
⑭ ［$D$13］ボックスにカーソルが表示されていることを確認し、Ctrl + V キーを押します。
⑮ ［$D$13］ボックスに「17」が貼り付けられます。
⑯ 問題文の「33」をクリックしてコピーします。
⑰ ［$D$14］ボックスをクリックし、Ctrl + V キーを押します。

⑱ ［$D$14］ボックスに「33」が貼り付けられます。
⑲ 問題文の「18」をクリックしてコピーします。
⑳ ［$D$15］ボックスをクリックし、Ctrl + V キーを押します。
㉑ ［$D$15］ボックスに「18」が貼り付けられます。
㉒ 問題文の「15」をクリックしてコピーします。
㉓ ［$D$16］ボックスをクリックし、Ctrl + V キーを押します。
㉔ ［$D$16］ボックスに「15」が貼り付けられます。
㉕ ［$D$17］ボックスをクリックし、Ctrl + V キーを押します。
㉖ ［$D$17］ボックスに「15」が貼り付けられます。
㉗ ［OK］をクリックします。
㉘ ［シナリオの登録と管理］ダイアログボックスの［シナリオ］ボックスに「来月目標注文数」が表示されて選択されていることを確認し、［表示］をクリックします。
㉙ セル D13 ～ D17 にシナリオに登録した値が表示されます。
㉚ ［閉じる］をクリックします。

## 【タスク1】 エラーチェック機能を使用して、ワークシート「個人成績」の数式のエラーを修正します。

① ワークシート「個人成績」が表示されていることを確認します。
② ［数式］タブの［エラーチェック］ボタンをクリックします。
③ アクティブセルがセル H99 に移動し、［エラーチェック］ダイアログボックスが表示されます。
④ ［セル H99 のエラー］に「=(G99- 実技平均 )/ 実技標準偏差 *10 + 40」、［矛盾した数式］に「このセルにある数式が、セルの周辺の数式と異なっています。」と表示されるので、［数式を上からコピーする］をクリックします。
⑤ 「シート全体のエラーチェックを完了しました。」というメッセージが表示されるので、［OK］をクリックします。
⑥ セル H99 の数式が「=(G99- 実技平均 )/ 実技標準偏差 *10 + 50」に変更され、エラーインジケーターが消えます。

## 【タスク2】 IFS 関数を使用して、ワークシート「個人成績」の「評価」の列に、筆記と実技の合計が「160」点以上の場合に「A」、「100」点以上の場合に「B」、100点未満の場合に「C」と表示します。

① ワークシート「個人成績」のセル J4 をクリックします。
② ［数式］タブの［論理］ボタンをクリックします。
③ 一覧から［IFS］をクリックします。
④ IFS 関数の［関数の引数］ダイアログボックスが表示されるので、［論理式1］ボックスにカーソルがあることを確認し、セル I4 をクリックします。
⑤ ［論理式1］ボックスに「I4」と表示されるので、続けて「>=」と入力します。
⑥ 問題文の「160」をクリックしてコピーします。
⑦ Ctrl + V キーを押します。
⑧ ［論理式1］ボックスに「160」が貼り付けられ、「I4>=160」と表示されます。
⑨ 問題文の「A」をクリックしてコピーします。
⑩ ［値が真の場合1］ボックスをクリックし、Ctrl + V キーを押します。
⑪ ［値が真の場合1］ボックスに「A」が貼り付けられます。
⑫ ［論理式2］ボックスをクリックし、セル I4 をクリックします。
⑬ ［論理式2］ボックスに「I4」と表示されるので、続けて「>=」と入力します。
⑭ 問題文の「100」をクリックしてコピーします。
⑮ Ctrl + V キーを押します。
⑯ ［論理式2］ボックスに「100」が貼り付けられ、「I4>=100」と表示されます。
⑰ 問題文の「B」をクリックしてコピーします。
⑱ ［値が真の場合2］ボックスをクリックし、Ctrl + V キーを押します。
⑲ ［値が真の場合2］ボックスに「B」が貼り付けられます。
⑳ ［論理式3］ボックスをクリックし、「TRUE」と入力します。

㉑ 問題文の「C」をクリックしてコピーします。

㉒ ［値が真の場合3］ボックスをクリックし、Ctrl + Vキーを押します。

※ ［値が真の場合3］ボックスが表示されていない場合は、［関数の引数］ダイアログボックスのスクロールバーを使用して表示します。

㉓ ［値が真の場合3］ボックスに「C」が貼り付けられます。

㉔ ［OK］をクリックします。

㉕ 数式バーに「=IFS(I4>=160,"A",I4>=100, "B",TRUE,"C")」と表示されたことを確認します。

※ ［関数の引数］ダイアログボックスを使わずに、この数式を直接セルに入力してもかまいません。

㉖ セルJ4に「A」が表示されます。

㉗ セルJ4の右下のフィルハンドルをポイントし、マウスポインターの形が+に変わったらダブルクリックします。

㉘ セルJ4の数式がセルJ5～J104にコピーされ、同じ行の合計が160点以上の場合に「A」、100点以上の場合に「B」、100点未満の場合に「C」と表示されます。

【タスク3】ワークシート「個人成績」の散布図を箱ひげ図に変更します。横軸を削除し、縦軸の最大値を「100」にします。

① ワークシート「個人成績」の散布図をクリックします。

② ［グラフのデザイン］タブの［グラフの種類の変更］ボタンをクリックします。

③ ［グラフの種類の変更］ダイアログボックスが表示されるので、［すべてのグラフ］タブの左側の一覧から［箱ひげ図］をクリックします。

④ 右側に箱ひげ図が表示されるので確認します。

⑤ ［OK］をクリックします。

⑥ 散布図が箱ひげ図に変更されます。

⑦ グラフの右上の［グラフ要素］ボタンをクリックします。

⑧ ［グラフ要素］の［軸］をポイントし、▶をクリックします。

⑨ ［第1横軸］チェックボックスをオフにします。

⑩ グラフの横軸の「1」がなくなります。

⑪ グラフの縦軸をダブルクリックします。

⑫ ［軸の書式設定］作業ウィンドウが表示されます。

⑬ 問題文の「100」をクリックしてコピーします。

⑭ ［軸のオプション］の［境界値］の［最大値］ボックスの「120.0」をドラッグして選択し、Ctrl + Vキーを押します。

⑮ ［最大値］ボックスが「100」で上書きされます。

⑯ Enterキーを押します。

⑰ ［最大値］ボックスに「100.0」と表示されます。

⑱ ［縦軸］の最大値が「100」になります。

【タスク4】ワークシート「クラス別成績」の「筆記」から「実技偏差値」の列をグループ化します。

① ワークシート「クラス別成績」のシート見出しをクリックします。

② 列番号E～Hをドラッグして、「筆記」の列から「実技偏差値」の列を選択します。

③ ［データ］タブの［グループ化］ボタンをクリックします。

※ ［データ］タブに［グループ化］ボタンがない場合は、先に［データ］タブの［アウトライン］ボタンをクリックします

④ E～Hの列番号の上にアウトライン記号が表示され、グループ化されます。

【タスク5】RANDARRAY関数を使用して、ワークシート「実技問題例」のセル範囲B6:E10に「0」～「100」までのランダムな整数を表示します。

① ワークシート「実技問題例」のシート見出しをクリックします。

② セルB6をクリックします。

③ ［数式］タブの［数学／三角］ボタンをクリックします。

④ 一覧から［RANDARRAY］をクリックします。

⑤ RANDARRAY関数の［関数の引数］ダイアログボックスが表示され

るので、［行］ボックスにカーソルが表示されていることを確認し、「5」と入力します。

⑥ ［列］ボックスをクリックし、「4」と入力します。

⑦ 問題文の「0」をクリックしてコピーします。

⑧ ［最小］ボックスをクリックし、Ctrl + Vキーを押します。

⑨ ［最小］ボックスに「0」が貼り付けられます。

⑩ 問題文の「100」をクリックしてコピーします。

⑪ ［最大］ボックスをクリックし、Ctrl + Vキーを押します。

⑫ ［最大］ボックスに「100」が貼り付けられます。

⑬ ［整数］ボックスをクリックし、「TRUE」と入力します。

⑭ ［数式の結果 =］に「可変」が表示されていることを確認します。

⑮ ［OK］をクリックします。

⑯ 数式バーに「=RANDARRAY(5,4,0,100,TRUE)」と表示されたことを確認します。

※ ［関数の引数］ダイアログボックスを使わずに、この数式を直接セルに入力してもかまいません。

⑰ セルB6に、0～100のいずれかの整数が表示されます。

⑱ スピル機能により、セルB7～E10およびC6～E10に0～100のいずれかの整数が表示されます。

プロジェクト4 売上試算

【タスク1】ワークシート「競合店調査①」に、店別の売上金額を縦棒、平均客単価を折れ線、第2軸で表すグラフを作成します。グラフタイトルを「競合店の売上金額と客単価」にします。

① ワークシート「競合店調査①」のセルA3～A6を範囲選択します。

② Ctrlキーを押しながら、セルC3～D6を範囲選択します。

③ ［挿入］タブの［複合グラフの挿入］ボタンをクリックします。

④ ［組み合わせ］の一覧から［集合縦棒 - 第2軸の折れ線］をクリックします。

⑤ 店別の売上金額計が縦棒、平均客単価が折れ線、第2軸のグラフが表示されます。

⑥ 問題文の「競合店の売上金額と客単価」をクリックしてコピーします。

⑦ ［グラフタイトル］をクリックします。

⑧ 「グラフタイトル」の文字列をドラッグして選択し、Ctrl + Vキーを押します。

⑨ 「グラフタイトル」が「競合店の売上金額と客単価」で上書きされます。

⑩ グラフタイトル以外の場所をクリックして、グラフタイトルの選択を解除します

【タスク2】予測機能を使用して、ワークシート「試算」の目標売上金額が「140000」になるように、セルE5の目標来客数を設定し直します。

① ワークシート「試算」のシート見出しをクリックします。

② セルF5をクリックします。

③ ［データ］タブの［What-If分析］ボタンをクリックします。

④ ［ゴールシーク］をクリックします。

⑤ ［ゴールシーク］ダイアログボックスが表示されるので、［数式入力セル］ボックスに「F5」と表示されていることを確認します。

⑥ 問題文の「140000」をクリックしてコピーします。

⑦ ［目標値］ボックスをクリックし、Ctrl + Vキーを押します。

⑧ ［目標値］ボックスに「140000」が貼り付けられます。

⑨ ［変化させるセル］ボックスをクリックし、セルE5をクリックします。

⑩ ［変化させるセル］ボックスに「$E$5」と表示されます。

⑪ ［OK］をクリックします。

⑫ 「セルF5の収束値を探索しています。解答が見つかりました。目標値：1400000 現在値：140,000」と表示されます。

⑬ ［OK］をクリックします。

⑭ セルE5の目標来客数が「108」になります。

⑮ セル F5 に「140,000」と表示されたことを確認します。

① ワークシート「既存店売上」のシート見出しをクリックします。
② セル B4 ～ E7 を範囲選択します。
③ [ホーム] タブの [数値] グループ右下の [表示形式] ボタンをクリックします。
④ [セルの書式設定] ダイアログボックスの [表示形式] タブが表示されるので、[分類] ボックスの [ユーザー定義] をクリックします。
⑤ [種類] ボックスの一覧から [#,##0] をクリックします。
⑥ [種類] ボックスに「#,##0」と表示されるので、末尾に「,」(半角のカンマ) を入力して、「#,##0,」にします。
⑦ [サンプル] に「29,885」と表示されたことを確認します。
⑧ [OK] をクリックします。
⑨ セル B4 ～ E7 の数値が桁区切りスタイル、千単位で表示されます。
⑩ セル B6 に「0」が表示されていることを確認します。

① [ファイル] タブをクリックします。
② [ホーム] 画面が表示されるので、左側の一覧から [その他] をクリックします。
③ [オプション] をクリックします。
④ [Excel のオプション] ダイアログボックスが表示されるので、左側の一覧から [数式] をクリックします。
⑤ [計算方法の設定] の [ブックの計算] の [手動] をクリックします。
⑥ [ブックの保存前に再計算を行う] チェックボックスがオンになっていることを確認します。
⑦ [OK] をクリックします。

### プロジェクト5　積立保険契約

① [表示] タブの [マクロ] ボタンをクリックします。
② [マクロ] ダイアログボックスが表示されるので、[マクロ名] ボックスの「縞解除」が選択されていることを確認し、[編集] をクリックします。
※ 手順①～②は、Alt+F11 キーを押すか、[開発] タブの [Visual Basic] ボタンをクリックしてもかまいません。
③ VBE (Microsoft Visual Basic for Applications の編集ウィンドウ) が起動します。
④ コードウィンドウの「ActiveWindow.DisplayGridlines =」の後ろの「True」をドラッグして選択し、「False」と上書き入力します。
⑤ VBE の閉じるボタンをクリックして、VBE を閉じます。

① ワークシート「契約一覧」のセル M4 をクリックします。
② [数式] タブの [その他の関数] ボタンをクリックします。
③ [統計] の一覧から [MAXIFS] をクリックします。
④ MAXIFS 関数の [関数の引数] ダイアログボックスが表示されるので、[最大範囲] ボックスにカーソルが表示されていることを確認し、セル D4 ～ D33 を範囲選択します。
⑤ [最大範囲] ボックスに「積立月額」と表示されます。
⑥ [条件範囲 1] ボックスをクリックし、セル G4 ～ G33 を範囲選択

します。
⑦ [条件範囲 1] ボックスに「年齢」と表示されます。
⑧ [条件 1] ボックスをクリックし、「>=20」と入力します。
⑨ [条件範囲1]ボックスの「年齢」をドラッグして選択し、Ctrl + C キーを押してコピーします。
⑩ [条件範囲 2] ボックスをクリックし、Ctrl + V キーを押します。
⑪ [条件範囲 2] ボックスに「年齢」が貼り付けられます。
⑫ [条件 2] ボックスをクリックし、「<=29」と入力します。
⑬ [条件範囲 3] ボックスをクリックし、セル F4 ～ F33 を範囲選択します。
※ [条件範囲 3] ボックスが表示されていない場合は、ダイアログボックス内のスクロールバーを使用して表示します。
⑭ [条件範囲 3] ボックスに「性別」と表示されます。
⑮ [条件 3] ボックスをクリックし、セル L4 をクリックします。
⑯ [条件 3] ボックスに「L4」と表示されます。
⑰ [数式の結果 =] に 20 代の男性の最大積立月額「50000」が表示されます。
⑱ [OK] をクリックします。
⑲ 数式バーに「=MAXIFS( 積立月額 , 年齢 ,">=20", 年齢 ,"<=29", 性別 ,L4)」と表示されたことを確認します。
※ [関数の引数] ダイアログボックスを使わずに、この数式を直接セルに入力してもかまいません。
⑳ セル M4 に、20 代の男性の最大積立金額「50000」が表示されます。
㉑ セル M4 の右下のフィルハンドルをポイントし、マウスポインターの形が+に変わったらダブルクリックします。
㉒ セル M4 の数式がセル M5 にコピーされ、20 代の女性の最大積立金額「30000」が表示されます。

① ワークシート「契約分析」のシート見出しをクリックします。
② ピボットグラフをクリックします。
③ [デザイン] タブの [クイックレイアウト] ボタンをクリックします。
④ 一覧から [レイアウト 1] をクリックします。
⑤ ピボットグラフのレイアウトが変更されます。
⑥ 問題文の「職業別契約人数」をクリックしてコピーします。
⑦ [グラフタイトル] をクリックします。
⑧ 「集計」をドラッグして選択し、Ctrl + V キーを押します。
⑨ 「グラフタイトル」が「職業別契約人数」で上書きされます。
⑩ グラフタイトル以外の場所をクリックして、グラフタイトルの選択を解除します。

① ワークシート「満期返戻金計算」のシート見出しをクリックします。
② セル C7 をクリックします。
③ [数式] タブの [財務] ボタンをクリックします。
④ 一覧から [FV] をクリックします。
⑤ FV 関数の [関数の引数] ダイアログボックスが表示されるので、[利率] ボックスにカーソルが表示されていることを確認し、セル C6 をクリックします。
⑥ [利率] ボックスに「C6」と表示されます。
⑦ 月単位の利率にするため、続けて「/12」と入力します。
⑧ [期間] ボックスをクリックし、セル C5 をクリックします。
⑨ [期間] ボックスに「C5」と表示されます。
※ セル C5 の値は、数値の「5」にユーザー定義の表示形式が設定されていて「5 年」と表示されています。
⑩ 月単位の期間にするため、続けて「*12」と入力します。
⑪ [定期支払額] ボックスをクリックし、セル C4 をクリックします。

⑫ ［定期支払額］ボックスに「C4」と表示されます。

⑬ ［現在価値］ボックスには何も入力しません。

⑭ ［支払期日］ボックスには「1」を入力します。

⑮ ［数式の結果 =］に「¥609,241」が表示されていることを確認します。

⑯ ［OK］をクリックします。

⑰ 数式バーに「=FV(C6/12,C5*12,C4,,1)」と表示されたことを確認します。

※ ［関数の引数］ダイアログボックスを使わずに、この数式を直接セルに入力してもかまいません。

⑱ セル C9 に「¥609,241」と表示されます。

# ●模擬テスト 4

## プロジェクト1　アンケート集計

【タスク1】「4」分ごとに自動回復用データが保存されるように設定を変更します。また、保存しないで終了した場合に最後に自動保存されたデータを残す設定にします。

① ［ファイル］タブをクリックします。

② ［ホーム］画面が表示されるので、左側の一覧から［その他］をクリックします。

③ ［オプション］をクリックします。

④ ［Excel のオプション］ダイアログボックスが表示されるので、左側の一覧から［保存］をクリックします。

⑤ ［ブックの保存］の［次の間隔で自動回復用データを保存する］チェックボックスがオンになっていることを確認します。

⑥ 問題文の「4」をクリックしてコピーします。

⑦ ［次の間隔で自動回復用データを保存する］の右側のボックス内の数値をドラッグして選択し、Ctrl ＋ V キーを押します。

⑧ ボックスが「4」で上書きされます。

⑨ ［保存しないで終了する場合、最後に自動回復されたバージョンを残す］チェックボックスがオンになっていることを確認します。

⑩ ［OK］をクリックします。

【タスク2】小計機能を使用して、ワークシート「店舗別集計」の表の店舗ごとの価格、サービス、品揃え、立地、店員、評価の平均を求めます。なお、データを並べ替える場合は昇順にします。

① ワークシート「店舗別集計」のシート見出しをクリックします。

② 表の「店舗名」列の任意のセルをクリックします。

③ ［データ］タブの［昇順］ボタンをクリックします。

④ 表が店舗名の昇順に並び替わります。

⑤ ［データ］タブの［小計］ボタンをクリックします。

※ ［データ］タブに［小計］ボタンがない場合は、先に［データ］タブの［アウトライン］ボタンをクリックします。

⑥ ［集計の設定］ダイアログボックスが表示されるので、［グループの基準］ボックスの▼をクリックし、一覧から［店舗名］をクリックします。

⑦ ［集計の方法］ボックスの▼をクリックし、一覧から［平均］をクリックします。

⑧ ［集計するフィールド］ボックスの一覧から、［価格］［サービス］［品揃え］［立地］［店員］［評価］の各チェックボックスをオンにし、それ以外はオフにします。

⑨ ［現在の小計をすべて置き換える］チェックボックスと［集計をデータの下に挿入する］チェックボックスがオンになっていることを確認します。

⑩ ［OK］をクリックします。

⑪ 集計行が挿入され、価格、サービス、品揃え、立地、店員、評価の店舗ごとの平均と全体の平均が表示されます。

【タスク3】ワークシート「総合評価」のピボットグラフのスタイルを「スタイル 5」にします。

① ワークシート「総合評価」のシート見出しをクリックします。

② ピボットグラフをクリックします。

③ グラフの右上の［グラフスタイル］ボタンをクリックします。

④ ［スタイル］の一覧から［スタイル 5］をクリックします。

⑤ グラフのスタイルが変更されます。

【タスク4】ワークシート「詳細評価」のピボットグラフにスライサーを設定して男性のデータだけを集計します。

① ワークシート「詳細評価」のシート見出しをクリックします。

② ピボットグラフをクリックします。

③ ［ピボットグラフ分析］タブの［スライサーの挿入］ボタンをクリックします。

④ ［スライサーの挿入］ダイアログボックスが表示されるので、［性別］チェックボックスをオンにします。

⑤ ［OK］をクリックします。

⑥ ［性別］のスライサーが表示されるので、［男］をクリックします。

⑦ ピボットグラフとピボットテーブルに男性のデータだけが集計されます。

【タスク5】ワークシート「年代別評価」のピボットテーブルをアウトライン形式にし、アイテムの後ろの空白行を削除します。

① ワークシート「年代別評価」のシート見出しをクリックします。

② ピボットテーブル内の任意のセルをクリックします。

③ ［デザイン］タブの［レポートのレイアウト］ボタンをクリックします。

④ 一覧から［アウトライン形式で表示］をクリックします。

⑤ ピボットテーブルがアウトライン形式になります。

⑥ ［デザイン］タブの［空白行］ボタンをクリックします。

⑦ 一覧から［アイテムの後ろの空行を削除する］をクリックします。

⑧ ピボットテーブルの各年代の後ろの空白行が削除されます。

## プロジェクト2　売上管理 4_6 月

【タスク1】フラッシュフィルを使って、ワークシート「担当者別売上」の「所属」の列に、セル D4 と同様に、同じ行の支店名、「支店」の文字列、部署名を続けた文字列を入力します。

① ワークシート「担当者別売上」のセル D5 をクリックします。

② ［ホーム］タブの［フィル］ボタンをクリックします。

③ 一覧から［フラッシュフィル］をクリックします。

④ セル D5 〜 D51 に、同じ行の支店名、「支店」の文字列、部署名を続けた文字列が入力されます。

【タスク2】ワークシート「担当者別売上」のセル範囲 I4:I51 に、ブック「売上管理 1_3 月 _bp」のワークシート「担当者別売上」のセル範囲 G4:G51 を貼り付けます。元データが更新されたときは自動的に反映されるようにします。

① ［表示］タブの［ウィンドウの切り替え］ボタンをクリックします。

② 一覧から［売上管理 1_3 月 _bp］をクリックします。

③ ブック「売上管理 1_3 月 _bp」が表示されるので、ワークシート「担当者別売上」のセル G4 〜 G51 を範囲選択します。

④ Ctrl ＋ C キーを押します。

⑤ ［表示］タブの［ウィンドウの切り替え］ボタンをクリックします。

⑥ 一覧から［プロジェクト2　売上管理 4_6 月 _bp］（練習モードでは「ex4-2-2」）をクリックします。

⑦ ブック「プロジェクト2　売上管理 4_6 月 _bp」が表示されるので、ワークシート「担当者別売上」のセル I4 をクリックします。

⑧ ［ホーム］タブの［貼り付け］ボタンの▼をクリックします。

⑨ ［その他の貼り付けオプション］の一覧から［リンク貼り付け］を
クリックします。

⑩ セル I4 〜 I51 に、それぞれコピー元の対応するセルを参照する数
式が入力されます。

---

**【タスク3】** 関数を使用して、ワークシート「担当者別売上」
の「備考」の列に、5 〜 6 月の売上が前月を上回
る場合に「毎月売上アップ」と表示します。

① ワークシート「担当者別売上」のセル K4 をクリックします。

② ［数式］タブの［論理］ボタンをクリックします。

③ 一覧から［IF］をクリックします。

④ IF 関数の［関数の引数］ダイアログボックスが表示されるので、［論
理式］ボックスにカーソルがあることを確認し、名前ボックスの
▼をクリックして、一覧から［AND］をクリックします。

※ 名前ボックスの一覧に［AND］がない場合は、［その他の関数］を
クリックし、表示される［関数の挿入］ダイアログボックスの［関
数の分類］ボックスの▼をクリックして［論理］または［すべて表示］
をクリックし、［関数名］ボックスの一覧から［AND］をクリックし、
［OK］をクリックします。

⑤ AND 関数の［関数の引数］ダイアログボックスが表示されるので、
［論理式1］ボックスにカーソルが表示されていることを確認し、
セル F4 をクリックします。

⑥ ［論理式1］ボックスに「F4」と表示されるので、続けて「>」を
入力します。

⑦ 続けてセル E4 をクリックします。

⑧ ［論理式1］ボックスに「F4>E4」と表示されます。

⑨ ［論理式2］ボックスをクリックし、同様に「G4>F4」と入力します。

⑩ 数式バーの「IF」の文字列上をクリックします。

⑪ IF 関数の［関数の引数］ダイアログボックスが表示されるので、［論
理式］ボックスに「AND(F4>E4,G4>F4)」と入力されていることを
確認します。

⑫ 問題文の「毎月売上アップ」をクリックしてコピーします。

⑬ ［値が真の場合］ボックスをクリックし、Ctrl ＋ V キーを押します。

⑭ ［値が真の場合］ボックスに「毎月売上アップ」が貼り付けられます。

⑮ ［値が偽の場合］ボックスをクリックし、「""」（半角のダブルクォー
テーション 2 つ）を入力します。

⑯ ［数式の結果 =］に何も表示されていない（空白が表示されている）
いることを確認します。

⑰ ［OK］をクリックします。

⑱ 数式バーに「=IF(AND(F4>E4,G4>F4), " 毎月売上アップ ","")」と表
示されたことを確認します。

※ ［関数の引数］ダイアログボックスを使わずに、この数式を直接セ
ルに入力してもかまいません。

⑲ セル K4 が空白になります。

⑳ セル K4 の右下のフィルハンドルをポイントし、マウスポインター
の形が＋に変わったら、ダブルクリックします。

㉑ セル K4 の数式がセル K5 〜 K51 にコピーされ、各行の 5 月売上が
4 月売上より多く、かつ 6 月売上が 5 月売上より多い行では、K 列
のセルに「毎月売上アップ」と表示されます。

---

**【タスク4】** ワークシート「横浜支店売上平均」のセル範囲
C4:C6 に、ワークシート「担当者別売上」の表の「横
浜」支店の部署ごとの売上平均を求めます。数式
には登録されている名前付き範囲を使用します。

① 数式で使用する名前付き範囲を確認しておきます。名前ボックス
の▼をクリックし、一覧から［支店］をクリックします。

② ワークシート「担当者別売上」のセル B4 〜 B51 が選択されて表示
されます。

③ 名前ボックスの▼をクリックし、一覧から［部署］をクリックし
ます。

④ ワークシート「担当者別売上」のセル C4 〜 C51 が選択されて表

示されます。

⑤ 名前ボックスの▼をクリックし、一覧から［売上合計］をクリッ
クします。

⑥ ワークシート「担当者別売上」のセル H4 〜 H51 が選択されて表
示されます。

⑦ ワークシート「横浜支店売上平均」のシート見出しをクリックし
ます。

⑧ セル C4 をクリックします。

⑨ ［数式］タブの［その他の関数］ボタンをクリックします。

⑩ ［統計］の一覧から［AVERAGEIFS］をクリックします。

⑪ AVERAGEIFS 関数の［関数の引数］ダイアログボックスが表示され
るので、［平均対象範囲］ボックスにカーソルが表示されているこ
とを確認し、［数式］タブの［数式で使用］ボタンをクリックします。

⑫ 一覧から［売上合計］をクリックします。

⑬ ［平均対象範囲］ボックスに「売上合計」と表示されます。

⑭ ［条件範囲1］ボックスをクリックし、［数式］タブの［数式で使用］
ボタンをクリックします。

⑮ 一覧から［支店］をクリックします。

⑯ ［条件範囲1］ボックスに「支店」と表示されます。

⑰ 問題文の「横浜」をクリックしてコピーします。

⑱ ［条件1］ボックスをクリックし、Ctrl ＋ V キーを押します。

⑲ ［条件1］ボックスに「横浜」が貼り付けられます。

⑳ ［条件範囲2］ボックスをクリックし、［数式］タブの［数式で使用］
ボタンをクリックします。

㉑ 一覧から［部署］をクリックします。

㉒ ［条件範囲1］ボックスに「部署」と表示されます。

㉓ ［条件2］ボックスをクリックし、ワークシート「横浜支店売上平均」
のセル B4 をクリックします。

㉔ ［条件2］ボックスに「B4」と表示されます。

㉕ ［数式の結果 =］に、横浜支店の営業 1 部の売上合計の平均「18,283」
が表示されます。

㉖ ［OK］をクリックします。

㉗ 数式バーに「=AVERAGEIFS( 売上合計 , 支店 ," 横浜 ", 部署 ,B4)」と
表示されたことを確認します。

※ ［関数の引数］ダイアログボックスを使わずに、この数式を直接セ
ルに入力してもかまいません。

㉘ セル C4 に、横浜支店の営業 1 部の売上合計の平均「18,283」が表
示されます。

㉙ セル C4 の右下のフィルハンドルをポイントし、マウスポインター
の形が＋に変わったら、ダブルクリックします。

㉚ セル C4 の数式がセル C5 〜 C6 にコピーされ、横浜支店の各部署
の売上合計の平均が表示されます。

---

**【タスク5】** ワークシート「横浜支店売上平均」のセル範囲
D4:D6 に、横浜支店の来期売上平均目標を営業 1
部「20000」、営業 2 部「25000」、海外営業部「27000」
とした場合のシナリオ「来期売上平均目標」を登
録し、結果を表示します。

① ワークシート「横浜支店売上平均」のセル D4 〜 D6 を範囲選択し
ます。

② ［データ］タブの［What-If 分析］ボタンをクリックします。

③ ［シナリオの登録と管理］をクリックします。

④ ［シナリオの登録と管理］ダイアログボックスが表示されるので、
［追加］をクリックします。

⑤ ［シナリオの追加］ダイアログボックスが表示されます。

⑥ 問題文の「来期売上平均目標」をクリックしてコピーします。

⑦ ［シナリオ名］ボックスにカーソルが表示されていることを確認し、
Ctrl ＋ V キーを押します。

⑧ ［シナリオ名］ボックスに「来期売上平均目標」が貼り付けられます。

⑨ ［変化させるセル］ボックスに「D4:D6」と表示されていることを
確認します。

⑩ ［OK］をクリックします。

⑪ ［シナリオの値］ダイアログボックスが表示されます。

⑫ 問題文の「20000」をクリックしてコピーします。

⑬ ［$D$4］ボックスにカーソルが表示されていることを確認し、Ctrl＋Ｖキーを押します。

⑭ ［$D$4］ボックスに「20000」が貼り付けられます。

⑮ 問題文の「25000」をクリックしてコピーします。

⑯ ［$D$5］ボックスをクリックし、Ctrl＋Ｖキーを押します。

⑰ ［$D$5］ボックスに「25000」が貼り付けられます。

⑱ 問題文の「27000」をクリックしてコピーします。

⑲ ［$D$6］ボックスをクリックし、Ctrl＋Ｖキーを押します。

⑳ ［$D$6］ボックスに「27000」が貼り付けられます。

㉑ ［OK］をクリックします。

㉒ ［シナリオの登録と管理］ダイアログボックスの［シナリオ］ボックスに「来期売上平均目標」が表示されて選択されていることを確認し、［表示］をクリックします。

㉓ セル D4 〜 D6 にシナリオに登録した値が表示されます。

㉔ ［閉じる］をクリックします。

### プロジェクト3　キッズスクール

**【タスク1】関数を使用して、ワークシート「会員情報」のセル範囲 H2:H3 に種別の人数を求めます。なお、複数条件を指定できる関数は使用しません。**

① ワークシート「会員情報」のセル H2 をクリックします。

② ［数式］タブの［その他の関数］ボタンをクリックします。

③ ［統計］の一覧から［COUNTIF］をクリックします。

④ COUNTIF 関数の［関数の引数］ダイアログボックスが表示されるので、［範囲］ボックスにカーソルが表示されていることを確認し、セル C5 〜 C60 を範囲選択します。

⑤ ［範囲］ボックスに「会員情報 [ 種別 ]」と表示されます。

⑥ ［検索条件］ボックスをクリックし、セル G2 をクリックします。

⑦ ［検索条件］ボックスに「G2」と表示されます。

⑧ ［数式の結果 =］に「29」と表示されます。

⑨ ［OK］をクリックします。

⑩ 数式バーに「=COUNTIF( 会員情報 [ 種別 ],G2)」と表示されたことを確認します。

※ ［関数の引数］ダイアログボックスを使わずに、この数式を直接セルに入力してもかまいません。

⑪ セル H2 に種別が「小学生」の人数「29」が表示されます。

⑫ セル H2 の右下のフィルハンドルをポイントし、マウスポインターの形が＋に変わったら、ダブルクリックします。

⑬ セル H2 の数式がセル H3 にコピーされ、種別が「中学生」の人数「27」が表示されます。

**【タスク2】ワークシート「コース一覧」のセル F4 に関数を設定し、セル F1 の「コース ID」に該当する「会員番号」、「氏名」、「種別」、「学年」を、ワークシート「会員情報」のテーブルから抽出して表示します。なお、該当するデータがない場合は空白にします。**

① ワークシート「コース一覧」のシート見出しをクリックします。

② セル F4 をクリックします。

③ ［数式］タブの［検索 / 行列］ボタンをクリックします。

④ 一覧から［FILTER］をクリックします。

⑤ FILTER 関数の［関数の引数］ダイアログボックスが表示されるので、［配列］ボックスにカーソルが表示されていることを確認し、ワークシート「会員情報」のシート見出しをクリックします。

⑥ セル A5 〜 D60 を範囲選択します。

⑦ ［配列］ボックスに「会員情報 [[ 会員番号 ]:[ 学年 ]]」と表示されます。

⑧ ［含む］ボックスをクリックし、ワークシート「会員情報」のシート見出しをクリックします

⑨ セル E5 〜 E60 を範囲選択します。

⑩ ［含む］ボックスに「会員情報 [ コース ID]」と表示されるので、続けて「=」を入力します。

⑪ ワークシート「コース一覧」のシート見出しをクリックします。

⑫ セル F1 をクリックします。

⑬ ［含む］ボックスに「会員情報 [ コース ID]= コース一覧 !F1」と表示されます。

⑭ ［空の場合］ボックスをクリックし、「""」（ダブルクォーテーション 2 つ）を入力します。

⑮ ［OK］をクリックします。

⑯ 数式バーに「=FILTER( 会員情報 [[ 会員番号 ]:[ 学年 ]], 会員情報 [ コース ID])= コース一覧 !F1,""」と表示されたことを確認します。

※ ［関数の引数］ダイアログボックスを使わずに、この数式を直接セルに入力してもかまいません。

⑰ セル F4 にセル F1 のコース ID「A4」の会員番号「A011」が表示されます。

⑱ スピル機能により、F 列にセル F1 のコース ID に該当する会員番号、G 列に氏名、H 列に種別、I 列に学年が表示されます。

**【タスク3】ワークシート「秋葉原教室（小学生、ビギナー）」の小学生のビギナーコースの会員だけを表示するマクロ「小学生ビギナー」を作業中のブックに作成します。ワークシート「横浜教室（小学生、ビギナー）」でマクロ「小学生ビギナー」を実行します。※ ［セキュリティの警告］メッセージバーが表示された場合は［コンテンツの有効化］をクリックします。**

① ワークシート「秋葉原教室（小学生、ビギナー）」のシート見出しをクリックします。

② ［表示］タブの［マクロ］ボタンの▼をクリックします。

③ ［マクロの記録］をクリックします。

※ 手順②〜③は、［開発］タブの［マクロの記録］ボタンをクリックしてもかまいません。

④ ［マクロの記録］ダイアログボックスが表示されます。

⑤ 問題文の「小学生ビギナー」をクリックしてコピーします。

⑥ ［マクロ名］ボックスの「Macro1」が選択されていることを確認し、Ctrl＋Ｖキーを押します。

⑦ ［マクロ名］ボックスが「小学生ビギナー」で上書きされます。

⑧ ［マクロの保存先］ボックスが［作業中のブック］になっていることを確認します。

⑨ ［OK］をクリックします。

⑩ セル C4（「種別」の列の見出しのセル）の▼をクリックします。

⑪ ［中学生］チェックボックスをオフにします。

⑫ ［小学生］チェックボックスがオンになっていることを確認し、［OK］をクリックします。

⑬ 種別が「小学生」のデータだけが抽出されます。

⑭ セル F4（「コース」の列の見出しのセル）の▼をクリックします。

⑮ ［（すべて選択）］チェックボックスをオフにします。

⑯ ［ビギナー］チェックボックスをオンにします。

⑰ ［OK］をクリックします。

⑱ 種別が「小学生」でコースが「ビギナー」のデータだけが抽出されます。

⑲ ［表示］タブの［マクロ］ボタンの▼をクリックします。

⑳ ［記録終了］をクリックします。

※ 手順⑲〜⑳は、［開発］タブの［記録終了］ボタンをクリックしてもかまいません。

㉑ ワークシート「横浜教室（小学生、ビギナー）」のシート見出しをクリックします。

㉒ ［表示］タブ（または［開発］タブ）の［マクロ］ボタンをクリックします。

㉓ ［マクロ］ダイアログボックスが表示されるので、［マクロ名］ボックスの一覧から［小学生ビギナー］をクリックします。

㉔ ［実行］をクリックします。

㉕ 種別が「小学生」でコースが「ビギナー」のデータだけが抽出されます。

【タスク4】ワークシート「横浜教室」のテーブルを基に、ワークシート「横浜教室コース別グラフ」のセルA1を基点とする位置に、小学生、中学生の学年ごとに、コース別の人数を集計するピボットテーブルと集合縦棒のピボットグラフを作成します。なお、人数の集計には会員番号を使います。

① ワークシート「横浜教室」のシート見出しをクリックします。
② テーブル内の任意のセルをクリックします。
③ [挿入] タブの [ピボットグラフ] ボタンをクリックします。
④ [ピボットグラフの作成] ダイアログボックスが表示されるので、[分析するデータを選択してください。] の [テーブルまたは範囲を選択] が選択されていて、[テーブル/範囲] ボックスに「横浜教室 !\$A\$4:\$H\$32」と表示されていることを確認します。
⑤ [ピボットグラフの配置先を選択してください。] の [既存のワークシート] をクリックします。
⑥ [場所] ボックスをクリックし、ワークシート「横浜教室コース別グラフ」のシート見出しをクリックします。
⑦ セルA1をクリックします。
⑧ [場所] ボックスに「横浜教室コース別グラフ !\$A\$1」と表示されたことを確認し、[OK] をクリックします。
⑨ ワークシート「コース別グラフ」のセルA1を基点とする位置に空白のピボットテーブルとピボットグラフが表示されます。
⑩ [ピボットグラフのフィールド] 作業ウィンドウの [レポートに追加するフィールドを選択してください] の一覧の [種別] を [軸 (分類項目)] ボックスにドラッグします。
⑪ [学年] を [軸 (分類項目)] ボックスの [種別] の下にドラッグします。
⑫ [コース] を [凡例 (系列)] ボックスにドラッグします。
⑬ [会員番号] を [値] ボックスにドラッグします。
⑭ [値] ボックスに「個数 / 会員番号」と表示されます。
⑮ ピボットテーブルの行ラベルに「種別」と「学年」、列ラベルに「コース」、値に「個数 / 会員番号」が表示されます。
⑯ ピボットグラフの横 (項目) 軸に「種別」と「学年」、凡例 (系列) に「コース」、値に「個数 / 会員番号」が表示されます。

【タスク5】ワークシート「体験教室一覧」のテーブルを「開催日」の降順で並べ替え、体験教室名が重複している行を削除します。「開催日」と「場所」の行を非表示にします。

① ワークシート「体験教室一覧」のシート見出しをクリックします。
② セルA1 (「開催日」) の列の見出しのセル) の▼をクリックします。
③ [降順] をクリックします。
④ テーブルが開催日の降順 (日付の新しい順) に並び替わります。
⑤ [データ] タブ (または [テーブルデザイン] タブ) の [重複の削除] ボタンをクリックします。
⑥ [重複の削除] ダイアログボックスが表示されるので、[列] ボックスのすべての項目のチェックボックスがオンになっていることを確認します。
⑦ [すべて選択解除] をクリックします。
⑧ [体験教室名] チェックボックスのみをオンにします。
⑨ [OK] をクリックします。
⑩ 「26個の重複する値が見つかり、削除されました。6個の一意の値が残ります。カウントには…」と表示されるので、[OK] をクリックします。
⑪ テーブルの体験教室名が重複する行が削除されます。
⑫ 列番号A〜Bをドラッグして、A〜B列を選択します。
⑬ 選択範囲内で右クリックし、ショートカットメニューの [非表示] をクリックします。
⑭ A〜B列 (「開催日」と「場所」の列) が非表示になります。

## プロジェクト4　美容室来客数

【タスク1】ワークシート「来客数集計」のセルB1の日付を「令和6年4月」の形式で表示します。

① ワークシート「来客数集計」のセルB1をクリックします。
② [ホーム] タブの [数値] グループ右下の [表示形式] ボタンをクリックします。
③ [セルの書式設定] ダイアログボックスの [表示形式] タブが表示されるので、[分類] ボックスの [ユーザー定義] が選択されていることを確認します。
④ [種類] ボックスの一覧から [yyyy" 年 "m" 月 "] をクリックします。
⑤ [種類] ボックスに「yyyy" 年 "m" 月 "」と表示されるので、「yyyy」を削除して「ggge」を入力し、「ggge" 年 "m" 月 "」にします。
⑥ [サンプル] に「令和6年4月」と表示されたことを確認します。
⑦ [OK] をクリックします。
⑧ セルB1の日付が「令和6年4月」の形式で表示されます。

【タスク2】ワークシート「来客数集計」の表にアウトラインを自動作成し、合計の行と列のみ表示します。

① ワークシート「来客数集計」の表内の任意のセルをクリックします。
② [データ] タブの [グループ化] ボタンの▼をクリックします。
※ [データ] タブに [グループ化] ボタンがない場合は、先に [データ] タブの [アウトライン] ボタンをクリックします。
③ [アウトラインの自動作成] をクリックします。
④ アウトラインが自動作成され、アウトライン記号が表示されます。
⑤ 行番号の左のアウトライン記号 [2] をクリックします。
⑥ 行のアウトラインがレベル2まで表示され、店舗名の詳細データの行が非表示になり、合計行のみが表示されます。
⑦ 列番号の上のアウトライン記号 [1] をクリックします。
⑧ 列のアウトラインがレベル1まで表示され、メニュー名の詳細データの列が非表示になり、合計列のみが表示されます。

【タスク3】ワークシート「来客数詳細」に設定されている条件付き書式を変更し、2色スケールの最大値の色を「テーマの色」の「ゴールド、アクセント4」にし、下位20%に設定されている書式を削除します。

① ワークシート「来客数詳細」のシート見出しをクリックします。
② [ホーム] タブの [条件付き書式] ボタンをクリックします。
③ [ルールの管理] をクリックします。
④ [条件付き書式ルールの管理] ダイアログボックスが表示されるので、[書式ルールの表示] ボックスの▼をクリックし、一覧から [このワークシート] をクリックします。
⑤ [ルール (表示順で適用)] の一覧の [グラデーション カラースケール] をクリックします。
⑥ [ルールの編集] をクリックします。
⑦ [書式ルールの編集] ダイアログボックスが表示されるので、[ルールの内容を編集してください] の [セルの値に基づいてすべてのセルを書式設定] の [書式スタイル] が [2色スケール] になっていることを確認します。
⑧ [最大値] の緑色が表示されているボックスの▼をクリックし、[テーマの色] の一覧から [ゴールド、アクセント4] をクリックします。
⑨ [OK] をクリックします。
⑩ [条件付き書式ルールの管理] ダイアログボックスの [ルール (表示順で適用)] の一覧の [グラデーションカラースケール] の [書式] の色がゴールドに変更されます。
⑪ [ルール (表示順で適用)] の一覧の [下位20%] をクリックします。
⑫ [ルールの削除] をクリックします。
⑬ [下位20%] のルールが削除されます。
⑭ [OK] をクリックします。
⑮ セルC4〜G7とC9〜G11に設定されていた条件付き書式の2色スケールの色がゴールドに変わり、下位20%に設定されていた赤

字、斜体の書式が削除されます。

【タスク4】ワークシート「アンケート」の項目と回答数をもとに、ツリーマップを作成します。グラフタイトルを「利用理由」とし、凡例を削除します。

① ワークシート「アンケート」のシート見出しをクリックします。
② セル A5 ～ B11 を範囲選択します。
③ [挿入] タブの [階層構造グラフの挿入] ボタンをクリックします。
④ [ツリーマップ] の [ツリーマップ] をクリックします。
⑤ ツリーマップが作成されます。
⑥ 問題文の「利用理由」をクリックしてコピーします。
⑦ ツリーマップの [グラフタイトル] をクリックします。
⑧ 「グラフタイトル」の文字列をドラッグし、Ctrl ＋ V キーを押します。
⑨ 「グラフタイトル」が「利用理由」で上書きされます。
⑩ グラフタイトル以外の場所をクリックして、グラフタイトルの選択を解除します。
⑪ グラフの右上の [グラフ要素] ボタンをクリックします。
⑫ [グラフ要素] の一覧の [凡例] チェックボックスをオフにします。
⑬ グラフの凡例がなくなります。

【タスク5】データが変更されたときに手動で再計算する設定にし、ブックを保存するときに再計算が行われる設定にします。

① [ファイル] タブをクリックします。
② [ホーム] 画面が表示されるので、左側の一覧から [その他] をクリックします。
③ [オプション] をクリックします。
④ [Excel のオプション] ダイアログボックスが表示されるので、左側の一覧から [数式] をクリックします。
⑤ [ブックの計算] の [計算方法の設定] の [手動] をクリックします。
⑥ [ブックの保存前に再計算を行う] チェックボックスがオンになっていることを確認します。
⑦ [OK] をクリックします。

### プロジェクト5　お取り寄せギフト

【タスク1】ワークシート「売上一覧」のテーブルの「注文曜日」の列に数式を設定して、注文日の曜日を数値で表示します。数値は日曜日が 1、土曜日が 7 になるようにします。

① ワークシート「売上一覧」のセル B4 をクリックします。
② [数式] タブの [日付 / 時刻] ボタンをクリックします。
③ 一覧から [WEEKDAY] をクリックします。
④ WEEKDAY 関数の [関数の引数] ダイアログボックスが表示されるので、[シリアル値] ボックスにカーソルが表示されていることを確認し、セル A4 をクリックします。
⑤ [シリアル値] ボックスに「[@ 注文日]」と表示されます。
⑥ [種類] ボックスをクリックし、「1」と入力します。
⑦ [数式の結果 =] に「7」が表示されていることを確認します。
⑧ [OK] をクリックします。
⑨ 数式バーに「=WEEKDAY([@ 注文日 ],1)」と表示されたことを確認します。
※ [関数の引数] ダイアログボックスを使わずに、この数式を直接セルに入力してもかまいません。
⑩ セル B4 に、セル A4 の「6 月 1 日」の曜日番号「7」が表示されます。
⑪ 「注文曜日」の列全体に数式が自動的に設定され、各行の契約日の曜日番号が表示されます。

【タスク2】関数を使用して、ワークシート「売上一覧」のテーブルの「商品区分名」の列に、各行の商品区分をもとに名前付き範囲「商品区分表」を参照して、商品区分名を表示します。

① 数式で使用する名前付き範囲を確認しておきます。名前ボックスの▼をクリックし、一覧から [商品区分表] をクリックします。
② ワークシート「商品一覧」のセル E4 ～ G5 が選択されて表示されます。
③ 名前付き範囲の 1 行目が商品区分、2 行目が商品区分名になっていることを確認します。
④ ワークシート「売上一覧」のシート見出しをクリックします。
⑤ セル D4 をクリックします。
⑥ [数式] タブの [検索 / 行列] ボタンをクリックします。
⑦ 一覧から [HLOOKUP] をクリックします。
⑧ HLOOKUP 関数の [関数の引数] ダイアログボックスが表示されるので、[検索値] ボックスにカーソルが表示されていることを確認し、セル C4 をクリックします。
⑨ [検索値] ボックスに「[@ 商品区分]」と表示されます。
⑩ [範囲] ボックスをクリックし、[数式] タブの [数式で使用] ボタンをクリックします。
⑪ 一覧から [商品区分表] をクリックします。
⑫ [範囲] ボックスに「商品区分表」と表示されます。
⑬ [行番号] ボックスをクリックし、「2」と入力します。
⑭ [検索方法] ボックスをクリックし、「FALSE」を入力します。
⑮ [数式の結果 =] にセル C4 の商品区分「J」の商品区分名「おいしい日本の味セット」が表示されていることを確認します。
⑯ [OK] をクリックします。
⑰ 数式バーに「=HLOOKUP([@ 商品区分 ], 商品区分表 ,2,FALSE)」と表示されたことを確認します。
※ [関数の引数] ダイアログボックスを使わずに、この数式を直接セルに入力してもかまいません。
⑱ セル D4 に、セル C4 の商品区分「J」の商品区分名「おいしい日本の味セット」が表示されていることを確認します。
⑲ 「商品区分名」の列全体に数式が自動的に設定され、各行の商品区分に対応する商品区分名が表示されます。

【タスク3】ワークシート「売上一覧」の商品番号を、ワークシート「商品一覧」の商品番号のリストから選択して入力できるようにします。それ以外のデータを入力した場合は、スタイルが「停止」、タイトルが「入力エラー」の「ドロップダウンリストから選択してください。」というエラーメッセージが表示されるようにします。

① ワークシート「売上一覧」のセル E4 ～ E112 を範囲選択します。
② [データ] タブの [データの入力規則] ボタンをクリックします。
③ [データの入力規則] ダイアログボックスの [設定] タブが表示されるので、[条件の設定] の [入力値の種類] ボックスの▼をクリックし、一覧から [リスト] をクリックします。
④ [ドロップダウンリストから選択する] チェックボックスがオンになっていることを確認します。
⑤ [元の値] ボックスをクリックします。
⑥ ワークシート「商品一覧」のシート見出しをクリックし、セル A4 ～ A22 をドラッグします。
⑦ [元の値] ボックスに「= 商品一覧 !$A$4:$A$22」と表示されたことを確認します。
⑧ [エラーメッセージ] タブの [無効なデータが入力されたらエラーメッセージを表示する] チェックボックスがオンになっていることを確認します。
⑨ [無効なデータが入力されたときに表示するエラーメッセージ] の [スタイル] ボックスに [停止] と表示されていることを確認します。
⑩ 問題文の「入力エラー」をクリックしてコピーします。
⑪ [タイトル] ボックスをクリックし、Ctrl ＋ V キーを押します。
⑫ [タイトル] ボックスに「入力エラー」が貼り付けられます。
⑬ 問題文の「ドロップダウンリストから選択してください。」をクリックしてコピーします。
⑭ [エラーメッセージ] ボックスをクリックし、Ctrl ＋ V キーを押し

ます。
⑮ ［エラーメッセージ］ボックスに「ドロップダウンリストから選択
してください。」が貼り付けられます。
⑯ ［OK］をクリックします。
⑰ セル E4 の右側にリストを表示するための▼が表示されます。

### 【タスク4】ワークシート「売上一覧」のテーブルの「出荷日」の列に、出荷日が未入力、または注文日から出荷日までが 5 日以上たっている場合に、塗りつぶしの色、RGB の赤「248」、緑「196」、青「190」を設定します。

① ワークシート「売上一覧」のセル J4 〜 J112 を範囲選択します。
② ［ホーム］タブの［条件付き書式］ボタンをクリックします。
③ ［新しいルール］をクリックします。
④ ［新しい書式ルール］ダイアログボックスが表示されるので、［ルールの種類を選択してください］の一覧から［数式を使用して、書式設定するセルを決定］をクリックします。
⑤ ［ルールの内容を編集してください］の［次の数式を満たす場合に値を書式設定］ボックスに「=OR(J4="",J4-A4>=5)」（「""」は半角のダブルクォーテーション 2 つ）と入力します。
⑥ ［書式］をクリックします。
⑦ ［セルの書式設定］ダイアログボックスが表示されるので、［塗りつぶし］タブの［その他の色］をクリックします。
⑧ ［色の設定］ダイアログボックスが表示されるので、［ユーザー設定］タブの［カラーモデル］ボックスに「RGB」と表示されていることを確認します。
⑨ 問題文の「248」をクリックしてコピーします。
⑩ ［赤］ボックスに「255」をドラッグして選択し、Ctrl ＋ V キーを押します。
⑪ ［赤］ボックスが「248」で上書きされます。
⑫ 同様に問題文の「196」を［緑］ボックスに、「190」を［青］ボックスに、コピーして貼り付けます。
⑬ ［新規］にピンク色が表示されていることを確認し、［OK］をクリックします。
⑭ ［セルの書式設定］ダイアログボックスの［サンプル］にピンク色の塗りつぶしが表示されていることを確認し、［OK］をクリックします。
⑮ ［新しい書式ルール］ダイアログボックスの［プレビュー］にピンク色の塗りつぶしが表示されていることを確認し、［OK］をクリックします。
⑯ 出荷日が未入力、または注文日から出荷日までが 5 日以上たっている出荷日のセルにピンク色の塗りつぶしが設定されます。

### 【タスク5】関数を使用して、ワークシート「商品一覧」のセル G1 に現在の日付を表示します。

① ワークシート「商品一覧」のシート見出しをクリックします。
② セル G1 をクリックします。
③ ［数式］タブの［日付 / 時刻］ボタンをクリックします。
④ 一覧から［TODAY］をクリックします。
⑤ ［関数の引数］ダイアログボックスが表示され、「この関数には引数は必要ありません」と表示されるので、［OK］をクリックします。
⑥ 数式バーに「=TODAY()」と表示されたことを確認します。
※ ［関数の引数］ダイアログボックスを使わずに、この数式を直接セルに入力してもかまいません。
⑦ セル G1 に現在の日付が表示されます。

## ●模擬テスト 5

### プロジェクト1　イベントスペース予約

### 【タスク1】ワークシート「予約」の「予約 ID」の列の値が「R6-001」のように「R6-」と 3 桁の数値で表示されるようにユーザー定義の表示形式を設定します。

① ワークシート「予約」のセル B6 〜 B56 を範囲選択します。
② ［ホーム］タブの［数値］グループ右下の［表示形式］ボタンをクリックします。
③ ［セルの書式設定］ダイアログボックスの［表示形式］タブが表示されるので、［分類］ボックスの［ユーザー定義］をクリックします。
④ ［種類］ボックスの「G/ 標準」をドラッグして選択します。
⑤ 「"R6-"000」と上書き入力します。
⑥ ［サンプル］に「R6-001」と表示されたことを確認します。
⑦ ［OK］をクリックします。
⑧ セル B6 〜 B56 の数値が「R6-」と 3 桁の数値で表示されます。

### 【タスク2】ワークシート「予約」のセル I3 に、区分がセル D3、かつイベント内容がセル G3 の場合の利用料の合計を求めます。

① ワークシート「予約」のセル I3 をクリックします。
② ［数式］タブの［数学 / 三角］ボタンをクリックします。
③ 一覧から［SUMIFS］をクリックします。
④ SUMIFS 関数の［関数の引数］ダイアログボックスが表示されるので、［合計対象範囲］ボックスにカーソルが表示されていることを確認し、セル F6 〜 F56 を範囲選択します。
⑤ ［合計対象範囲］ボックスに「予約一覧 [ 利用料 ]」と表示されます。
⑥ ［条件範囲 1］ボックスをクリックし、セル D6 〜 D56 を範囲選択します。
⑦ ［条件範囲 1］ボックスに「予約一覧 [ 区分 ]」と表示されます。
⑧ ［条件 1］ボックスをクリックし、セル D3 をクリックします。
⑨ ［条件 1］ボックスに「D3」と表示されます。
⑩ ［条件範囲 2］ボックスをクリックし、セル G6 〜 G56 を範囲選択します。
⑪ ［条件範囲 2］ボックスに「予約一覧 [ イベント内容 ]」と表示されます。
⑫ ［条件 2］ボックスをクリックし、セル G3 をクリックします。
⑬ ［条件 2］ボックスに「G3」と表示されます。
⑭ ［数式の結果 =］に、セル D3 の区分「土・日・祝」、セル G3 のイベント内容「音楽ライブ」の利用料の合計「¥1,280,000」が表示されます。
⑮ ［OK］をクリックします。
⑯ 数式バーに「=SUMIFS( 予約一覧 [ 利用料 ], 予約一覧 [ 区分 ],D3, 予約一覧 [ イベント内容 ],G3)」と表示されたことを確認します。
※ ［関数の引数］ダイアログボックスを使わずに、この数式を直接セルに入力してもかまいません。
⑰ セル I3 に、セル D3 の区分「土・日・祝」、セル G3 のイベント内容「音楽ライブ」の利用料の合計「¥1,280,000」が表示されます。

### 【タスク3】ワークシート「予約」のテーブルを基に、新規ワークシートに月ごとにイベント内容別の利用料の合計を集計するピボットテーブルと、ピボットグラフを作成します。ワークシート名は「月別集計」とします。

① ワークシート「予約」のテーブル内の任意のセルをクリックします。
② ［挿入］タブの［ピボットグラフ］ボタンをクリックします。
③ ［ピボットグラフの作成］ダイアログボックスが表示されるので、［分析するデータを選択してください。］の［テーブルまたは範囲を選択］が選択されていて、［テーブル / 範囲］ボックスに「予約一覧」と表示されていることを確認します。
④ ［ピボットグラフの配置先を選択してください。］の［新規ワーク

シート] が選択されていることを確認します。

⑤ [OK] をクリックします。

⑥ ワークシート「Sheet1」が作成され、セル A1 を基点とする位置に空白のピボットテーブルとピボットグラフが表示されます。

⑦ [ピボットグラフのフィールド] 作業ウィンドウの [レポートに追加するフィールドを選択してください] の一覧の [利用日] を [軸（分類項目）] ボックスにドラッグします。

⑧ [軸（分類項目）] ボックスに [月 ( 利用日 )][日 ( 利用日 )][利用日] が表示されます。

⑨ [イベント内容] を [凡例（系列）] ボックスにドラッグします。

⑩ [利用料] を [値] ボックスにドラッグします。

⑪ [値] ボックスに [合計 / 利用料] と表示されます。

⑫ ピボットグラフの横（項目）軸に「月」、凡例（系列）に「イベント内容」、値に「合計 / 利用料」が表示されます。

⑬ ピボットテーブルの行ラベルに「月」、列ラベルに「イベント内容」、値に「合計 / 利用料」が表示されます。

⑭ 問題文の「月別集計」をクリックしてコピーします。

⑮ ワークシート「Sheet1」のシート見出しをダブルクリックします。

⑯ シート名の「Sheet1」の文字列が選択されている状態で、Ctrl ＋ V キーを押します。

⑰ シート名が「月別集計」で上書きされます。

⑱ 入力を確定するために Enter キーを押します。

**【タスク 4】ワークシート「利用料」のセル範囲 E4:F6 に範囲のタイトル「利用料入力」、パスワード「ryoukin」を設定し、パスワードを入力したときにしか編集できない設定にします。他のセルは常に編集できないようにします。なお、セルの選択は常にできるようにします。**

① ワークシート「利用料」のシート見出しをクリックします。

② セル E4 ～ F6 を範囲選択します。

③ [校閲] タブの [範囲の編集を許可する] ボタンをクリックします。

④ [範囲の編集の許可] ダイアログボックスが表示されるので、[新規] をクリックします。

⑤ [新しい範囲] ダイアログボックスが表示されます。

⑥ 問題文の「利用料入力」をクリックしてコピーします。

⑦ [タイトル] ボックスの「範囲 1」が選択されていることを確認し、Ctrl ＋ V キーを押します。

⑧ [タイトル] ボックスが「料金入力」で上書きされます。

⑨ [セル参照] ボックスに「=$E$4: $F$6」と表示されていることを確認します。

⑩ 問題文の「ryoukin」をクリックしてコピーします。

⑪ [範囲パスワード] ボックスをクリックし、Ctrl ＋ V キーを押します。

⑫ [範囲パスワード] ボックスに「ryoukin」が貼り付けられ、「*******」と表示されます。

⑬ [OK] をクリックします。

⑭ [パスワードの確認] ダイアログボックスが表示されるので、[パスワードをもう一度入力してください。] ボックスにカーソルが表示されていることを確認し、Ctrl ＋ V キーを押します。

⑮ [パスワードをもう一度入力してください。] ボックスに「ryoukin」が貼り付けられ、「*******」と表示されます。

⑯ [OK] をクリックします。

⑰ [範囲の編集を許可] ダイアログボックスの [シートが保護されているときにパスワードでロックを解除する範囲] ボックスの [タイトル] に「料金入力」、[セルの参照] に「$E$4:$F$6」と表示されていることを確認します。

⑱ [シートの保護] をクリックします。

⑲ [シートの保護] ダイアログボックスが表示されるので、[シートの保護を解除するためのパスワード] ボックスには入力せずに、[シートとロックされたセルの内容を保護する] チェックボックスがオンになっていることを確認します。

⑳ [このシートのすべてのユーザーに以下を許可します。] ボックス

の [ロックされたセル範囲の選択] と [ロックされていないセル範囲の選択] チェックボックスがオンになっていることを確認します。

㉑ [OK] をクリックします。

## プロジェクト 2　問い合わせ対応

**【タスク 1】ワークシート「担当者別集計」のピボットテーブルに設定された名前を「担当者別集計表」に変更します。**

① ワークシート「担当者別集計」のシート見出しをクリックします。

② ピボットテーブル内の任意のセルをクリックします。

③ 問題文の「担当者別集計表」をクリックしてコピーします。

④ [ピボットテーブル分析] タブの [ピボットテーブル名] ボックスをクリックし、「ピボットテーブル 1」が選択されていることを確認し、Ctrl ＋ V キーを押します。

※ [ピボットテーブル分析] タブに [ピボットテーブル名] ボックスがない場合は、先に [ピボットテーブル分析] タブの [ピボットテーブル] ボタンをクリックします。

⑤ [ピボットテーブル名] ボックスが「担当者別集計表」で上書きされます。

⑥ 入力を確定するために Enter キーを押します。

**【タスク 2】ワークシート「担当者別集計」のピボットテーブルに問い合わせ内容を抽出するスライサーを挿入し、「契約変更」と「資料請求」の件数だけを表示します。**

① ワークシート「担当者別集計」のピボットテーブル内の任意のセルをクリックします。

② [ピボットテーブル分析] タブの [スライサーの挿入] ボタンをクリックします。

③ [スライサーの挿入] ダイアログボックスが表示されるので、[問い合わせ内容] チェックボックスをオンにします。

④ [OK] をクリックします。

⑤ [問い合わせ内容] のスライサーが表示されます。

⑥ [問い合わせ内容] スライサーの一覧から [契約変更] をクリックします。

⑦ Ctrl キーを押しながら [資料請求] をクリックします。

⑧ ピボットテーブルに、問い合わせ内容が「契約変更」と「資料請求」の件数だけが表示されます。

**【タスク 3】ワークシート「担当者別グラフ」のピボットグラフの「問い合わせ内容」のフィールドを折りたたんで担当者名のみの集計にします。**

① ワークシート「担当者別グラフ」のシート見出しをクリックします。

② グラフの右下の [フィールド全体の折りたたみ] ボタンをクリックします。

③ ピボットテーブルの「問い合わせ内容」のフィールドが折りたたまれて、横（項目）軸に担当者名のみが表示され、集計されます。

④ ピボットグラフの行ラベルの [問い合わせ内容] のフィールドも折りたたまれて、担当者名のみの集計になります。

**【タスク 4】ワークシート「時刻別集計」のピボットテーブルの行ラベルをグループ化して、時単位で表示します。**

① ワークシート「時刻別集計」のシート見出しをクリックします。

② ピボットテーブルの行ラベルの任意の時刻のセルをクリックします。

③ [ピボットテーブル分析] タブの [フィールドのグループ化] ボタンをクリックします。

④ [グループ化] ダイアログボックスが表示されるので、[単位] ボックスの一覧の [時] をクリックします。

⑤ [単位] ボックスの [月] が選択されていることを確認し、[月

をクリックして選択を解除します。

⑥ ［OK］をクリックします。

⑦ 行ラベルの時刻がグループ化され、時単位で集計されます。

## プロジェクト3　商品台帳

**【タスク1】** 現在のブックに登録されているマクロ「印刷 _ 中央」の「CenterVertically」プロパティを変更して、ワークシートがページの垂直方向の中央に印刷される設定を解除します。なお、このブックのマクロは無効になっていますが、「Visual Basic」エディターで編集できます。

① Alt ＋ F11 キーを押します。

※ ［開発］タブの［Visual Basic］ボタンをクリックしてもかまいません。

② VBE（Microsoft Visual Basic for Applications の編集ウィンドウ）が起動します。

③ コードウィンドウの「CenterVertically ＝」の後ろの「True」の文字列をドラッグして選択し、「False」と上書き入力します。

④ VBE の閉じるボタンをクリックして、VBE を閉じます。

**【タスク2】** ワークシート「売上記録」のセル D4 に XLOOKUP 関数を設定して、ワークシート「商品台帳」を参照して、商品 ID に対応する商品名が表示されるようにします。なお、XLOOKUP 関数の引数の設定によって分類、単価は自動的に表示し、商品 ID が空白の場合は何も表示しないようにします。

① ワークシート「売上記録」のシート見出しをクリックします。

② セル D4 をクリックします。

③ ［数式］タブの［検索 / 行列］ボタンをクリックします。

④ 一覧から［XLOOKUP］をクリックします。

⑤ XLOOKUP 関数の［関数の引数］ダイアログボックスが表示されるので、［検索値］ボックスにカーソルが表示されていることを確認し、セル C4 をクリックします。

⑥ ［検索値］ボックスに「C4」と表示されます。

⑦ ［検索範囲］ボックスをクリックし、ワークシート「商品台帳」のシート見出しをクリックします。

⑧ セル A4 〜 A18 を範囲選択します。

⑨ ［検索範囲］ボックスに「商品 [ 商品名 ID]」と表示されます。

⑩ ［戻り範囲］ボックスをクリックし、ワークシート「商品台帳」のシート見出しをクリックします。

⑪ セル B4 〜 D18 を範囲選択します。

⑫ ［戻り範囲］ボックスに「商品 [[ 商品名 ]:[ 単価 ]]」と表示されます。

⑬ ［数式の結果 ＝］にセル C4 の商品 ID「F003」の単価「8400」が表示されていることを確認します。

⑭ ［見つからない場合］ボックスをクリックし、「""」（半角のダブルクォーテーション 2 つ）を入力します。

⑮ ［一致モード］ボックスには何も入力せずに［OK］をクリックします。

⑯ 数式バーに「＝XLOOKUP(C4,[ 商品 ID], 商品 [[ 商品名 ]:[ 単価 ]],"")」と表示されたことを確認します。

※ ［関数の引数］ダイアログボックスを使わずに、この数式を直接セルに入力してもかまいません。

⑰ セル D4 に、セル C4 の商品 ID「F003」の商品名「折りたたみテーブル」が表示されていることを確認します。

⑱ スピル機能により、セル E4 に、セル C4 の商品 ID「F003」の分類「インテリア」、セル F4 に単価「8,400」が表示されます。

⑲ セル D4 の右下のフィルハンドルをポイントし、マウスポインターの形が＋に変わったらセル D55 までドラッグします。

⑳ セル D4 の数式が「商品名」の列にコピーされ、同じ行の商品 ID に対応する商品名が表示されます。商品 ID が入力されていない場合は何も表示されません。

㉑ スピル機能により、「分類」「単価」の列に、同じ行の商品 ID に対応する分類、単価が表示されます。

---

**【タスク3】** ブックの保護を解除して、ワークシートの移動やコピー、ワークシート名の変更などができるようにします。現在設定されているパスワードは「Interia」です。

① ［校閲］タブの［ブックの保護］をクリックします。

② ［ブック保護の解除］ダイアログボックスが表示されます。

③ 問題文の「Interia」をクリックしてコピーします。

④ ［パスワード］ボックスにカーソルが表示されていることを確認し、Ctrl ＋ V キーを押します。

⑤ ［パスワード］ボックスに「Interia」が貼り付けられ、「●●●●●●●」と表示されます。

⑥ ［OK］をクリックします。

## プロジェクト4　店舗別売上

**【タスク1】** ワークシート「南青山店」の商品別月別の売上数が「800」以上の場合に金星のアイコン、「500」以上の場合に半金星のアイコンが表示されるように条件付き書式を設定します。

① ワークシート「南青山店」のセル B4 〜 G8 を範囲選択します。

② ［ホーム］タブの［条件付き書式］ボタンをクリックします。

③ ［アイコンセット］の［評価］の［3 種類の星］をクリックします。

④ セル B4 〜 G8 の売上数に金星、半金星、銀星のアイコンが表示されます。

⑤ セル B4 〜 G8 が範囲選択されている状態のまま、［条件付き書式］ボタンをクリックし、［ルールの管理］をクリックします。

⑥ ［条件付き書式ルールの管理］ダイアログボックスが表示されるので、［ルール］の［アイコンセット］が選択されていることを確認し、［ルールの編集］をクリックします。

⑦ ［書式ルールの編集］ダイアログボックスが表示されます。

⑧ ［次のルールに従って各アイコンを表示］の金星のアイコンの［種類］ボックスの▼をクリックし、一覧から［数値］をクリックします。

⑨ 問題文の「800」をクリックしてコピーします。

⑩ ［値］ボックスの「0」をドラッグして選択し、Ctrl ＋ V キーを押します。

⑪ ［値］ボックスが「800」で上書きされます。

⑫ 左側のボックスに「＞＝」と表示されていることを確認します。

⑬ 同様に半金星のアイコンの［種類］ボックスを［数値］、［値］ボックスを 500 に設定し、左側のボックスに「＞＝」と表示されていることを確認します。

⑭ ［銀星］のアイコンの▼をクリックし、［セルのアイコンなし］をクリックします。

⑮ ［OK］をクリックします。

⑯ ［条件付き書式ルールの管理］ダイアログボックスが表示されるので、［アイコンセット］の［書式］に金星と半金星のアイコンのみが表示されていることを確認します。

⑰ ［OK］をクリックします。

⑱ 売上数が 800 以上の場合に金星のアイコン、500 以上の場合に半金星のアイコンが表示されます。

**【タスク2】** ワークシート「南青山店」「西新宿店」「自由が丘店」の売上表を、上端行と左端列を基準にワークシート「上半期集計」の表に統合し、合計を表示します。

① ワークシート「上半期集計」のシート見出しをクリックします。

② セル A3 をクリックします。

③ ［データ］タブの［統合］ボタンをクリックします。

④ ［統合の設定］ダイアログボックスが表示されるので、［集計の方法］ボックスが［合計］になっていることを確認します。

⑤ ［統合元範囲］ボックスにカーソルが表示されていることを確認し、ワークシート「南青山店」のシート見出しをクリックして、セル A3 〜 I9 を範囲選択します。

⑥ ［統合元範囲］ボックスに「南青山店 !$A$3:$I$9」と表示されます。

⑦ [追加] をクリックします。

⑧ [統合元] ボックスに「南青山店 !$A$3:$I$9」が追加されます。

⑨ ワークシート「西新宿店」のシート見出しをクリックします。

⑩ セル B4 ～ J10 を範囲選択します。

⑪ [統合元範囲] ボックスに「西新宿店 !$B$4:$J$10」と表示されていることを確認します。

⑫ [追加] をクリックします。

⑬ [統合元] ボックスに「西新宿店 !$B$4:$J$10」が追加されます。

⑭ ワークシート「自由が丘店」のシート見出しをクリックします。

⑮ セル B3 ～ G8 を範囲選択します。

⑯ [統合元範囲] ボックスに「自由が丘店 !$B$3:$G$8」と表示されていることを確認します。

⑰ [追加] をクリックします。

⑱ [統合元] ボックスに「自由が丘店 !$B$3:$G$8」が追加されます。

⑲ [統合の基準] の [上端行] チェックボックスがオンになっていることを確認し、[左端列] のチェックボックスもオンにします。

⑳ [OK] をクリックします。

㉑ ワークシート「上半期集計の」のセル A3 ～ I10 に、ワークシート「南青山店」「西新宿店」「自由が丘店」のデータが統合され、項目と数値の合計が表示されます。

### 【タスク3】 ウォッチウィンドウに各店舗の売上金額の合計を表示し、ウォッチウィンドウを閉じます。

① ワークシート「南青山店」のシート見出しをクリックします。

② セル I9 をクリックします。

③ [数式] タブの [ウォッチウィンドウ] ボタンをクリックします。

④ [ウォッチウィンドウ] が表示されるので、[ウォッチ式の追加] をクリックします。

⑤ [ウォッチ式の追加] ダイアログボックスが表示されるので、[値をウォッチするセル範囲を選択してください] ボックスに「= 南青山店 ! $I$9」が表示されていることを確認します。

⑥ [追加] をクリックします。

⑦ [ウォッチウィンドウ] にワークシート「南青山店」のセル I9 が追加され、値と数式が表示されます。

⑧ 再び [ウォッチ式の追加] をクリックします。

⑨ [ウォッチ式の追加] ダイアログボックスが表示されるので、ワークシート「西新宿店」のシート見出しをクリックし、セル J10 をクリックします。

⑩ [値をウォッチするセル範囲を選択してください] ボックスに「= 西新宿店 ! $J$10」が表示されていることを確認します。

⑪ [追加] をクリックします。

⑫ [ウォッチウィンドウ] にワークシート「西新宿店」のセル J10 が追加され、値と数式が表示されます。

⑬ 手順⑧～⑫の要領で、[ウォッチウィンドウ] にワークシート「自由が丘店」のセル G8 を追加します。

⑭ [閉じる] ボタンをクリックして、ウォッチウィンドウを閉じます。

### 【タスク4】 予測機能を使用して、ワークシート「自由が丘店」の7月の売上金額の合計が「2900000」になるように、セル J4 のビーフカレーの売上目標数を設定し直します。

① ワークシート「自由が丘店」のセル K8 をクリックします。

② [データ] タブの [What-If 分析] ボタンをクリックします。

③ [ゴールシーク] をクリックします。

④ [ゴールシーク] ダイアログボックスが表示されるので、[数式入力セル] ボックスに「K8」と表示されていることを確認します。

⑤ 問題文の「2900000」をクリックしてコピーします。

⑥ [目標値] ボックスをクリックし、Ctrl + V キーを押します。

⑦ [目標値] ボックスに「2900000」が貼り付けられます。

⑧ [変化させるセル] ボックスをクリックし、セル J4 をクリックします。

⑨ [変化させるセル] ボックスに「$J$4」と表示されます。

⑩ [OK] をクリックします。

⑪ 「セル K8 の収束値を探索しています。解答が見つかりました。目標値：2900000　現在値：2,900,000」と表示されます。

⑫ [OK] をクリックします。

⑬ セル A4 が「1003」になります。

⑭ セル K8 に「2,900,000」と表示されたことを確認します。

### 【タスク5】 ワークシート「会員登録数」のセル範囲 C5:E7 に、連続データの作成機能を使用して、前年から「500」ずつ増える値を入力します。

① ワークシート「会員登録数」のシート見出しをクリックします。

② セル C5 ～ F7 を範囲選択します。

③ [ホーム] タブの [フィル] ボタンをクリックします。

④ 一覧から [連続データの作成] をクリックします。

⑤ [連続データの作成] ダイアログボックスが表示されるので、[範囲] が [行] になっていることを確認します。

⑥ [種類] が [加算] になっていることを確認します。

⑦ 問題文の「500」をクリックしてコピーします。

⑧ [増分値] ボックスの「1」が選択されていることを確認し、Ctrl + V キーを押します。

⑨ [増分値] ボックスが「500」で上書きされます。

⑩ [OK] をクリックします。

⑪ セル D5 ～ F7 に各行の前年から 500 ずつ増える値が入力されます。

### プロジェクト5　社内試験評価

### 【タスク1】 ワークシート「筆記試験」に設定されている条件付き書式を変更して、各科目と合計の上位3位の点数に書式が適用されるようにします。

① ワークシート「筆記試験」が表示されていることを確認します。

② [ホーム] タブの [条件付き書式] ボタンをクリックします。

③ [ルールの管理] をクリックします。

④ [条件付き書式ルールの管理] ダイアログボックスが表示されるので、[書式ルールの表示] ボックスの▼をクリックし、一覧から [このワークシート] をクリックします。

⑤ [ルール（表示順で適用）] に「上位3位」が表示されるので、[適用先] ボックスの「=$B$4:$D$18」を「=$B$4:$B$18」に変更します。

⑥ [OK] をクリックします。

⑦ 「関係法規」のセル B4 ～ B18 の上位3位に書式が適用されます。

⑧ セル B4 をクリックします。

⑨ [ホーム] タブの [書式のコピー / 貼り付け] ボタンをダブルクリックします。

⑩ マウスポインターの形が刷毛に変わるので、セル C4 ～ C18 をドラッグします。

⑪ 「経営学」のセル C4 ～ C18 の上位3位に書式が適用されます。

⑫ マウスポインターの形が刷毛のままの状態で、セル D4 ～ D18 をドラッグします。

⑬ 「商品知識」のセル D4 ～ D18 の上位3位に書式が適用されます。

⑭ マウスポインターの形が刷毛のままの状態で、セル E4 ～ E18 をドラッグします。

⑮ 「合計」のセル E4 ～ E18 の上位3位に書式が適用されます。

⑯ [ホーム] タブの [書式のコピー / 貼り付け] ボタンをクリックしてオフにします。

⑰ マウスポインターの形が元に戻ります。

### 【タスク2】 ワークシート「筆記試験」の合計点をもとにパレート図を作成します。グラフタイトルは「筆記合計点の分布」にし、ビンの数を「5」、ビンのオーバーフローを「260」にします。

① ワークシート「筆記試験」のセル E4 ～ E18 を範囲選択します。

② [挿入] タブの [統計グラフの挿入] ボタンをクリックします。

③ [ヒストグラム] の [パレート図] をクリックします。

④ パレート図が作成されます。

⑤ 問題文の「筆記合計点の分布」をクリックしてコピーします。

⑥ ヒストグラムの［グラフタイトル］をクリックします。

⑦ 「グラフタイトル」の文字列をドラッグして選択し、Ctrl ＋ V キーを押します。

⑧ 「グラフタイトル」が「筆記合計点の分布」で上書きされます。

⑨ ヒストグラムの横軸をダブルクリックします。

⑩ ［軸の書式設定］作業ウィンドウが表示されるので、［軸のオプション］の［ピン］の［ピンの数］をクリックします。

⑪ 問題文の「5」をクリックしてコピーします。

⑫ ［ピンの数］ボックスの「3」をドラッグして選択し、Ctrl ＋ V キーを押します。

※ ［ピンの数］ボックスが見えない場合は、［軸の書式設定］作業ウィンドウの下にあるスクロールバーを使用して表示します。

⑬ ［ピンの数］ボックスが「5」で上書きされます。

⑭ ［ピンのオーバーフロー］チェックボックスをオンにします。

⑮ 右側にボックスが表示されます。

⑯ 問題文の「260」をクリックして文字列をコピーします。

⑰ ［ピンのオーバーフロー］ボックスの「309.0」をドラッグして選択し、Ctrl ＋ V キーを押します。

⑱ ［ピンのオーバーフロー］ボックスが「260」で上書きされます。

⑲ Enter キーを押します。

⑳ グラフの横軸に「>260」が追加され、260 より大きいデータの集計をまとめたピンが表示されます。

㉑ ピンの数が 5 つになります。

【タスク3】 ワークシート「実技試験2」のセル範囲 E5:E14 には、チェックポイント 1 ～ 3 に「○」が 3 個なら「A」、2 個なら「B」、それ以外なら「C」と表示する数式が入力されていますが、正しく表示されていません。数式の検証機能を使用して、正しい数式に修正します。

① ワークシート「実技試験 2」のシート見出しをクリックします。

② セル E5 をクリックします。

③ ［数式］タブの［数式の検証］ボタンをクリックします。

④ ［数式の検証］ダイアログボックスが表示され、［検証］ボックスにセル E5 の数式が表示され、「COUNTIF(B5:D5," ○ ")」の部分に下線が付いていることを確認します。

⑤ ［検証］をクリックします。

⑥ 下線の部分がその式の結果である「2」に変化し、さらにこれを含む「2=3」の部分に下線が付きます。

⑦ ［検証］をクリックします。

⑧ 下線の部分がその式の結果である「FALSE」に変化し、「COUNTIF(B5:D5," O ")」の部分に下線が付きます。

⑨ ［検証］をクリックします。

⑩ 下線の部分がその式の結果である「0」に変化し、さらにこれを含む「0=2」の部分に下線が付きます。最初の「COUNTIF(B5:D5," ○ ")」の結果は手順⑥で見た通り「2」だったのにここでは「0」になっているので、この部分の式に問題があることが分かります。

⑪ ［閉じる］をクリックします。

⑫ 数式バーの式の 2 番目の「COUNTIF(B5:D5," O ")」の部分を確認します。「O」が英字の「O」になっており、最初の式の「○」と違うことがわかります。

⑬ 数式バーの最初の式の「○」をドラッグして選択し、Ctrl ＋ C キーを押します。

⑭ 数式バーの 2 番目の式の「O」をドラッグして選択し、Ctrl ＋ V キーを押します。

⑮ 2 番目の式の「O」が 1 番目の式の「○」で上書きされます。

⑯ Enter キーを押します。

⑰ セル E5 に「B」と表示されます。この行の「○」が 2 個なので、正しい評価です。

⑱ セル B5 をクリックします。

⑲ セル E5 の右下のフィルハンドルをマウスポインターの形が＋に変

わったらダブルクリックします。

⑳ セル E5 の数式がセル E6 ～ E19 にコピーされ、各行の「○」の数に基づいた評価が正しく表示されます。

【タスク4】 ワークシート「合否判定」の「判定」の列の数式を編集し、同じ行の「筆記試験」の結果が 240 点以上で、かつ「実技試験 1」または「実技試験 2」のどちらか一方でも「A」であれば、「合格」、そうでなければ「不合格」と表示します。

① ワークシート「合否判定」のシート見出しをクリックします。

② セル E4 をクリックします。

③ 数式バーに「=AND(B4>=240,OR(C4="A",D4="A"))」と表示されていることを確認します。

④ 「=」の後ろをクリックし、「IF(」を入力します。

⑤ 数式バーの「IF」の文字列上をクリックします。

⑥ 数式バーの左側の［関数の挿入］ボタンをクリックします。

⑦ IF 関数の［関数の引数］ダイアログボックスが表示されるので、［論理式］ボックスに「AND(B4>=240,OR(C4="A",D4="A"))」と表示されていることを確認します。

⑧ 問題文の「合格」をクリックしてコピーします。

⑨ ［値が真の場合］ボックスをクリックし、Ctrl ＋ V キーを押します。

⑩ ［値が真の場合］ボックスに「合格」が貼り付けられます。

⑪ 問題文の「不合格」をクリックしてコピーします。

⑫ ［値が偽の場合］ボックスをクリックし、Ctrl ＋ V キーを押します。

⑬ ［値が偽の場合］ボックスに「不合格」が貼り付けられます。

⑭ ［OK］をクリックします。

⑮ 数式バーに「=IF(AND(B4>=240,OR(C4="A",D4="A"))," 合格 "," 不合格 ")」と表示されたことを確認します。

※ ［関数の引数］ダイアログボックスを使わずに、数式を直接編集してこの数式にしてもかまいません。

⑯ セル E4 に「不合格」と表示されます。

⑰ セル E4 の右下のフィルハンドルをポイントし、マウスポインターの形が＋に変わったらダブルクリックします。

⑱ セル E4 の数式がセル E5 ～ E13 にコピーされ、各行の筆記試験が 240 点以上で、かつ「実技試験 1」または「実技試験 2」のどちらか一方でも「A」であれば、「合格」と表示され、そうでなければ「不合格」と表示されます。

【タスク5】 ワークシート「受験者名簿」の「所属」が営業部の行をグループ化します。

① ワークシート「受験者名簿」のシート見出しをクリックします。

② 「所属」の列の任意のセルをクリックします。

③ ［ホーム］タブの［並べ替えとフィルター］ボタンをクリックします。

④ 一覧から［昇順］をクリックします。

⑤ 表が「所属」の昇順に並び替わり、「所属」が営業各部のデータが 4 ～ 10 行目に表示されます。

⑥ 行番号の 4 ～ 10 をドラッグして 4 ～ 10 行目を選択します。

⑦ ［データ］タブの［グループ化］ボタンをクリックします。

※ ［データ］タブに［グループ化］ボタンがない場合は、先に［データ］タブの［アウトライン］ボタンをクリックします。

⑧ 4 ～ 10 の行番号の左にアウトライン記号が表示され、グループ化されます。

【タスク6】 フラッシュフィルを使って、ワークシート「受験者名簿」の「入社年」の列に、社員番号の先頭の 4 文字を表示します。

① ワークシート「受験者名簿（入社年）」のシート見出しをクリックします。

② セル D4 に同じ行の社員番号の先頭の 4 文字にあたる「2022」を入力します。

③ セル D5 がアクティブセルの状態で、［ホーム］タブの［フィル］ボタンをクリックします。

④ 一覧から［フラッシュフィル］をクリックします。
⑤ セル D5 ～ D18 に同じ行の社員番号の先頭の 4 文字が表示されます。

## プロジェクト 6　コンドミニアム予約

### 【タスク 1】 警告して、VBA マクロを無効にする設定に変更します。

① ［ファイル］タブをクリックします。
② ［ホーム］画面が表示されるので、左側の一覧から［その他］をクリックします。
③ ［オプション］をクリックします。
④ ［Excel のオプション］ダイアログボックスが表示されるので、左側の一覧から［トラストセンター］をクリックします。
⑤ ［トラストセンターの設定］をクリックします。
⑥ ［トラストセンター］ダイアログボックスが表示されるので、左側の一覧から［マクロの設定］をクリックします。
⑦ ［マクロの設定］の［警告して、VBA マクロを無効にする］をクリックします。
⑧ ［OK］をクリックします。
⑨ ［Excel のオプション］ダイアログボックスの［OK］をクリックします。

### 【タスク 2】 ワークシート「ランク別」のピボットテーブルの行ラベルに「間取り」を追加し、アイテムのラベルを繰り返さない設定にします。

① ワークシート「集計（ランク別）」のシート見出しをクリックします。
② ピボットテーブル内の任意のセルをクリックします。
③ ［ピボットテーブルのフィールド］作業ウィンドウの［レポートに追加するフィールドを選択してください］の一覧の［間取り］を［行］ボックスの［ランク］の下にドラッグします。
④ ピボットテーブルの「ランク」の右に「間取り」フィールドが追加されます。
⑤ ［デザイン］タブの［レポートのレイアウト］ボタンをクリックします。
⑥ 一覧から［アイテムのラベルを繰り返さない］をクリックします。
⑦ ピボットテーブルの行で繰り返し表示されていたランク名がなくなります。

### 【タスク 3】 ワークシート「集計（4 ～ 7 月）」に、項目軸が部屋名、4 ～ 7 月宿泊日数が積み上げ縦棒、4 ～ 7 月金額合計（千円）が折れ線、第 2 軸のグラフを作成します。グラフタイトルを「部屋別宿泊日数と金額」とし、グラフの高さを「10」cm、横幅を「18」cm にします。

① ワークシート「集計（4 ～ 7 月）」のシート見出しをクリックします。
② セル A3 ～ F24 を範囲選択します。
③ ［挿入］タブの［複合グラフの挿入］ボタンをクリックします。
④ ［ユーザー設定の複合グラフを作成する］をクリックします。
⑤ ［グラフの挿入］ダイアログボックスの［すべてのグラフ］タブが表示されるので、左側の一覧の［組み合わせ］が選択されていることを確認します。
⑥ ［データ系列に使用するグラフの種類と軸を選択してください］の［4 月宿泊日数］の系列の［グラフの種類］ボックスの▼をクリックし、［縦棒］の一覧から［積み上げ縦棒］をクリックします。
⑦ ［5 月宿泊日数］と［6 月宿泊日数］の系列の［グラフの種類］も［積み上げ縦棒］に変更されたことを確認します。
⑧ 同様に［7 月宿泊日数］の系列の［グラフの種類］も［積み上げ縦棒］に変更します。
⑨ ［4 ～ 7 月金額合計］の系列の［グラフの種類］が［折れ線］になっていることを確認します。
⑩ ［4 ～ 7 月金額合計］の系列の［第 2 軸］チェックボックスをオンにします。

⑪ グラフのプレビューで、横（項目）軸が部屋名、4 月から 7 月の各宿泊日数が積み上げ縦棒、4 ～ 7 月金額合計（千円）が折れ線で第 2 軸を使用したグラフになっていることを確認します。
⑫ ［OK］をクリックします。
⑬ 横（項目）軸が部屋名、4 月から 7 月の各宿泊日数が積み上げ縦棒、4 ～ 7 月金額合計（千円）が折れ線で第 2 軸の複合グラフが作成されます。
⑭ 問題文の「部屋別宿泊日数と金額」をクリックしてコピーします。
⑮ 複合グラフの［グラフタイトル］をクリックします。
⑯ 「グラフタイトル」の文字列をドラッグして選択し、Ctrl ＋ V キーを押します。
⑰ 「グラフタイトル」が「部屋別宿泊日数と金額」で上書きされます。
⑱ ［グラフエリア］をクリックします。
⑲ ［書式］タブをクリックします。
⑳ 問題文の「10」をクリックしてコピーします。
㉑ ［書式］タブの［サイズ］の［図形の高さ］ボックスをクリックし、［図形の高さ］ボックスの「7.62cm」が選択されていることを確認し、Ctrl ＋ V キーを押します。
㉒ ［図形の高さ］ボックスが「10」で上書きされます。
㉓ 問題文の「18」をクリックしてコピーします。
㉔ ［書式］タブの［サイズ］の［図形の幅］ボックスをクリックし、［図形の幅］ボックスの「12.7cm」が選択されていることを確認し、Ctrl ＋ V キーを押します。
㉕ ［図形の幅］ボックスが「18」で上書きされます。
㉖ Enter キーを押します。
㉗ ［図形の高さ］ボックスに「10cm」、［図形の幅］ボックスに「18cm」と表示され、グラフの高さと幅が変更されます。

## 模擬テストプログラムの使用許諾契約について

　以下の使用許諾契約書は、お客様と株式会社日経BP（以下、「日経BP」といいます）との間に締結される法的な契約書です。本プログラムおよびデータ（以下、「プログラム等」といいます）を、インストール、複製、ダウンロード、または使用することによって、お客様は本契約書の条項に拘束されることに同意したものとします。本契約書の条項に同意されない場合、日経BPは、お客様に、プログラム等のインストール、複製、アクセス、ダウンロード、または使用のいずれも許諾いたしません。

## ●使用許諾契約書

### 1. 許諾される権利について
日経BPは、本契約に基づき、以下の非独占的かつ譲渡不可能な使用権をお客様に許諾します。
（1）プログラム等のコピー1部を、1台のコンピューターへインストールし、1人が当該コンピューター上で使用する権利。
（2）保存のみを目的とした、プログラム等のバックアップコピー1部を作成する権利。

### 2. 著作権等
（1）プログラム等およびプログラム等に付属するすべてのデータ、商標、著作、ノウハウおよびその他の知的財産権は、日経BPまたは著作権者に帰属します。これらのいかなる権利もお客様に帰属するものではありません。
（2）お客様は、プログラム等およびプログラム等に付属する一切のデータは、日経BPおよび著作権者の承諾を得ずに、第三者へ、賃貸、貸与、販売、または譲渡できないものとします。
（3）本許諾契約の各条項は、プログラム等を基に変更または作成されたデータについても適用されます。

### 3. 保証の限定、損害に関する免責
（1）プログラム等を収録した媒体に物理的損傷があり、使用不能の場合には、日経BPは当該メディアを無料交換いたします。ただし、原則として、交換できるのは購入後90日以内のものに限ります。
（2）前項の場合を除いては、日経BPおよび著作権者は、プログラム等およびプログラム等に付属するデータに関して生じたいかなる損害についても保証いたしません。
（3）本契約のもとで、日経BPがお客様またはその他の第三者に対して負担する責任の総額は、お客様が書籍購入のために実際に支払われた対価を上限とします。

### 4. 契約の解除
（1）お客様が本契約に違反した場合、日経BPは本契約を解除することができます。その場合、お客様は、データの一切を使用することができません。またこの場合、お客様は、かかるデータの複製等すべてを遅滞なく破棄する義務を負うものとします。
（2）お客様は、プログラム等およびそれに付属するデータ、プログラム等の複製、プログラム等を基に変更・作成したデータの一切を破棄することにより、本契約を終了することができます。ただし、本契約のもとでお客様が支払われた一切の対価は返還いたしません。

### 5. その他
（1）本契約は、日本国法に準拠するものとします。
（2）本契約に起因する紛争が生じた場合は、東京簡易裁判所または東京地方裁判所のみをもって第1審の専属管轄裁判所とします。
（3）お客様は事前の承諾なく日本国外へプログラム等を持ち出すことができないものとします。日経BPの事前の承諾がない場合、お客様の連絡・通知等一切のコンタクトの宛先は、日本国内に限定されるものとします。

■ 本書についての最新情報、訂正、重要なお知らせについては、下記 Web ページを開き、書名もしくは ISBN で検索してください。ISBN で検索する際は -（ハイフン）を抜いて入力してください。

https://bookplus.nikkei.com/catalog/

■ 本書に掲載した内容および模擬テストプログラムについてのお問い合わせは、下記 Web ページのお問い合わせフォームからお送りください。電話およびファクシミリによるご質問には一切応じておりません。なお、本書の範囲を超えるご質問にはお答えできませんので、ご了承ください。ご質問の内容によっては、回答に日数を要する場合があります。

https://nkbp.jp/booksQA

装　　　　丁 ●折原カズヒロ
編 集 協 力 ●株式会社 ZUGA
Ｄ Ｔ Ｐ 制 作 ●原 功
模擬テスト
プログラム開発 ●エス・ビー・エス株式会社

**MOS攻略問題集 Excel 365 エキスパート（2023 年リリース版）**

2024 年 7 月 29 日 初版第 1 刷発行

著　　　　者：土岐 順子
発　行　者：中川 ヒロミ
発　　　　行：株式会社日経 BP
　　　　　　〒 105-8308　東京都港区虎ノ門 4-3-12
発　　　　売：株式会社日経 BP マーケティング
　　　　　　〒 105-8308　東京都港区虎ノ門 4-3-12
印　　　　刷：大日本印刷株式会社

・本書に記載している会社名および製品名は、各社の商標または登録商標です。なお、本文中に ™、® マークは明記しておりません。
・本書の例題または画面で使用している会社名、氏名、他のデータは、一部を除いてすべて架空のものです。